银行内部控制评价实务

——基于新监管标准视角下的内控评价

张初础／主编

汪叶斌／总顾问

立信会计出版社

LIXIN ACCOUNTING PUBLISHING HOUSE

图书在版编目(CIP)数据

银行内部控制评价实务：基于新监管标准视角下的
内控评价 / 张初础主编. — 上海：立信会计出版社，
2012.8

ISBN 978-7-5429-3611-0

Ⅰ. ①银… Ⅱ. ①张… Ⅲ. ①银行业务－业务管
理－研究－中国 Ⅳ. ①F832.2

中国版本图书馆 CIP 数据核字(2012)第 181258 号

策划编辑　蔡伟莉
责任编辑　余　榕　张　寻
封面设计　周崇文

银行内部控制评价实务 —— 基于新监管标准视角下的内控评价

出版发行　　立信会计出版社
地　　址　　上海市中山西路 2230 号　　邮政编码　200235
电　　话　　(021)64411389　　　　　传　　真　(021)64411325
网　　址　　www.lixinaph.com　　　　电子邮箱　lxaph@sh163.net
网上书店　　www.shlx.net　　　　　　电　　话　(021)64411071
经　　销　　各地新华书店

印　　刷　　浙江省临安市曙光印务有限公司
开　　本　　787 毫米×960 毫米　　　　　1/16
印　　张　　33.25
字　　数　　516 千字
版　　次　　2012 年 8 月第 1 版
印　　次　　2012 年 8 月第 1 次
印　　数　　1—10 000
书　　号　　ISBN 978 - 7 - 5429 - 3611 - 0/F
定　　价　　50.00 元

如有印订差错,请与本社联系调换

《银行内部控制评价实务》
编委会

主　　任	张初础				
副 主 任	陈海清	翁　明	崔全利		
总 顾 问	汪叶斌				
编　　委	陈耀芳	周建斌	梁雪琴	吴　政	应利广	孙国钢
	沈红波	万克俭	周冠毅	吕卫平	周国伟	曹芬芬
	林嘉良	方　见	林朝阳	谢语诚	郑仲华	陈　叶
	周书龙	顾永忠	应荣昌	叶　军	朱旭东	周立伟
	罗建国	周晓波	邵雄宁	邱孝义	朱　科	林国良
	吴祈毅	金银助				
总　　纂	金银助				
撰写人员	金银助	施静达	陈丽华	虞伟健	胡金川	袁贤明
	徐　军	刘红生	叶益群	赵雪龙	孙迅达	陈百银
	胡建华	李淑燕	俞　波	黄振明	唐永德	俞佳明
	何红坚	周亚芬	沈明辉	金利江	韩学锋	
核稿和校对人员		施静达	陈丽华			

前　言

　　内部控制产生于 18 世纪产业革命后,是企业规模化和资本大众化的结果。在理论渊源上,内部控制思想起源于亚当·斯密对股份公司经营上的忧虑,从而引发人们去思考采取何种手段来控制经营上的弊端,特别是伯利和米恩斯通过对 1929 年 200 家美国最大的非金融公司的考察,提出了股份公司"所有权与经营权相分离"的命题,开创了委托代理的先河。20 世纪初期,随着资本主义经济快速发展、股份公司的规模日益扩大、所有权与经营权进一步分离,为了防范经营上的各种弊端,逐步形成了一系列组织、调节、制约和监督企业经营管理的方法,从而形成了内部控制制度。

　　由于内部控制失效,导致了部分曾经名噪一时的跨国公司倒闭,如美国安然公司、迈朗公司破产案等,引起世人深刻反思,更加认识到内部控制的重要性,随之加强了对内部控制的研究,推动了内部控制理论的发展。内部控制理论从 1905 年 L. R. Dicksee 提出内部牵制这个概念以来,先后经历了内部牵制、内部控制制度、内部控制结构、内部控制整合框架和企业风险管理整合框架五个阶段。

　　我国内部控制的理论研究起步较晚,直至 20 世纪 80 年代,我国理论界才开始对这一领域的探索和研究。1997 年,中国注册会计师协会实施《独立审计具体准则第 9 号——内部控制和审计风险》,并对内部控制的定义和内容作了规定,指出内部控制是被审计单位为了保证业务活动的有效进行、保护资产的安全和完整,防止、发现、纠正错误与舞弊,保证会计资料的真实、合法、完整而制定和实施的政策与程序。该定义以审计准则的形式给出,主要为审计工作服务,以查错纠弊为主要目的。2000 年实施的《中华人民共和国会计法》对会计核算、公司、企业会计核算的特别规定,以及会计监督、会计机构和会计人员的法律责任等主要内容作出了明确规定。要求各单位应当建立、健全单位内部会计监督制度,并对单位内部会计监督提出了权责明确、相互分离、相互制约、相互监督等要求,将内部会计控制作为保障会计信息真实和完整的基本手段之一,为内部会计控制基本规范的制定与实施提供了法律依据。2001 年以来,财政部先后颁布了《内部会计控制规范——基本规范(试行)》[以下简称《基本规范(试行)》]和六项具体控制规范。《基本规范(试行)》指出内部会计控制是指单位为了提高会计信息质量,保护资产的安全、完整,确保有关法律、法规和规章制度的贯彻执行等而制定和实施的一系列控制方法、措施和程序,这些规范以内部会计控制为主,同时兼顾与会计相关的控制。《基本规范(试行)》在一定程度上克服了原有内部控制定义局限于审计的缺陷,对促进企业内部控制的建立和完善,改变企业内部控制乏力,保证会计信息质量起到了积极作用。为进一步提高企业经营管理水平和风险防范能力,促进企业可持续发展,维护社会主义市场经济秩序和社会公众利益,2008 年 5 月 22 日,财政部、审计署、证监会、银监会、保监会(以下简称"五部委")联合颁布了《企业内部控制基本规范》,全面引入巴Ⅱ、巴Ⅲ企业内部控制基本框架,将国际上公认的内部控制八要素的核心内容体现在规定之中。2010 年 4 月 15 日,五部委又颁布了《企业内部控制评价指引》、《企业内部控制审计指引》及 18 个《企业内部控制应用指引》,要求自 2011 年 1 月 1 日起在境内外同时上市的公司施行,自 2012 年 1 月 1 日起在上海证券交易所、深圳证券交易所主板上市公司施行;在此基础上,择机在中小板和创业板上市公司施行。同时鼓励非上市大中型企业提前执行。基本规范及相关指引的颁布,形成全方位、立体性推进内控体系建设的局面,使我国的企业内控体系成为一个层次分明、内容完整、衔接有序、整体互动的有机统一体。同时,由于五部委的通力合作,使得内控问题从立法规范、标准建设、宣传培训、组织实施到监督检查等有一个良好的沟通协作机制,避免了单纯从某一局部、某一方面入手可能造成的局限和被动,这对加强、规范企业内部控制具有重要意义。

银行业作为经营货币的特殊企业,内部控制的重要性不言而喻。20世纪80年代以来,全球银行业由于内部控制失效导致巨额亏损、清算倒闭甚至引发金融危机的严重事件时有发生,并有扩大蔓延之势,加强内部控制成为全球银行业加强内部管理和外部监管的主要方向。例如,香港银行监理署于1992年制定《内部控制系统法定指引》,德国银行管理局于1995年颁布《信用机构金融交易业务管理的基本要求》,英格兰银行于1997年发布《银行内部控制与39部分过程》等。在这些银行内部控制理论的探索性研究中,最重要的进展是巴塞尔委员会的研究成果。

1998年,巴塞尔银行监督委员会在吸收COSO报告研究成果的基础上,发布了《银行组织内部控制系统框架》,系统地提出了评价商业银行内部控制体系的十三项指导原则。该委员会在内部控制的五大要素之外,还增加了监管当局对银行内部控制的检查和评价,并把它作为内部控制的另一个不可忽视的内容。COSO报告成为指导各国商业银行制定和颁布内部控制法案的理论基础和依据。

在我国,随着商业银行的不断改革和发展,完善公司治理,深化内控体制改革,健全内控管理机制,着力防范信用风险、操作风险和市场风险,构建全面防范流动性风险的内控管理体系,已成为商业银行业界和银行监管当局的共识。而《商业银行内部控制指引》《股份制商业银行公司治理指引》《企业内部控制基本规范》及其配套指引等一系列以建立和实现商业银行内部控制体系为目标的管理规范的出台。为我国商业银行内部控制体系的建立、完善和与国际接轨指明了方向。

银行业内部控制是其稳健经营和可持续发展的首要因素,来不得半点闪失和差错,需要对其进行持续的评价和改进,内部控制评价自然成为修正内部控制缺陷的重要环节和内控体系的有机组成部分。随着内部控制理论和实践的发展,银行业内部控制经历了以目标为导向的内部控制评价、以风险为导向的内部控制评价和以风险为导向并兼顾战略风险的内部控制评价等阶段。

以目标为导向,就是内部控制评价工作以内部控制目标为出发点而展开。内部控制评价工作以目标为导向,先调查和了解内部控制目标,再审查和评价为实现控制目标的控制政策、措施及其方法的有效性,便于关注内部控制目标的实现。以风险为导向,就是内部控制评价工作以风险为出发点而展开。内部控制评价工作以风险为导向,首先对风险进行初步的识别和评估,再根据风险评估的结果确定进一步审查和评价的范围和重点,就整个评价过程而言,较注重识别与控制风险。以风险为导向兼顾战略风险,就是内部控制评价工作在以风险为出发点的基础上,结合 COSO 全面风险管理框架和巴塞尔新资本协议在战略层面对我国银行业内部控制的影响,这种评价模式较综合地考虑了风险、战略和流程银行等因素,并从控制环境、控制目标、事件识别、风险评估、风险回应、控制活动、信息与沟通、监督八个方面对内部控制展开评价,对进一步加强银行业的内部控制具有非常重要的现实意义。

本书主要编写人员长期从事银行内部控制和审计评价研究,从 2005 年起先后合著出版了《农村合作金融机构内部控制综合评价》、《农村合作金融机构内部控制综合评价指南》等书籍。张初础主持了本书的框架设计、理论指导和审定工作。金银助撰写了本书的第一部分、第三部分、第五部分和第六部分。陈丽华撰写了本书的第四部分、第二部分中第十二、第十四子系统。刘红生撰写了本书的第二部分中第一、第三子系统。叶益群撰写了本书的第二部分中第六、第八子系统。沈明辉撰写了本书的第二部分中第十九、第二十二子系统。孙迅达撰写了本书的第二部分中第九、第二十六子系统。虞伟健撰写了本书的第二部分中第十五子系统。胡金川撰写了本书的第二部分中第十三子系统。胡建华撰写了本书的第二部分中第二子系统。陈百银撰写了本书的第二部分中第四子系统。徐军撰写了本书的第二部分中第五子系统。赵雪龙撰写了本书的第二部分中第七子系统。俞波撰写了本书的第二部分中第十子系统。黄振明撰写了本书的第二部分中第十一子系统。唐永德撰写了本书的第二部分中第十六子系统。周亚芬撰写了本书的第二部分中第十七子系统。何红坚撰写了本书的第二部分中第十八子系统。袁贤明撰写了本书的第二部分中第二十子系统。俞佳明撰写了本书的第二部分中第二十一子系统。韩学锋撰写了本书的第二部分中第二十三子系统。金利江撰写了本书的第二部分中第二十四子系统。李淑燕撰写了本书的第二部分中第二十五子系统。

在本书的编写过程中，我们得到了内控专家汪叶斌的精心指导，得到了浙江省农信联社、宁波银监局、立信会计出版社的大力支持，在此，一并表示感谢。

从战略层面展开银行业金融机构内部控制八要素研究是银行内部控制的发展方向，也是与国际接轨的必由之路。因此，我们在实践和理论研究基础上，编写了《银行内部控制评价实务》一书，期望对银行业开展以风险为导向兼顾战略风险的内部控制评价发挥一定的指导作用，以期起到抛砖引玉之效。由于我们的水平有限，书中错漏之处在所难免，恳请读者批评指正。

编　者

2012 年 7 月

有关银行内部控制评价的几个问题

（代后记）

　　拜读张初础先生主编的《银行内部控制评价实务》，我感到这部书的亮点是成功地将 COSO 全面风险管理框架的八要素引入银行内部控制实践，并运用系统思维方法，创造性地把银行内部控制细分成二十六个子系统。如此基于八大要素的银行内部控制评价之作，无论从理念上，还是在实务上，我认为都是居国内银行内部控制领域领先水平的。

　　这部书的作者们都是在银行里修炼多年的高手。我的这些朋友个个身手不凡，各有自己的独门功夫。他们在张初础先生的率领下，近年来可以说是硕果累累，先后出版过《农村合作金融机构内部控制综合评价》、《农村合作金融机构内部控制综合评价指南》等大作。在此基础上，这次又编写了这部《银行内部控制评价实务》。可以认为，这部书是从实践到理论，从理论回到实践，又从实践上升到理论，经过反复锤炼而成的一部内控工具书。

　　目前的中国是一个内控大国，全国应当有上千万的人在直接或间接从事内控工作，而银行业金融机构无疑又是内部控制最重要的领域。令人欣慰的是，张初础先生率领他的团队编写的《银行内部控制评价实务》很快就要出版了。这部书特别适宜银行内部审计人员、银行机构各级管理人员，以及从事银行内部控制审计的注册会计师、大专院校金融专业的师生等读者群。在这部书完稿付印之际，我有幸借此大作一方宝地，结合这部书的结构和特点，谈谈有关银行内部控制评价的几个问题，供各位从事银行内部控制评价和审计的同仁参考。

一、如何解读银行内部控制的定义

国家五部委在《企业内部控制基本规范》(以下简称《基本规范》)定义内部控制是"由企业……实施的、旨在实现控制目标的过程。"中国银监会在《商业银行内部控制指引》(以下简称《控制指引》)对内部控制的表述是"内部控制是商业银行为实现经营目标,通过制定和实施一系列制度、程序和方法,对风险进行事前防范、事中控制、事后监督和纠正的动态过程和机制。"按照上述定义以及《基本规范》和《配套指引》中的相关内容,我建立了一个"银行内部控制过程分析模型"(见下图)。这个模型表明,银行在"实施控制目标的过程"中,包含着"八个要素"、"两个层面"和"两个机制"等内容。

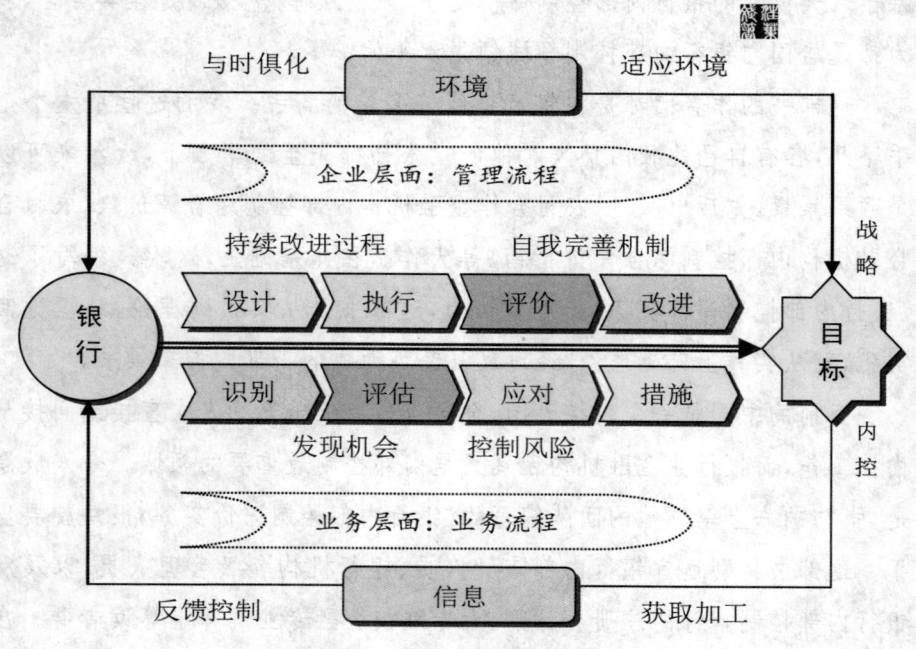

银行内部控制过程分析模型

在这个模型中,"八个要素"就是COSO银行内部控制过程分析模型全面风险管理框架中的八个要素;"两个层面"就是内部控制自上而下分企业层面和业务层面;"两个机制":一是"识别→评估→应对→措施"的风险控制机制;二是"设计→执行→评价→改进"的自我完善机制。

这个模型对内部控制审计或评价具有导向意义,至少可以为内部审计师内部控制评价实战提供以下支持:一是内控八要素在银行实现目标过程中所处的位置和作用;二是八要素之间的内在联系;三是内部控制评价的整体思路和切入点;四是内控各组节点及其内在的逻辑关系;五是为对内控作出有效或无效判断提供证据;六是寻找内控无效的原因;七是缺陷发生的节点及产生缺陷的原因;八是更好地为银行机构提供内部控制评价增值服务;九是合理利用内部审计资源提高内控评价效率。

张初础先生主编的这部《银行内部控制评价实务》,运用 COSO 全面风险管理框架,成功地将银行内部控制系统分为内部环境、控制目标、风险识别、风险评估、风险应对、控制活动、信息与沟通、内部监督"八个要素";运用系统方法,在将银行内部控制系统分成企业和业务"两个层面"的基础上,创造性地把银行内部控制细分为二十六个子系统。上述这些正是这部书的价值所在。

二、如何运用自上而下的评价方法

五部委在《企业内部控制审计指引》中要求注册会计师按照自上而下的方法实施评价工作。自上而下的方法也应当是内部审计师识别风险、选择拟测试控制的基本思路。自上而下的评价方法要求将银行内部控制系统作为一个有机的整体来对待,先看整体,再看部分;先看全局,再看局部;先看宏观,再看微观;先看全过程,再看某一个阶段。从系统与环境、系统与系统、系统内部结构的相互依赖、相互制约中,去揭示银行内部控制系统的特征和运行状况。

对业务层面控制的研究必须放在企业层面控制的整体中,从它和整体的各个部分的联系、制约中去加以研究。在实施评价过程中,可以将企业层面控制和业务层面控制的测试结合进行。内部审计师对一个银行机构内部控制系统的正确认识来自从整体到部分,部分到整体的反复过程。

如何判断内部控制的有效性,应是内部审计师实施内部控制评价的关键环节。《基本规范》将企业内部控制的有效性分为"设计与运行的有效性"。

银行内部控制有效性评价可以通过综合分析该系统与环境、系统与相关系统、系统内部结构三个层次的关系，来判断内控系统的有效性。有效的内部控制系统应当在这三个层面上有效性的统一。内部审计师在实施银行内部控制评价时要树立以下三个系统理念：

一是与时俱化——内控系统随环境变化而变化。内控是银行内部环境中的系统。环境始终对系统起主导性作用，内控系统总是主动适应环境的变化而变化，系统需要为适应银行内部环境而不断调整其内部结构。运营风险源自于银行与环境的信息不对称。内部审计师不但要"了解你的客户"，还应"了解客户所在的环境"。内控系统要与银行机构的经营规模、业务范围特点等相适应，内控活动要与可能的风险保持对称，其内部结构随银行内部环境的变化而变化。有效的内控系统应当与银行战略目标保持一致，在银行实现战略目标过程中发挥积极作用。

二是整体有效——内控的有效性应当是整体有效。内控内在有序结构决定着系统整体的功能和有效性。内控的各部分有效，整体不一定就有效，结构合理才是一个有效的内控系统。内控系统的有效性不是其组成部分的简单相加，而应当是 $1+1>2$，即整体大于部分之和。有效的内控系统应当具有合理、有序、简洁和高效的内部结构。各内控子系统缺陷的组合所导致偏离控制目标的程度，是判别内控整体有效性的重要标准。在《银行内控控制评价实务》中，运用系统方法将银行内部控制系统细分成二十六个子系统，它们就是整体中的部分。

三是协同作用——银行内控与其他系统应当相互协同。银行是一个由若干子系统组成的有机整体，内控系统仅是银行整体中的部分。各子系统有着各自的功能和目标。内控系统与其平行系统相互配合、相互依存，共同为银行的战略目标发挥协同效应。内部审计师不但要了解内控系统，还应了解内控系统与其平行系统之间的联系。有效的内控系统应当与银行的其他系统保持协同作用。

三、如何提高内控评价的职业判断

内控有效性是内部审计师开展银行内部控制评价工作的核心问题。根据上述银行内部控制过程分析模型及内部控制整体有效的观点,内部审计师在判断内控系统是否有效时,可以从以下"过程＋要素＋机制"三个方面来进行职业判断。

一是过程有效。有效的银行内控系统不仅仅是"设计和运行有效",而应当是"全过程"的有效。所谓全过程有效,包括识别、评估、应对、措施、设计、运行、评价和改进八个节点全部有效,内控的"设计和运行有效"只是其中的两个节点。在"设计"的前面有"风险识别"、"风险评估"和"应对策略"等节点,有效的内控措施设计是建立在风险评估基础上的。在"运行"的后面有"评价"、"改进"环节。所有这些环节组成内控系统的一个自然逻辑过程,表现于一家银行机构的管理流程和业务流程之中,其中的任何一个节点无效都会影响到内控系统的有效性。也就是说,如果内控系统无效,那一定是在某个或多个节点上存在着重大缺陷。

二是要素有效。要素是过程中的要素,过程是要素作用的过程。银行内部控制包括内部环境、控制目标、风险识别、风险评估、风险应对、控制活动、信息与沟通、内部监督八个要素。内控有效应当是指这八个要素在同一时空中全部有效;反之,如果一个内控系统无效,那一定是某个或多个要素存在着重大缺陷。系统是一定环境中的系统,系统实现目标的过程总在一定环境中进行。系统实现目标的过程就是与环境相适应的过程。一家银行的内部环境对内部控制建设起到至关重要的作用。

三是机制有效。系统中八个要素和各个节点不是孤立地存在着,每个要素和节点在系统中都处于一定的位置上,起着特定的作用。银行内部控制系统是一种机制,内控的八大要素、各个节点是一个有机的整体。银行内控机制有:"识别→评估→应对→措施"的风险控制机制;"设计→运行→评价→

改进"的自我完善机制。有效的内控系统应当是指这两个机制全部有效。

"设计→运行→评价→改进"就是鼎鼎大名的 PCDA 循环,实际上它是有效进行任何一项工作的合乎逻辑的自然程序。设计——在对实现目标过程中存在的不确定性进行评估的基础上,制订行动"计划";运行——按照计划开始"行动",内部控制设计后,执行就成为关键环节;评价——在执行中还应对设计和执行本身进行不断地"评价",及时发现存在的不足,见微知著,总结经验教训;改进——根据测试的结果,对系统进行持续"改进",不断自我完善。系统需要在"设计→运行→评价→改进"不断循环中得到持续改进和自我完善,以确保系统目标的实现。自我完善机制实质上属于负反馈系统。系统的自我完善机制比完善的系统更重要。

"识别→评估→应对→措施"运用于对未来的不确定性事件的控制,目的是为了发现机会,识别风险,控制风险。识别——既要"识别"风险,还要发现机会;评估——"评估"风险大小,事件对目标实现的影响程度;应对——根据风险大小作出适当的"反应",包括回避、预防、接受、转移等应对策略;措施——有针对性地设计并执行适当的"控制活动"去对冲风险。"识别→评估→反应→措施"是系统实现目标过程中的一种控制风险的方法和机制。银行最大的风险是不知道会遇到什么风险,不能识别风险才是最大的风险。系统在实现目标过程中充满着不确定性。

四、如何发现银行内部控制的缺陷

内部审计师对银行内部控制实施评价,就好比医生看病。医生就是借助适当的仪器和工具,检测出血压、温度等各种生理现状的数据,对照标准数据找出差异,差异超出正常范围就是病。一个人的生理现状偏离标准就有问题,医生就是通过病人身上的"差异",并运用专业判断来发现患者的毛病。

《基本规范》要求银行针对自身存在的内部控制缺陷做好发现、分析和整改工作。内部控制缺陷按其成因分为设计缺陷和运行缺陷,按其影响程度分为重大缺陷、重要缺陷和一般缺陷。如果确定存在着一项或多项重大缺陷，那么就可以认为这家银行内部控制系统是无效的。相反，如果实施必要的评价程序后，没有发现重大缺陷，就可按规定出具内控有效的评价报告。

如何发现缺陷是内部审计师内部控制审计的永恒主题。内部控制系统缺陷就是事件现状与标准之间的差异，以及因这个差异可能对系统目标造成的风险（不利因素）。内部审计师提出一个缺陷需要四个要件，即：事件，标准，现状，风险。

确定内控系统是否存在缺陷的标准就是《企业内部控制基本规范》、《企业内部控制应用指引》、《企业内部控制评价指引》、《商业银行内部控制指引》和银行自身内部控制制度的要求。事件现状偏离这些标准且存在风险就是"缺陷"。风险是影响目标实现的有害事件。

《银行内部控制评价实务》按照系统思维方法，将银行内部控制系统细分成二十六子系统，在每个子系统中列出多个风险控制点，又在每个风险控制点上分别对评价要点、评价标准、控制手段、评价方式等进行详细的描述。这样的结构对银行内部控制评价实战中发现"缺陷"是十分有用的。

提出一个缺陷首先要发现缺陷，内部审计师发现一个缺陷可分四个步骤：检测事件现状→将现状与标准比照→得出差异程度→差异可能造成的风险。任何"缺陷"都是相对内控系统目标而言的，只有当事件的现状与标准的差异对内部控制目标存在风险和危害时才算缺陷，包括潜在和间接的危害，虽有差异但没有风险就不算缺陷。

从这个意义上说，认定内控缺陷的标准除成文的规定外，事件和差异的存在是否会产生风险，应当是更有意义的判断尺度。事件和差异对目标有害就是缺陷，虽有差异但对目标无害就不算是缺陷，反而说明内控的"设计"环节不合理。控制缺陷的组合可能导致银行偏离控制目标的程度，是判别内控整体有效性的唯一标准。

内部审计师实施内部控制评价时，对发现的每一个缺陷，特别是重大缺陷,都应当进行原因分析。通过分析原因,不但可以为业已发现的缺陷提供充分、适当的评价证据,还可以举一反三,发现新的缺陷。找到缺陷产生的原因,可以对内控有效性判断提供支持,更好地为银行改进内部控制系统提供审计增值服务,针对产生问题的原因提出解决方案。解决问题的关键是抓住问题的本质,高明的医生应当是根据病因对症下药,既简单、节约,又治标治本。如《黄帝内经》的"不治已病治未病,不治已乱治未乱"的方法。

银行风险的本质是不平衡,内控评价风险源自与被评价银行的信息不对称,而银行的经营风险源自与所在环境或客户或内部结构的不平衡。解决问题的方法是帮助系统恢复原有平衡或形成新的平衡。如果原平衡有利于目标实现,则应当维护或恢复原有的平衡;如果现平衡有害于目标实现,就应当采取打破原有的平衡,建立一个有利于目标实现的新平衡。这便是平衡哲学。

银行不应为了内控而内控,内部审计师也不能为了程序而程序。有效的内控一定是有利于提高银行经营效率和效果,有利于银行实现战略目标。同样,有价值的内部控制评价不但要发现系统的缺陷,还应找到产生缺陷的原因,并对症下药提出解决方案。控制措施相当于"招",对接受的风险准备出什么"招",是对可以承受的有害事件做好相应的应对措施。当有害事件出现时有"招"对付它,以减弱不利因素对系统实现目标的负面影响,将风险控制在可接受的范围,特别是对那些危及银行生存根本的风险事件要有有效的应对措施。内部审计师提出的控制措施重在适当。控制活动的关键是应对措施与风险之间要保持平衡,措施不及则不足以抵挡风险,措施过度则浪费资源。

汪叶斌

2012 年 2 月于杭州

目　　录

第三部分　银行内部控制评价方法

第四部分　银行内部控制调查问卷

第五部分　银行内部控制评价报告

第六部分　银行内部控制评价作业

第一部分

银行内部控制基本规范

第一章　总　　则

银行业金融机构内部控制基本规范依据《中华人民共和国银行业监督管理法》、《中华人民共和国商业银行法》、《商业银行内部控制指引》、《企业内部控制基本规范》等规章的规定和银行审慎监管要求,是促进银行业金融机构建立和健全内部控制,防范金融风险,保障银行体系安全稳健运行的制度性保障。

一、内部控制是银行业金融机构为实现战略与经营目标,通过制定和实施一系列制度、程序和方法,对风险进行事前防范、事中控制、事后监督和纠正的动态过程和机制。

二、银行业金融机构内部控制的目标:

(一)确保法律、准则以及银行业金融机构内部规章制度的贯彻执行。

(二)确保银行业金融机构发展战略与经营目标的全面实施和充分实现。

(三)确保资产安全,风险管理体系的有效性。

(四)确保业务记录、财务信息和其他管理信息的及时、真实和完整。

三、银行业金融机构建立与实施内部控制,应当遵循下列原则:

(一)全面性原则。内部控制应当渗透银行业金融机构的各项业务过程和各个操作环节,覆盖所有的部门和岗位,并由全体人员参与,任何决策或操作均应当有案可查。

(二)重要性原则。内部控制应当以防范风险、审慎经营为出发点,银行业金融机构的经营管理,尤其是设立新的机构或开办新的业务,均应当体现"内控优先"的要求。

(三)制衡性原则。内部控制应当在治理结构、机构设置及权责分配、业务流程等方面形成相互制约、相互监督,同时兼顾运营效率。内部控制的监督、评价部门应当独立于内部控制的建设、执行部门,并有直接向董事会、监事会和行长报告的渠道。

(四)适应性原则。内部控制应当与企业经营规模、业务范围、竞争状况和风险水平等相适应,并随着情况的变化及时加以调整。

（五）成本效益原则。内部控制应当权衡实施成本与预期效益，以适当的成本实现有效控制。

（六）持续性原则。内部控制应根据不断变化的监管要求和自身改革与发展的客观需要，持续评价与跟进。

四、内部控制应当与银行业金融机构的经营规模、业务范围和风险特点相适应，以合理的成本实现内部控制的目标。

第二章　内部控制的基本要求

一、内部控制应当包括以下八要素：

（一）内部控制环境。内部环境是银行业金融机构实施内部控制的基础，一般包括治理结构、机构设置及权责分配、内部审计与合规政策、人力资源政策、企业文化、社会责任等。

（二）目标设定。银行业金融机构的管理层在评估风险之前必须确立目标，针对不同的目标分析相应的风险，并且拥有一套能将银行业金融机构目标与使命紧密联系并与银行业金融机构风险容忍度和风险偏好相一致的制定目标的流程。

（三）事件识别。事件识别是识别影响银行业金融机构目标实现的内外事件，分清风险和机会。管理层制定战略或目标时应考虑到机会，机会被追溯到最高决策层的战略或目标制定过程。

（四）风险评估。风险评估是银行业金融机构及时识别、系统分析经营活动中与实现内部控制目标相关的风险，合理确定风险应对策略。

（五）风险回应。风险回应是银行业金融机构在评估相关的风险之后，所作出的防范、控制、转移、接受、补偿风险的各种策略和措施。风险对策细分为规避风险、减少风险、共担风险和接受风险四种方式，要求银行业金融机构既要考虑成本和效益，又要从企业总体角度出发在期望的风险容忍度内选择可以带来预期可能性和影响的风险方案，确保经营的风险在可控制、可接受范围之内。

（六）内部控制活动。控制活动是银行业金融机构根据风险评估结果，采用相应的控制措施，将风险控制在内控目标之内。

（七）信息与沟通。信息与沟通是银行业金融机构及时、准确地收集、传递与内部控制相关的信息，确保信息在本银行内部、本银行与外部之间进行有效沟通。

（八）监督。监督是银行业金融机构对内部控制建立与实施情况进行监督检查，评价内部控制的有效性，发现内部控制缺陷，应当及时加以改进。

二、银行业金融机构应当运用信息技术加强内部控制，建立与经营管理相适应的信息系统，促进内部控制流程与信息系统的有机结合，实现对业务和事项的自动控制，减少或消除人为操纵因素。

三、银行业金融机构应当建立内部控制实施的激励约束机制，将各责任单位和全体员工实施内部控制的情况纳入绩效考评体系，促进内部控制的有效实施。

四、接受银行业金融机构委托从事内部控制审计的会计师事务所，应当根据本规定及会计师事务所内控审计规范其配套办法和相关执业准则，对委托人内部控制的有效性进行审计，出具审计报告。会计师事务所及其签字的从业人员应当对发表的内部控制审计意见负责。

为银行业金融机构内部控制提供咨询的会计师事务所，不得同时为同一银行业金融机构提供内部控制审计服务。

第三章　内部控制环境

　　内部环境是银行业金融机构实施内部控制的基础，一般包括治理结构、机构设置及权责分配、内部审计与合规政策、人力资源政策、企业文化、社会责任等。

　　一、银行业金融机构应当建立良好的公司治理以及分工合理、职责明确、相互制衡、报告关系清晰的组织结构，为内部控制的有效性提供必要的前提条件。

　　二、银行业金融机构董事会、监事会和高级管理层应当充分认识自身对内部控制所承担的责任。

　　董事会负责保证银行业金融机构建立并实施充分而有效的内部控制体系；负责审批整体经营战略和重大政策并定期检查、评价执行情况；负责确保银行业金融机构在法律和政策的框架内审慎经营，明确设定可接受的风险程度，确保高级管理层采取必要措施识别、计量、监测并控制风险；负责审批组织机构；负责保证高级管理层对内部控制体系的充分性与有效性进行监测和评估。

　　监事会负责监督董事会、高级管理层完善内部控制体系；负责监督董事会及董事、行长及其他高级管理人员履行内部控制职责；负责要求董事、董事长及高级管理人员纠正其损害银行业金融机构利益的行为并监督执行。

　　高级管理层负责制定内部控制政策，对内部控制体系的充分性与有效性进行监测和评估；负责执行董事会决策；负责建立识别、计量、监测并控制风险的程序和措施；负责建立和完善内部组织机构，保证内部控制的各项职责得到有效履行。

　　三、银行业金融机构应当建立科学、有效的激励约束机制，培育良好的企业精神和内部控制文化，从而创造全体员工均充分了解且能履行职责的环境。

　　四、银行业金融机构应当设立履行风险管理职能的专门部门或岗位，负责具体制定并实施识别、计量、监测和控制风险的制度、程序和方法，以确保风险管理和经营目标的实现。

　　五、银行业金融机构应当建立涵盖各项业务、全银行范围的风险管理系统，开发和运用风险量化评估的方法和模型，对信用风险、市场风险、流动性风险、操作风险等各类风险进行持续的监控。

六、银行业金融机构应当对各项业务制定全面、系统、成文的政策、制度和程序,在全行范围内保持统一的业务标准和操作要求,并保证其连续性和稳定性。

七、银行业金融机构设立新的机构或开办新的业务,应当事先制定有关的政策、制度和程序,对潜在的风险进行计量和评估,并提出风险防范措施。

八、银行业金融机构应当建立内部控制的评价制度,对内部控制的制度建设、执行情况定期进行回顾和检讨,并根据国家法律、法规、银行组织结构、经营状况、市场环境的变化进行修订和完善。

九、银行业金融机构应当明确划分相关部门之间、岗位之间、上下级机构之间的职责,建立职责分离、横向与纵向相互监督制约的机制。

涉及资产、负债、财务和人员等重要事项变动均不得由一个人独自决定。

十、银行业金融机构应当根据不同的工作岗位及其性质,赋予其相应的职责和权限,各个岗位应当有正式、成文的岗位职责说明和清晰的报告关系。

十一、银行业金融机构应当明确关键岗位及其控制要求,关键岗位应当实行定期或不定期的人员轮换和强制休假制度。

十二、银行业金融机构应当制定和实施有利于可持续发展的人力资源政策。人力资源政策应当包括下列内容:

(一)员工的聘用、培训、辞退与辞职。

(二)员工的薪酬、考核、晋升与奖惩。

(三)重要岗位员工的强制休假制度和定期岗位轮换制度。

(四)掌握国家秘密或重要商业秘密的员工离岗的限制性规定。

(五)有关人力资源管理的其他政策。

十三、银行业金融机构应当将职业道德修养和专业胜任能力作为选拔和聘用员工的重要标准,切实加强员工培训和继续教育,不断提升员工素质。

十四、银行业金融机构应当加强文化建设,培育积极向上的价值观和社会责任感,倡导诚实守信、爱岗敬业、开拓创新和团队协作情神,树立现代管理理念,强化风险意识。

董事、监事、行长及其他高级管理人员应当在企业文化建设中发挥主导作用。

员工应当遵守员工行为守则,认真履行岗位职责。

十五、银行业金融机构应当加强法制教育,增强董事、监事、行长及其他高级管理人员和员工的法制观念,严格依法决策、依法办事、依法监督,建立健全法律顾问制度和重大法律纠纷案件备案制度。

十六、银行业金融机构应当根据各分支机构和业务部门的经营管理水平、风险管理能力、地区经济和业务发展需要,建立相应的授权体系,实行统一法人管理和法人授权。

授权应适当、明确,并采取书面形式。

十七、银行业金融机构应当利用计算机程序监控等信息化手段,锁定分支机构的业务权限,对分支机构实施有效的管理和监控。

下级机构应当严格执行上级机构的决策,在自身职责和权限范围内开展工作。

十八、银行业金融机构应当建立有效的核对、监控制度,对各种账证、报表定期进行核对,对现金、有价证券等有形资产及时进行盘点,对柜面业务实行复核或事后监督把关,对重要业务实行双签有效的制度,对授权、授信的执行情况进行监控。

十九、银行业金融机构应当按照规定进行会计核算和业务记录,建立完整的会计、统计和业务档案,妥善保管,确保原始记录、合同契约和各种资料的真实、完整。

二十、银行业金融机构应当建立有效的应急预案,并定期进行测试。在意外事件或紧急情况发生时,应按照应急预案及时作出应急处置,以预防或减少可能造成的损失,确保业务持续开展。

二十一、银行业金融机构应当设立独立的合规部门或岗位,统一管理各类授权、授信的法律事务,制定和审查法律文本,对新业务的推出进行法律论证,开展合规性评估,确保各项业务的合法和有效。

二十二、银行业金融机构应当实现业务操作和管理的电子化,促进各项业务的电子数据处理系统的整合,做到业务数据的集中处理。

二十三、银行业金融机构应当实现经营管理的信息化,建立贯穿各级机构、覆盖各个业务领域的数据库和管理信息系统,做到及时、准确提供经营管理所需要的各种数据,并及时、真实、准确地向中国银监会及其派出机构报送监管报表资料和对外披露信息。

二十四、银行业金融机构应当建立有效的信息交流和反馈机制,确保董事会、监事会、行长及时了解本银行的经营和风险状况,确保每一项信息均能够传递给相关的员工,各个部门和员工的有关信息均能够顺畅反馈。

二十五、银行业金融机构的业务部门应当对各项业务经营状况进行经常性检查,及时发现内部控制存在的问题,并迅速予以纠正。

二十六、银行业金融机构的内部审计部门应当有权获得本银行的所有经营信息和管理信息,并对各个部门、岗位和各项业务实施全面的监督和评价。

二十七、内部审计机构应当结合内部审计监督,对内部控制的有效性进行监督检查。内部审计机构对监督检查中发现的内部控制缺陷,应当按照内部审计工作程序进行报告;对监督检查中发现的内部控制重大缺陷,有权直接向董事会及其审计委员会、监事会报告。

二十八、银行业金融机构的内部审计应当具有充分的独立性,实行系统垂直管理。

总行内部审计负责人的聘任和解聘应当由董事会负责,下级机构内部审计负责人的聘任和解聘应当由上一级内部审计部门负责。

二十九、银行业金融机构应当配备充足的、具备相应的专业从业资格的内部审计人员,并建立专业培训制度,每人每年确保一定的离岗或脱产培训时间。

三十、银行业金融机构应当建立有效的内部控制报告和纠正机制,业务部门、合规部门、内部审计部门和其他人员发现的内部控制的问题,均应当有畅通的报告渠道和有效的纠正措施。

第四章　内部控制目标

内部控制目标是银行业金融机构的管理层在评估风险之前必须确立目标，针对不同的目标分析相应的风险，并且拥有一套能将银行业金融机构目标与使命紧密联系并与银行业金融机构风险容忍度和风险偏好相一致的制定目标的流程。

一、银行业金融机构应当建立战略目标。战略目标应当与银行业金融机构的使命相一致，银行业金融机构所有的经营管理活动必须长期有效的支持该使命。

二、银行业金融机构应当建立运营目标。运营目标与经营的效果、效率相关，包括业绩指标与盈利指标，旨在使银行业金融机构能够有效及高效的使用资源。

三、银行业金融机构应当建立报告目标。确保报告的可靠性，分为对内报告和对外报告，涉及财务和非财务信息。

四、银行业金融机构应当建立以风险容忍度指标等遵循目标。遵守监管准入标准的基础目标，遵循相关的法律、法规。

第五章　事件识别

事件识别是识别影响银行业金融机构目标实现的内外事件，分清风险和机会。管理层制定战略或目标时应考虑到机会，机会被追溯到最高决策层的战略或目标制定过程。

一、银行业金融机构内部事件识别应当关注下列因素：

（一）董事、监事、行长及其他高级管理人员的职业操守、员工专业胜任能力等人力资源因素。

（二）组织机构、经营方式、资产管理、业务流程等管理因素。

（三）研究开发、技术投入、信息技术运用等自主创新因素。

（四）财务状况、经营成果、现金流量等财务因素。

（五）营运安全、员工健康、环境保护等安全环保因素。

（六）其他有关内部风险因素。

二、银行业金融机构外部事件识别应当关注下列因素：

（一）经济形势、产业政策、金融环境、市场竞争等因素。

（二）法律、法规、监管要求等法律因素。

（三）安全稳定、文化传统、社会信用、教育水平、消费者行为等社会因素。

（四）技术进步、流程改进等科学技术因素。

（五）自然灾害，环境状况等自然环境因素。

（六）其他有关外部风险因素。

第六章　风险评估

风险评估是评估风险对银行业金融机构实现目标的影响程度、风险的价值等。银行业金融机构应当根据设定的控制目标，全面、系统、持续地收集相关信息，结合实际情况，及时进行风险评估。

一、银行业金融机构开展风险评估，应当准确识别与实现控制目标相关的内部风险和外部风险，确定相应的风险容忍度。风险容忍度是银行业金融机构能够承担和愿意承担的风险限度，包括整体风险承受能力和业务层面的可接受风险水平。

二、风险评估应由银行业金融机构组织有关职能部门和业务单位实施，也可委托有资质、信誉好、风险管理专业能力强的会计师事务所等中介机构实施。

三、风险评估包括定性和定量两种方法，进行分析评估应将定性与定量方法相结合。

四、定性方法可采用问卷调查、集体讨论、专家咨询、情景分析、政策分析、行业标杆比较、管理层访谈、由专人主持的工作访谈和调查研究等。定量方法可采用统计推论（如集中趋势法）、计算机模拟（如蒙特卡罗分析法）、失效模式与影响分析、事件树分析等。

五、进行定量评估应统一制定风险的度量单位和风险度量模型，并通过测试等方法，确保评估系统的假设前提、参数、数据来源和定量评估程序的合理性和准确性。要根据环境的变化，定期对假设前提和参数进行复核和修改，并将定量评估系统的估算结果与实际效果对比，据此对有关参数进行调整和改进。

六、风险分析应包括风险之间的关系分析，以便发现各风险之间的自然对冲、风险事件发生的正负相关性等组合效应，从风险策略上对风险进行统一集中管理。

七、在评估多项风险时，应根据对风险发生可能性的高低和对目标的影响程度的评估，绘制风险热力图，对各项风险进行比较，初步确定对各项风险的管理优先顺序和策略。

八、银行业金融机构应对风险管理信息实行动态管理，定期或不定期实施风险辨识、分析、评价，以便对新的风险和原有风险的变化进行重新评估。

第七章　风险回应

风险回应是银行业金融机构在评估相关的风险之后,所作出的防范、控制、转移、接受、补偿风险的各种策略和措施。要求银行业金融机构既要考虑成本和效益,又要从企业总体角度出发,在期望的风险容忍度内选择可以带来预期可能性和影响的风险方案,确保经营的风险在可控制、可接受范围之内。

一、银行业金融机构应当根据风险评估的结果,结合风险容忍度,权衡风险与收益,作出风险回应策略。银行业金融机构应当合理分析、准确掌握董事、行长及其他高级管理人员、关键岗位员工的风险偏好,采取适当的控制措施,避免因个人风险偏好给银行经营带来重大损失。风险回应包括风险规避、风险降低、风险分担和风险承受,银行业金融机构应当综合运用风险应对策略,实现对风险的有效控制。

二、风险规避是银行业金融机构对超出风险承受度的风险,通过放弃或者停止与该风险相关的业务活动以避免和减轻损失的策略。

三、风险降低是银行业金融机构在权衡成本效益之后,准备采取适当的控制措施降低风险或者减轻损失,将风险控制在风险容忍度之内的策略。

四、风险分担是银行业金融机构准备借助他人力量,采取业务分包、购买保险等方式和适当的控制措施,将风险控制在风险容忍度之内的策略。

五、风险承受是银行业金融机构对风险容忍度之内的风险,在权衡成本效益之后,不准备采取控制措施降低风险或者减轻损失的策略。

第八章　内部控制活动

　　银行业金融机构应当结合风险评估结果,通过手工控制与自动控制、预防性控制与发现性控制相结合的方法,运用相应的控制措施,将风险控制在可承受度之内。

　　控制措施一般包括:不相容职务(岗位)分离控制、授权审批控制、会计系统控制、财产保护控制、预算控制、运营分析控制和绩效考评控制等。

　　一、不相容职务(岗位)分离控制要求银行业金融机构全面系统地分析、梳理业务流程中所涉及的不相容职务,实施相应的分离措施,形成各司其职、各负其责、相互制约的工作机制。

　　二、授权审批控制要求银行业金融机构根据常规授权和特别授权的规定,明确各岗位办理业务和事项的权限范围、审批程序和相应责任。

　　(一)银行业金融机构应当编制常规授权的权限办法,规范特别授权的范围、权限、程序和责任,严格控制特别授权。常规授权是指银行业金融机构在日常经营管理活动中按照既定的职责和程序进行的授权。特别授权是指银行业金融机构在特殊情况、特定条件下进行的授权。

　　(二)银行业金融机构各级管理人员应当在授权范围内行使职权和承担责任。

　　(三)银行业金融机构对于重大的业务和事项,应当实行集体决策审批或者联签制度,任何个人不得单独进行决策或者擅自改变集体决策。

　　三、会计系统控制要求银行业金融机构严格执行国家统一的会计准则制度,加强会计基础工作,明确会计凭证、会计账簿、财务会计报告的处理程序,保证会计资料真实完整。

　　银行业金融机构应当依法设置会计机构,配备会计从业人员。从事会计工作的人员,必须取得会计从业资格证书。会计机构负责人应当具备会计师以上专业技术职务资格。

　　设置总会计师的银行业金融机构,不得设置与其职权重叠的副职。

四、财产保护控制要求银行业金融机构建立财产日常管理制度和定期清查制度,采取财产记录、实物保管、定期盘点、账实核对等措施,确保财产安全。

银行业金融机构应当严格限制未经授权的人员接触和处置财产。

五、预算控制要求银行业金融机构实施全面预算管理制度,明确各责任单位在预算管理中的职责权限,规范预算的编制、审定、下达和执行程序,强化预算约束。

六、运营分析控制要求银行业金融机构建立运营情况分析制度,管理层应当综合运用产品、营销、筹资、贷款、投资、财务、质量等方面的信息,通过因素分析、对比分析、趋势分析等方法,定期开展运营情况分析,发现存在的问题,及时查明原因并加以改进。

七、绩效考评控制要求银行业金融机构建立和实施绩效考评制度,科学设置考核指标体系,对企业内部各责任单位和全体员工的业绩进行定期考核和客观评价,将考评结果作为确定员工薪酬,以及职务晋升、评优、降级、调岗、辞退等的依据。绩效考评包括经营绩效和合规绩效。

八、银行业金融机构应当根据内部控制目标,结合风险应对策略,综合运用控制措施,对各种业务和事项实施有效控制。

九、银行业金融机构应当建立重大风险预警机制和突发事件应急处理机制,明确风险预警标准,对可能发生的重大风险或突发事件,制订应急预案、明确责任人员、规范处置程序,确保突发事件得到及时妥善处理。

第九章 信息与沟通

银行业金融机构应当建立信息与沟通制度,明确内部控制相关信息的收集、处理和传递程序,确保信息及时沟通,促进内部控制有效运行。

一、银行业金融机构应当对收集的各种内部信息和外部信息进行合理筛选、核对、整合,提高信息的有用性。

(一)银行业金融机构可以通过财务会计资料、经营管理资料、调研报告、专项信息、通报、风险提示、管理建议书、内部刊物、办公网络等渠道,获取内部信息。

(二)银行业金融机构可以通过行业管理部门、社会中介机构、业务往来单位、市场调查、来信来访、网络媒体以及有关监管部门等渠道,获取外部信息。

二、银行业金融机构应当将内部控制相关信息在内部各管理级次、责任单位、业务环节之间,以及与外部投资者、债权人、客户、中介机构、行业管理部门和监管部门等有关方面之间进行沟通和反馈,信息沟通过程中发现的问题,应当及时报告并加以解决。

重要信息应当及时传递给董事会、监事会和高级管理层,报送行业管理部门。

三、银行业金融机构应当利用信息技术促进信息的集成与共享,充分发挥信息技术在信息与沟通中的作用。

银行业金融机构应当加强对信息系统开发与维护、访问与变更、数据输入与输出、文件储存与保管、网络安全等方面的控制,保证信息系统安全稳定运行。

四、银行业金融机构应当建立反舞弊机制,坚持惩罚与预防并举、重在预防的原则,明确反舞弊工作的重点领域、关键环节和有关机构在反舞弊工作中的职责权限,规范舞弊案件的举报、调查、处理、报告和补救程序。

银行业金融机构至少应当将下列情形作为反舞弊工作的重点:

(一)未经授权或者采取其他不法方式侵占、挪用银行业金融机构资产,牟取不当利益。

（二）在财务会计报告和信息披露等方面存在的虚假记载、误导性陈述或者重大遗漏等。

（三）董事、监事、行长及其他高级管理人员滥用职权。

（四）相关机构或人员串通舞弊。

五、银行业金融机构应当建立诚信举报、投诉制度和举报人保护制度，设置举报专线，明确举报投诉处理程序、办理时限和办结要求，确保举报、投诉成为银行业金融机构有效掌握信息的重要途径。

举报、投诉制度和举报人保护制度应当及时传达至全体员工。

第十章 监 督

银行业金融机构应当指定不同的机构或部门分别负责内部控制的建设、执行和内部控制的监督、评价。

一、内部控制的建设、执行部门负责设计内部控制体系,组织、督促各业务部门、分支机构建立和健全内部控制。

二、内部控制的监督、评价部门负责组织检查、评价内部控制的健全性和有效性,督促管理层纠正内部控制存在的问题。

三、银行业金融机构应当建立内部控制的报告和信息反馈制度,业务部门、内部审计部门和其他控制人员发现内部控制的隐患和缺陷,应当及时向董事会、高级管理层或相关部门报告。

四、银行业金融机构内部控制的监督、评价部门应当对内部控制的制度建设和执行情况定期进行检查评价,提出改进建议,对违反规定的机构和人员提出处理意见。

五、银行业金融机构对上级机构应当根据自身掌握的内部控制信息,对下级机构的内部控制状况定期作出评价,并将评价结果作为经营绩效考核的重要依据。

六、银行业金融机构应当建立内部控制问题和缺陷的处理纠正机制,管理层应当根据内部控制的检查情况和评价结果,提出整改意见和纠正措施,并督促业务部门和分支机构落实。

七、银行业金融机构应当建立内部控制的风险责任制:

(一)董事会、高级管理层应当对内部控制的有效性负责,并对内部控制失效造成的重大损失承担责任。

(二)监事会应当对监督及时性负责,并对董事、董事长及高级管理人员其损害银行业金融机构利益的行为未及时监督承担责任。

(三)高级管理层应当对违反内部控制的人员,依据法律规定、内部管理制度追究责任和予以处分,并承担处理不力的责任。

（四）企业层面职能部门、业务层面职能部门和分支机构应当及时纠正内部控制存在的问题，并对出现的风险和损失承担相应的责任。

（五）内部审计部门应当对未执行审计方案、程序和方法导致重大问题未能被发现，对审计发现隐瞒不报或者未如实反映，审计结论与事实严重不符，对审计发现问题的查处整改工作跟踪不力等行为，承担相应的责任。

第二部分

银行内部控制评价体系

第一章　企业层面

第一子系统——董事会

一、内部控制环境

(一)股东代表大会

1. 评价要点

是否建立股东代表大会?

2. 评价标准

制定内容完备的股东代表大会议事规则,明确股东代表权力义务及股东代表大会的职权。

3. 控制手段

人控。

4. 评价方式

符合性测试。

(二)董事会

1. 评价要点

是否建立董事会,是否按章程确立董事会职责、董事会组成?

2. 评价标准

董事会的建立符合《公司法》章程的规定;董事的任职资格符合法律、法规的规定,选举程序符合规定,明确董事的权利、义务;建立独立董事制度及董事会议事规则。

3. 控制手段

人控。

4. 评价方式

符合性测试。

（三）专门委员会设立

1. 评价要点

专业委员会的设立是否合理，其职能是否得到有效的发挥？

2. 评价标准

根据业务范围成立专门委员会，制定明确的议事规则和工作职责；专业委员会的议事程序符合规定，记录规范；专业委员会对形成的决议定期跟踪经营层落实的情况。

3. 控制手段

人控。

4. 评价方式

符合性测试。

（四）企业发展战略

1. 评价要点

董事会是否审批了整体经营战略和重大政策并定期检查、评价执行情况？

2. 评价标准

董事会审批了整体经营战略和重大政策，并定期检查、评价其执行情况。

3. 控制手段

人控。

4. 评价方式

符合性测试。

（五）风险管理

1. 评价要点

是否为风险管理的实施提供有利的组织、环境支持？

2. 评价标准

（1）建立风险管理的共同语言基础：包括风险描述方式、风险度量标准、风险登记方式、风险识别的深度与广度。

（2）按照监管部门要求逐步建立全面风险管理组织体系。

（3）风险管理所需要的人员和资源得到充分满足。

3. 控制手段

人控。

4. 评价方式

符合性测试。

（六）内部控制政策

1. 评价要点

是否为内部控制的实施提供坚实的支持结构和环境？

2. 评价标准

（1）明确内部控制决策、管理、执行、监督四个层次管理架构各自的责任和义务，内部控制的职责、权限及其相互关系均应有清晰的定义和沟通。

（2）建立各项管理政策：包括人力资源政策、财务管理政策、信贷总量和信贷结构政策、信息交流政策等。政策完备与战略经营目标一致。符合法律、法规和监管要求。

（3）内控政策公开并通过各种方式传达到相关员工，定期进行评审，确保内部控制政策持续的适宜性和有效性。

3. 控制手段

人控。

4. 评价方式

符合性测试。

（七）人力资源政策

1. 评价要点

是否制定人力资源政策，是否与企业文化一致？

2. 评价标准

（1）有明确的人力资源政策，建立完善的人力资源管理制度。

（2）组织开展企业文化建设，有企业文化的目标。

（3）企业文化建设的完整记录和活动计划安排。

3. 控制手段

人控。

4. 评价方式

符合性测试。

(八) 社会责任履行情况

1. 评价要点

是否建立严格的安全管理体系? 是否依法保护员工的合法权益? 是否保护员工依法享有劳动权利和履行劳动义务, 工作岗位相对稳定? 是否积极履行社会公益方面的责任和义务, 关心帮助社会弱势群体, 支持慈善事业?

2. 评价标准

(1) 履行银行会责任的计划、报告。

(2) 制定操作规范和应急预案, 建立安全责任追究制度。

(3) 建立员工稳定的薪酬体系、员工发展计划和健康保障体系。

(4) 抽查员工出勤情况, 确定员工休假和加班工资发放情况。

(5) 支持社会公益事业的相关资料。

3. 控制手段

人控。

4. 评价方式

符合性测试。

二、内控目标

1. 评价标准

(1) 核心一级资本充足率。核心一级资本÷风险资产×100%≥7%。

(2) 一级资本充足率。一级资本÷风险资产×100%≥10%。

(3) 资本充足率。资本总额÷风险资产×100%≥12%。

(4) 留存超额资本率。留存超额资本÷风险资产×100%≥2.5%。

(5) 逆周期超额资本率。逆周期超额资本÷风险资产×100%≥1%。

(6) 杠杆率。一级资本占调整后表内外资产余额的比例≥5%。

(7) 贷款拨备率。贷款损失准备占各项贷款余额的比例≥2.5%。

(8) 拨备覆盖率。贷款损失准备占不良贷款的比例 ≥250%。

(9) 案件发生率。按案件损失额百万元以上和百万元以下划分。

2. 控制手段

人机并控。

3. 评价方式

符合性测试。

三、事件识别

(一)公司治理结构和制度

1. 评价要点

公司治理结构和制度设计是否存在不合理情况?

2. 评价标准

(1)明确股东代表权力和股东代表大会权责、股东代表大会的议事规则。

(2)明确董事会机构、人员、议事规则,董事的学识与经验符合规定。明确董事会权责。

3. 控制手段

人控。

4. 评价方式

符合性测试。

(二)董事会工作效率

1. 评价要点

是否存在董事会工作低效情况?

2. 评价标准

(1)董事会制度非形式化。

(2)董事会成员的产生制度化。

(3)董事会人员的组成非内部化。

(4)独立董事具有独立性。

(5)董事具有专业性和代表性。

(6)董事会专门委员会能够发挥作用。

(7)董事会与经营层职责清楚。

(8)有激励和约束机制。

3. 控制手段

人控。

4. 评价方式

符合性测试。

（三）战略风险

1. 评价要点

重大决策是否按各类因素分析产生的企业战略发展风险？是否考虑到自然灾害、环境状况等因素形成的战略风险？重大决策是否经过股东代表大会、董事会审议批准？

2. 评价标准

（1）企业战略制定考虑到因经济形势、产业政策、投融资环境、市场竞争、资源供给等经济因素形成的战略风险。

（2）重大决策经过股东代表大会、董事会审议批准，符合法律、法规、监管要求。

（3）重大决策考虑到自然灾害、环境状况等因素形成的战略风险。

（4）外部突发事件对战略风险的影响。

3. 控制手段

人控。

4. 评价方式

符合性测试。

四、风险评估

（一）风险分析

1. 评价要点

1）定性分析

（1）是否形成风险管理目标？

（2）是否确定风险偏好？

（3）是否建立健全规范的公司治理结构？

2）定量分析

目标设定内的各项指标是否满足规划要求？

2. 评价标准

1）定性评价标准

（1）根据战略目标、经营目标和业务目标，梳理形成风险管理目标。

（2）根据战略、合规性要求、股东期望等确定风险偏好，风险容忍度，体现出侧重控制的风险类型。

（3）设置适当的程序，保证公司治理结构中的人员满足规定的要求。

（4）明确职责权限，形成科学有效的职责分工和制衡机制。

（5）根据实际情况建立风险评估模型情况。

2）定量评价标准

目标设定内的各项指标满足规划要求。

3. 控制手段

人控。

4. 评价方式

符合性测试。

（二）风险评价

1. 评价要点

风险识别与分析是否覆盖公司治理层面？是否考虑到了风险的关联性？当前定位的风险控制水平是否符合董事会已设定的风险偏好？是否确定公司治理层面风险的风险级别和风险类型？对当前公司治理层面风险进行处理和确定处理风险措施的优先级别是否合理？公司治理层面风险识别与分析工具和方法选择是否适当？评估结果是否符合实际？

2. 评价标准

（1）风险识别与分析覆盖了公司治理层面，考虑到了风险的关联性。

（2）当前定位的风险控制水平符合董事会已设定的风险偏好。

（3）确定了公司治理层面风险的风险级别和风险类型。

（4）对当前公司治理层面风险进行处理和确定处理风险措施的优先级别比较合理。

（5）公司治理层面风险识别与分析工具和方法选择适当，评估结果符合实际。

3. 控制手段

人控。

4. 评价方式

符合性测试。

五、风险回应

（一）公司治理风险应对策略选择

1. 评价要点

公司治理风险的应对策略选择是否恰当？

2. 评价标准

选择能实现对公司治理层面风险的有效控制的应对策略。

3. 控制手段

人控。

4. 评价方式

符合性测试。

（二）公司治理风险规避政策

1. 评价要点

是否对所有超出风险承受度的业务采取风险规避政策？

2. 评价标准

（1）不符合股东代表大会和董事会议事规则的重大决议无效。

（2）取消不符合法律、法规要求的股东和董事的任职资格。

3. 控制手段

人控。

4. 评价方式

符合性测试。

（三）风险转移政策

1. 评价要点

对风险转移业务的确定是否合理？是否可以将风险控制在风险承受度之内？

2. 评价标准

风险转移的方式和控制措施恰当，可以将风险控制在风险承受度之内。

3. 控制手段

人控。

4. 评价方式

符合性测试。

（四）风险承受

1. 评价要点

对风险承受度内风险的确定是否合理？不需通过股东代表大会和董事会通过的重大决议事项是否适当？

2. 评价标准

章程中规定不需通过股东代表大会和董事会通过的重大决议事项、对风险承受度内风险的确定合理适当。

3. 控制手段

人控。

4. 评价方式

符合性测试。

六、内部控制活动

（一）治理结构和制度设计合理

1. 评价要点

治理结构和制度设计是否科学、民主？

2. 评价标准

（1）公司董事会、经营层和员工能共同参与治理结构和制度设计。

（2）对治理问题的合理性邀请外部专家给予第三方评价。

（3）从结构、规则和制度建设上能预先、有效地避免治理风险的产生。

3. 控制手段

人控。

4. 评价方式

符合性测试。

（二）董事会绩效考核

1. 评价要点

是否建立董事会评价体系？

2. 评价标准

(1) 确定了董事会绩效评价的内容。

(2) 建立了科学的董事会评价的标准。

(3) 建立了董事会绩效评价的程序。

3. 控制手段

人控。

4. 评价方式

符合性测试。

（三）股东代表和董事的任职资格

1. 评价要点

股东代表、董事的任职资格符合法律、法规的要求。

2. 评价标准

(1) 有股东代表、董事的选聘制度,选举符合制度规定。

(2) 有独立董事的相关制度。

(3) 设立了董事会各专门委员会。

(4) 董事会成员的专业性和代表性,董事资格符合法律、法规的要求。董事的选聘符合相关的程序。

3. 控制手段

人控。

4. 评价方式

符合性测试。

（四）重大决议事项

1. 评价要点

重大决议是否通过股东代表大会或董事会通过、符合各项议事规则?

2. 评价标准

(1) 必须通过股东代表大会审议的重大事项:对公司合并、分立、解散、清算或者变更公司形式作出决议,修改本机构章程。重大担保事项,购买或出售重大资产。股权激励计划等。

(2) 股东代表大会和临时股东代表大会的召开、议事规则符合章程规定。

（3）董事会机构设置、人员组成与议事规则符合章程规定。

（4）董事的学识与经验符合法律和制度规定。

（5）董事会决策程序与记录、董事会决议的披露符合章程规定。

3. 控制手段

人控。

4. 评价方式

符合性测试。

七、信息与沟通

（一）处理与处罚

1. 评价要点

处理与处罚是否适当？

2. 评价标准

对高级经营层人员有下列行为之一的，根据情况应给予相应的处分：

（1）挪用本机构资金。

（2）将本机构资金以其个人名义或者以他人名义开立账户存储。

（3）违反章程规定，未经股东代表大会、董事会同意，将本机构资金借贷给他人或者以公司财产为他人提供担保。

（4）违反章程规定或者未经股东代表大会同意，与本机构订立合同或者进行交易。

（5）未经股东代表大会同意，利用职务便利为自己或他人谋取属于本机构的商业机会，自营或者为他人经营与本机构同类的业务。

（6）接受他人与本机构交易的佣金归为己有。

（7）擅自披露本机构秘密。

（8）违反对本机构忠实义务的其他行为。

3. 控制手段

人控。

4. 评价方式

符合性测试。

（二）风险预警

1. 评价要点

是否对不符合股东代表大会和董事会议事规则的情况及时地进行风险评估、发出预警并及时落实管理措施？

2. 评价标准

（1）有与风险相关方（内、外部）进行信息交流的制度、规定、办法。

（2）相关信息的识别、收集、处理、交流和沟通过程有文件规定。

（3）董事会和高级管理层能有效获得内部控制状况信息。

3. 控制手段

人控。

4. 评价方式

符合性测试。

（三）信息披露

1. 评价要点

是否建立了信息披露制度？所有重大的决议信息是否进行及时披露？

2. 评价标准

（1）建立了信息披露制度。

（2）及时向监管部门、利益相关方报告、披露相关信息。

（3）有信息保密、安全所需的授权措施。

3. 控制手段

人控。

4. 评价方式

符合性测试。

八、监控

（一）会议档案

1. 评价要点

是否建立按要求对股东代表大会和董事会会议资料进行保管？

2. 评价标准

（1）有股东代表大会会议资料保管制度，保管期限符合规定。

（2）有董事会会议资料保管制度，资料齐全，保管期限符合规定。

3. 控制手段

人控。

4. 评价方式

符合性测试。

（二）内部控制制度

1. 评价要点

是否对治理结构及战略风险内部控制进行了持续改进？

2. 评价标准

（1）制定了内部控制监控制度，明确了职能部门在内部监控中的职责权限，规范了监控的措施、类别、程序、方法和要求。

（2）结合内部监控情况，定期对内部控制的有效性进行自我评估，出具内部自我评估报告。

（3）通过检查或审计监督，对发现的问题进一步完善内控体系。

（4）对内部控制制度的适宜性进行定期评审，并及时进行修订。

3. 控制手段

人控。

4. 评价方式

符合性测试。

（三）监控制度

1. 评价要点

是否建立风险管理部门监控制度、审计部门审计监督制度？

2. 评价标准

（1）建立和实施了风险管理部门监控制度、审计部门审计监督制度。

（2）确保了审计部门和审计人员的独立性。

（3）对检查、审计监督中发现的公司治理层面重大问题和事件的处理结果进行跟踪，以防止问题或事件的再次发生。

3. 控制手段

人控。

4. 评价方式

符合性测试。

九、评价依据

（一）财政部　证监会　审计署　银监会　保监会《关于印发〈企业内部控制基本规范〉的通知》（财会〔2008〕7号）。

（二）财政部　证监会　审计署　银监会　保监会《关于印发〈企业内部控制配套指引〉的通知》（财会〔2010〕11号）。

（三）《关于印发〈商业银行声誉风险管理指引〉的通知》（银监发〔2009〕82号）。

（四）《中华人民共和国银行业监督管理法》（第十届全国人民代表大会常务委员会第二十四次会议通过）。

（五）《中华人民共和国商业银行法》（中华人民共和国主席令2003年第十三号）。

（六）《中国银监会办公厅关于进一步贯彻落实〈商业银行声誉风险管理指引〉有关工作的通知》（银监办发〔2010〕1号）。

（七）《农村中小金融机构风险管理机制建设指引》（银监发〔2009〕107号）。

（八）《股份制商业银行独立董事和外部监事制度指引》（中国人民银行公告〔2002〕第15号）。

（九）《商业银行与内部人和股东关联交易管理办法》（中国银行业监督管理委员会令2004年第3号）。

（十）《商业银行市场风险管理指引》（中国银行业监督管理委员会令2004年第10号）。

（十一）《中国银行业监督管理委员会行政许可实施程序规定》（中国银行业监督管理委员会令2006年第1号）。

（十二）《中国银行业监督管理委员会中资商业银行行政许可事项实施办法》（中国银行业监督管理委员会令2006年第2号）。

（十三）《商业银行资本充足率管理办法》（中国银行业监督管理委员会令2007年第11号）。

（十四）《商业银行内部控制指引》（中国银行业监督管理委员会令 2007 年第 6 号）。

（十五）《商业银行信息披露办法》（中国银行业监督管理委员会令 2007 年第 7 号）。

（十六）《中国银行业监督管理委员会农村中小金融机构行政许可事项实施办法》（中国银行业监督管理委员会令 2008 年第 3 号）。

（十七）《商业银行集团客户授信业务风险管理指引》（中国银行业监督管理委员会令 2010 年第 4 号）。

（十八）《中国银行业监督管理委员会办公厅关于进一步规范农村信用社增资扩股工作有关问题的通知》（银监办发〔2004〕345 号）。

（十九）《中国银行业监督管理委员会办公厅关于金融从业经历认定有关问题的批复》（银监办发〔2005〕245 号）。

（二十）《中国银行业监督管理委员会办公厅关于优化农村合作金融机构人力资源结构的指导意见》（银监办发〔2006〕147 号。

（二十一）《中国银行业监督管理委员会办公厅关于加大力度推进农村合作金融机构优化人力资源结构的通知》（银监办发〔2006〕225 号）。

（二十二）《中国银监会办公厅关于印发商业银行分支机构风险评估指导意见的通知》（银监办发〔2007〕235 号）。

（二十三）《中国银监会办公厅关于印发〈农村银行机构公司类信贷资产风险十级分类指引（试行）〉的通知》（银监办发〔2009〕284 号）。

第二子系统——监事会

一、内部控制环境

（一）公司治理组织架构

1. 评价要点

监事会是否为公司治理组织架构的主体之一？

2. 评价标准

建立以股东代表大会、董事会、监事会、高级管理层等为主体的法人治理组织架构。

3. 控制手段

人控。

4. 评价方式

符合性测试。

（二）召开例会和临时会议

1. 评价要点

监事会是否建立完备的议事规则和决策程序？包括监事会会议的通知、文件准备、召开方式、表决形式、会议记录、资料保存及其签署等是否完备，是否按规定定期或不定期召开例会和临时会议？

2. 评价标准

（1）建立了内容完整、可操作性强的议事规则和决策程序。

（2）召开监事会年度例会和临时会议，符合本机构章程和议事规则的相关规定，并形成详细的书面记录。

（3）监事会会议应有过半数监事出席方可举行。监事会审议的相关议程形成应作出决议，并经全体监事过半数通过。

（4）银监部门派员列席本机构股东代表大会、董事会、监事会和年度经营管理工作会等会议，但召开上述会议时，应至少提前3个工作日通知银监部门。

3. 控制手段

人控。

4. 评价方式

符合性测试。

（三）外部监事制度

1. 评价要点

是否建立了独立的外部监事制度，外部监事人员组成符合监管和章程规定？

2. 评价标准

（1）以文件形式建立独立的外部监事制度。

（2）外部监事人员组成符合监管和章程规定，外部监事与银行及其主要股东之间不应存在影响其独立判断的关系。

（3）监事和外部监事的提名及选举程序比照董事、外部董事的提名及选举程序。

（4）外部监事每年至少亲自出席 2 次以上的监事会会议。因故不能出席，应书面委托同类别其他监事代为出席。

（5）股东监事和外部监事每年在本机构工作时间应保证在 15 个工作日。

3．控制手段

人控。

4．评价方式

符合性测试。

（四）向外部监管部门报告

1．评价要点

监事会是否及时向外部监管部门报告监督检查中发现的问题？

2．评价标准

监事会按照章程或监管部门要求以规范的程序向外报告监督检查发现的问题。

3．控制手段

人控。

4．评价方式

符合性测试。

（五）对内部控制进行监督

1．评价要点

监事会是否通过适当方式对内部控制进行监督？

2．评价标准

监事会年度内对本单位内部控制的健全性和有效性实施监督、检查或评价，并形成规范的档案资料。

3．控制手段

人控。

4．评价方式

符合性测试。

（六）监督董事会（长）、高级管理人员履行职责

1. 评价要点

监事会是否监督董事会（长）、高级管理人员履行职责情况？

2. 评价标准

（1）监事会按年委托内、外部审计部门对董事会（长）、高级管理人员履职情况进行评价，并出具履职评价报告。

（2）建立健全对董事会（长）、高级管理人员履职评价体系，并明确董事、监事、高级管理人员的履职标准，完善董事、监事、高级管理人员的诚信档案。

3. 控制手段

人控。

4. 评价方式

符合性测试。

（七）监督各专门委员会履行职责

1. 评价要点

监事会是否对董事会下设的各专门委员会的履职情况进行评价？

2. 评价标准

监事会应对各专门委员会所承担的职责，按年度对其进行履职评价。

3. 控制手段

人控。

4. 评价方式

符合性测试。

（八）董事长及高级管理人员纠正其损害机构利益的行为

1. 评价要点

监事会是否要求董事长及高级管理人员纠正其损害本机构利益的行为？

2. 评价标准

监事会用书面形式督促董事长及高级管理人员纠正损害本机构利益的行为。

3. 控制手段

人控。

4. 评价方式

符合性测试。

（九）监事会成员符合任职条件

1. 评价要点

监事长及其监事会其他成员任职是否符合规定？

2. 评价标准

（1）监事长应由专职人员担任，且具有财务、金融、审计、法律等某一方面的专业知识和工作经验。

（2）内部监事的产生或换届须由员工民主选举产生。

（3）监事任期每届为 3 年，可以连选连任。但累计任职时间不得超过 6 年。

（4）监事长及监事会成员符合任职资格要求。

3. 控制手段

人控。

4. 评价方式

符合性测试。

（十）成员构成符合章程规定

1. 评价要点

监事会成员构成是否符合规定？

2. 评价标准

监事会成员构成符合章程规定。

3. 控制手段

人控。

4. 评价方式

符合性测试。

（十一）履行信息披露的行为进行监督

1. 评价要点

监事会是否对董事、高级管理人员履行信息披露的行为进行监督？

2. 评价标准

（1）监事会应当遵循真实性、准确性、完整性和及时性原则，对信息披露的规范性进行监督。

（2）有信息保密、安全所需的授权措施。

3. 控制手段

人控。

4. 评价方式

符合性测试。

（十二）及时获取银行经营和风险状况

1. 评价要点

是否建立有效的信息传递机制，是否确保董会、监事会、高级管理层及时获取经营和风险状况？

2. 评价标准

（1）建立独立的内部控制评价机构，定期对内部控制建设和执行情况进行有效监督与评价。

（2）合规风险评估部门应根据本机构合规风险政策规定，定期对本机构内部控制、合规风险管理状况进行评估，并提出合规意见和建议。

3. 控制手段

人控。

4. 评价方式

符合性测试。

二、内控目标

1. 评价标准

（1）建立责权分明、平衡制约、规则健全、运作有序、前中后台职责明确的全面风险管理体系。

（2）构建案件防控长效机制、风险预警机制、绩效考核机制、内控评价机制等风险评估体系。

（3）定期监测资本充足状况、资产质量状况、法人治理状况、盈利状况、流动性状况等监管指标，使之符合监管要求。

（4）根据本机构的发展战略、风险状况等因素，建立可量化的主要风险可接受水平的风险容忍度指标框架，持续关注风险容忍度指标水平规划设定、监测分析、调整控制等活动。

(5)结合本机构实际,明确市场定位、创新发展机制、健全管理机制、强化人本管理等目标的企业文化,使本机构员工树立预期要求的企业价值观、企业精神及经营理念。

(6)制定健全的内部审计政策,符合法律、法规和监管要求;具备公正性、客观性和独立性的条件;制定结构合理的审计队伍发展目标。

(7)制定健全的监察监督工作制度,规范本机构员工职业道德,建立明晰的案件预防工作目标和党风廉政、行风建设工作目标。

(8)真实、准确、完整、及时、规范地对外发布社会责任报告,社会责任的目标应遵循经营行为准则、提供金融产品和优质服务、追求利润目标、创造长期价值,对股东、客户、合作伙伴等利益相关者负责,对自然环境和社会环境负责,实现社会可持续发展而承担的经济责任、法律责任和道义责任。

(9)制定监事会年度工作计划,明确指导思想、推进目标和工作措施。

2. 控制手段

人控。

3. 评价方式

符合性测试。

三、事件识别

(一)指导开展内控评价和风险评估

1. 评价要点

监理会是否指导和要求专门职能部门开展内部控制评价和各类风险评估?

2. 评价标准

(1)监事会应按内部控制评价计划和要求指导审计部门开展内部控制评价。

(2)监事会应按合规政策规定,要求合规风险部门定期对本机构的合规风险状况进行全面评价。

3. 控制手段

人控。

4. 评价方式

符合性测试。

（二）履职评价

1. 评价要点

监事会每年度是否委托内、外部审计部门对董事长、高级管理人员履职情况进行评价？

2. 评价标准

（1）监事会按年度以书面委托或业务约定书形式委托内、外部审计部门对董事会（长）、高级管理人员进行履职评价。

（2）履职评价要内容全面、方案具体、程序规范、资料完整。

3. 控制手段

人控。

4. 评价方式

符合性测试。

（三）会计年报审计

1. 评价要点

监事会是否按年度委托社会审计对本单位开展会计年报审计？是否对董事会成员、其他高级管理人员进行履职评价？

2. 评价标准

监事会按年度委托社会审计对本单位开展会计年报审计，每年度开展董事会成员、其他高级管理人员进行履职评价。

3. 控制手段

人控。

4. 评价方式

符合性测试。

（四）董事会各专门委员会履职评价

1. 评价要点

监事会每年度是否委托内、外部审计部门对董事会各专门委员会履职情况进行评价？

2. 评价标准

（1）监事会应对各专门委员会章程赋予的各自职责进行履职评价。

（2）各相关专门委员会应当定期与高级管理层及部门交流本机构经营和风险状况，并提出意见和建议。

（3）各专门委员会成员应当具有与专业委员会职责相适应的专业知识和工作经验，各专门委员会负责人原则上不宜兼任。

3. 控制手段

人控。

4. 评价方式

符合性测试。

（五）对监事会成员进行履职评价

1. 评价要点

每年度是否对监事会成员进行履职评价？

2. 评价标准

每年度委托社会审计对监事长进行履职评价，组织专门班子对监事会其他成员进行履职评价。

3. 控制手段

人控。

4. 评价方式

符合性测试。

四、风险评估

1. 评价要点

监事会是否对本机构所从事的业务风险进行识别评估并对风险持续监控和管理？

2. 评价标准

（1）风险识别与评估的全面性。对本机构的风险管理要覆盖各主要风险，包括信用风险、流动性风险、利率风险、操作风险、法律风险及信誉风险等各类风险进行持续的监控。

（2）风险识别与评估的手段与技术。本机构应制订识别、计量、监测和管理风险的制度、程序和方法；结合本机构特点，开发和应用各类风险量化评估方法和模型；评估方法应考虑内部因素，包括组织结构的复杂程度、银行业务性质、人员素质、组织机构变革和人员的流动等,外部因素包括经济形势变化、行业变革与技术更新、地区金融生态与信用环境等。用于计量和监测风险的主要假设、数据来源和程序是否合适和准确,对模型和主要参数进行调整和测试应有相应的程序。

(3)风险控制制度、技术和方法的及时更新。本机构是否针对不断变化的环境和情况及时修改和完善风险控制的制度、方法和手段,以控制新出现的风险或以前未能控制的风险。

3. 控制手段

人机并控。

4. 评价方式

抽样测试、压力测试。

五、风险回应

(一)新业务和新产品推出前对潜在的风险进行计量、评估和控制

1. 评价要点

在新业务和新产品推出之前,是否制定有关的政策、制度和程序,对潜在的风险进行计量、评估和控制,是否具有完善的产品定价机制,能否做到成本可算、风险可控等?

2. 评价标准

在新业务和新产品推出之前,应制定相关的政策、制度和程序,对潜在的风险进行计量、评估和控制,应具有完善的产品定价机制,做到成本可算、风险可控等。

3. 控制手段

人控。

4. 评价方式

符合性测试。

(二)对银行发展战略的制定、实施与评估进行监督

1. 评价要点

监事会是否对银行发展战略的制定、实施与评估进行监督?

2. 评价标准

(1)本机构应兼顾股东、存款人和其他相关者的利益,制定清晰的发展战略

和良好的价值准则,并确保有效贯彻。

(2) 本机构的发展战略应重点涵盖中长期发展规划、战略目标、经营理念、市场定位、资本管理和风险管理等方面。

(3) 本机构在关注总体发展战略的基础上还应关注人才战略和信息技术战略。① 人才战略。应建立健全人才招聘、开发、评估、激励、使用和规划的科学机制,逐步实现人力资源市场化,推动本机构实现可持续发展。② 信息技术战略。应建立中长期信息科技规划,规划健全管理组织和技术架构成熟、运行安全稳定、应用丰富灵活、管理科学高效的信息科技体系,并确保信息科技建设对本机构业务和风险管控的有效支持。

3. 控制手段

人控。

4. 评价方式

符合性测试。

(三) 纠正措施、管理建议、监督意见是否及时改进并反馈

1. 评价要点

对监事会提出的纠正措施、管理建议、监督意见等,董事会、高级管理层是否及时改进并反馈?

2. 评价标准

董事会、高级管理层对监事会提出的纠正措施、管理建议、监督意见等,应责成责任主体采取切实措施,提出防范意见,及时以书面形式向监事会报告。

3. 控制手段

人控。

4. 评价方式

符合性测试。

(四) 高管层拒绝或拖延执行向银监部门和股东代表大会报告

1. 评价要点

对监事会提出的纠正措施、管理建议、监督意见等,董事会、高级管理层拒绝或拖延执行的,监事会是否向当地银监部门和股东代表大会报告?

2. 评价标准

董事会、高级管理层对监事会提出的纠正措施、管理建议、监督意见等,应及时得到落实并书面报告。如拒绝或拖延执行的,监事会应向银监部门和股东代表大会报告。

3. 控制手段

人控。

4. 评价方式

符合性测试。

六、内部控制活动

(一)适时对董事和高管人员进行专项审计和离任审计

1. 评价要点

是否适时对董事和高级管理人员进行专项审计和离任审计?

2. 评价标准

监事会应根据银行监管部门和行业管理的有关规定,对董事和高级管理人员开展任期内专项审计和离任审计。

3. 控制手段

人控。

4. 评价方式

符合性测试。

(二)适时对财务活动开展检查监督

1. 评价要点

是否适时对本机构的财务活动开展检查监督?

2. 评价标准

(1)高级管理人员应当接受监事会监督,定期向监事会提供有关本机构经营业绩、重要合同、财务状况、风险状况和经营前景等信息,不得阻挠、妨碍监事会依职权进行的检查、审计等活动。

(2)监事会每年度应对本单位的财务活动的可靠性和准确性开展检查监督。

3. 控制手段

人控。

4. 评价方式

符合性测试。

（三）适时对经营决策、风险管理和内部控制等进行审计

1. 评价要点

是否适时对本机构的经营决策、风险管理和内部控制等进行审计？

2. 评价标准

监事会应每年对本机构的经营决策、风险管理和内部控制等进行审计。

3. 控制手段

人控。

4. 评价方式

符合性测试。

（四）指导内部审计工作

1. 评价要点

是否指导本机构内部审计工作？

2. 评价标准

（1）监事会应以书面形式指导审计部门开展内部控制评价、高管人员履职审计、委托社会机构年报审计等审计活动。

（2）开展社会审计应符合规定程序。

（3）本机构董事会、监事会、高级管理层应有效利用内部审计、外聘审计机构和内部控制部门的工作成果，对需改进的内部控制意见实施有效纠正措施；外聘审计机构除财务审计外，对本机构年度的公司治理、内部控制及经营状况进行评估，并向银行及监管部门提交管理建议书。

（4）审计部门每年对绩效考核及薪酬机制和执行情况进行专项审计，审计结果及时向董事会、监事会报告。

3. 控制手段

人控。

4. 评价方式

符合性测试。

（五）对风险重点开展专项调研

1. 评价要点

是否根据本单位风险重点开展专项调研？

2. 评价标准

监事会应持续关注和及时疏理经营管理过程中出现的各类风险，并组织力量对本单位风险重点开展专项调研。

3. 控制手段

人控。

4. 评价方式

符合性测试。

（六）对监事的履职评价

1. 评价要点

股东代表大会对监事的履职评价是否充分规范？

2. 评价标准

（1）本机构应建立健全对董事和监事的履职评价体系，并明确董事、监事的履职标准，完善董事、监事履职和诚信档案。

（2）监事会对董事、监事履职进行综合评价，评价包括董事、监事的自评、董事会、监事会及外部评价等多维度评价。

（3）董事、监事的履职综合评价应经监事会决议通过，并报股东代表大会批准后，向银监部门报告最终评价结果，由银监部门对本机构董事、监事的履职评价进行监督。

（4）在对董事、监事的履职评价时应充分考虑外部审计机构的意见。

3. 控制手段

人控。

4. 评价方式

符合性测试。

（七）指导监督评价机构开展有效活动

1. 评价要点

监事会是否指导监督评价机构开展有效活动？

2. 评价标准

(1) 本机构应建立独立的内部控制监督与评价机构,定期对内部控制建设和执行情况进行有效监督与评价,并形成监事会监督决议。

(2) 合规风险管理部门应根据本机构合规政策规定,定期(一般每年 2 次)对银行合规风险管理状况进行评估,提出合规意见和建议,并向监事会报告。

3. 控制手段

人控。

4. 评价方式

符合性测试。

(八) 对执行信息披露制度进行监督

1. 评价要点

监事会是否对本机构执行信息披露制度进行监督?

2. 评价标准

(1) 建立完善的信息披露管理制度。

(2) 定期披露的信息应包括基本信息、财务会计信息、风险管理信息、公司治理信息、年度重大事项等。

(3) 董事、高级管理人员对定期信息披露报告应签署书面确认意见;监事会应提出书面审核意见,包括报告的编制和审核程序符合法律、法规及监管规定,报告内容真实、准确、完整地反映本机构的实际情况。

3. 控制手段

人控。

4. 评价方式

符合性测试。

七、信息与沟通

(一) 保存社会审计部门出具的各种审计报告

1. 评价要点

监事会是否保存社会审计部门出具的本单位会计年报审计等报告?

2. 评价标准

监事会应按规定标准和程序保存社会审计部门出具的会计年报审计等报告。

3. 控制手段

人控。

4. 评价方式

符合性测试。

（二）出具检查监督本单位的财务活动报告

1. 评价要点

监事会是否出具检查监督本单位的财务活动报告？

2. 评价标准

按监事会年度工作计划，出具本单位财务活动检查监督报告。

3. 控制手段

人控。

4. 评价方式

符合性测试。

（三）对经营决策、风险管理和内控等各类审计活动出具审计报告

1. 评价要点

监事会是否出具本单位的经营决策、风险管理和内部控制等审计报告？

2. 评价标准

根据监管部门要求行业管理政策规定，对经营决策、风险管理和内部控制等各类审计活动出具审计报告。

3. 控制手段

人控。

4. 评价方式

符合性测试。

（四）建立有效的信息传递机制

1. 评价要点

本机构是否建立有效的信息传递机制？

2. 评价标准

(1) 本机构应建立横向、纵向、独立垂直的信息传递、报告机制。各职能部门之间的横向信息传递,董事会、高级管理层与各职能部门之间的纵向信息传递机制,确保内控政策及管理信息的有效传递。

(2) 应建立独立垂直的内部审计管理体系和与之相适应的内部审计报告制度和报告路线。

(3) 本机构应通过年报、互联网站等方式披露银行信息,确保股东和利益相关者能够及时方便地获取所披露的信息。

3. 控制手段

人控。

4. 评价方式

符合性测试。

(五) 与外部监管部门建立联动机制

1. 评价要点

监事会是否与外部监管部门建立联动机制?

2. 评价标准

监事会应与外部监管部门建立联动机制,定期交流监督检查信息和监督管理信息。

3. 控制手段

人控。

4. 评价方式

符合性测试。

八、监督

(一) 对董事、董事长及高级管理人员开展质询活动

1. 评价要点

监事会是否对董事、董事长及高级管理人员开展质询活动?

2. 评价标准

(1) 监事会应有效利用内控评价、履职审计、社会审计等各类监督检查结

果,对存在问题必须向董事、董事长及高级管理人员等各责任主体开展质询活动,并形成书面材料。

(2) 监事会应对董事、董事长及高级管理人员(分支机构负责人)提出纠正措施、整改建议,并形成书面材料。对整改不到位或执行乏力的责任主体,下发督查意见。

3. 控制手段

人控。

4. 评价方式

符合性测试。

(二) 监督活动独立、意见明确

1. 评价要点

监事会的监督活动是否独立、意见是否明确?

2. 评价标准

监事应积极参加监事会组织的各类监督检查活动,并进行独立调查、取证,实事求是提出问题和明确的监督意见。

3. 控制手段

人控。

4. 评价方式

符合性测试。

(三) 职工监事发挥自身职责

1. 评价要点

职工监事是否发挥自身职责?

2. 评价标准

职工监事应参与涉及员工切身利益的规章制度制定,并参与执行情况的检查。

3. 控制手段

人控。

4. 评价方式

符合性测试。

（四）发挥监督部门的监督职责

1. 评价要点

审计部门是否发挥审计监督职责？

2. 评价标准

（1）内部审计机构应当结合内部审计监督，对内部控制的有效性进行监督检查，确保审计部门和审计人员的独立性。

（2）内部审计机构对监督检查中发现的内部控制缺陷，应当按照企业内部审计工作程序进行报告。

（3）对监督检查中发现的内部控制重大缺陷，有权直接向董事会及其审计委员会、监事会报告，并对处理结果进行跟踪，以防止问题或事件的再次发生。

3. 控制手段

人控。

4. 评价方式

符合性测试。

（五）控制活动

1. 评价要点

银行是否运用风险评价和各项控制方法（手工控制与自动控制、预防性控制与发现性控制），将风险控制在可承受度之内？

2. 评价标准

（1）实施不相容职务分离控制措施，形成各司其职、各负其责、相互制约的工作机制。

（2）根据常规授权和特别授权的规定，明确各岗位办理业务和事项的权限范围、审批程序和相应责任的授权审批控制。

（3）严格执行国家统一的会计准则制度，加强会计基础工作，明确会计凭证、会计账簿和财务会计报告的处理程序，保证会计资料真实完整的会计系统控制。

（4）建立财产日常管理制度和定期清查制度，采取财产记录、实物保管、定期盘点、账实核对等措施，确保财产安全保护控制。

（5）实施全面预算管理制度，明确各责任单位在预算管理中的职责权限，规范预算的编制、审定、下达和执行程序，强化预算约束的预算控制。

（6）建立重大风险预警机制和突发事件应急处理机制，明确风险预警标准，对可能发生的重大风险或突发事件，制订应急预案、明确责任人员、规范处置程序，确保突发事件得到及时妥善处理。

3. 控制手段

人控。

4. 评价方式

符合性测试。

九、评价依据

（一）《商业银行公司治理指引》（试行）。

（二）《农村合作金融机构监管评级内部指引》。

（三）《企业内部控制评价指引》。

（四）财政部　审计署　证监会　银监会　保监会《关于印发〈企业内部控制基本规范〉的通知》（财会[2008]7号）。

（五）财政部　证监会　审计署　银监会　保监会《关于印发〈企业内部控制配套指引〉的通知》（财会[2010]11号）。

（六）《关于印发〈商业银行声誉风险管理指引〉的通知》（银监发[2009]82号）。

（七）《中华人民共和国银行业监督管理法》（第十届全国人民代表大会常务委员会第二十四次会议通过）。

（八）《中华人民共和国商业银行法》（中华人民共和国主席令2003年第十三号）。

（九）《中国银监会办公厅关于进一步贯彻落实〈商业银行声誉风险管理指引〉有关工作的通知》（银监办发[2010]1号]。

（十）《农村中小金融机构风险管理机制建设指引》（银监发[2009]107号）。

（十一）《股份制商业银行独立董事和外部监事制度指引》（中国人民银行公告[2002]第15号）。

（十二）《商业银行与内部人和股东关联交易管理办法》（中国银行业监督管理委员会令2004年第3号）。

（十三）《商业银行市场风险管理指引》（中国银行业监督管理委员会令2004年第10号）。

（十四）《中国银行业监督管理委员会行政许可实施程序规定》（中国银行业监督管理委员会令2006年第1号）。

（十五）《中国银行业监督管理委员会中资商业银行行政许可事项实施办法》（中国银行业监督管理委员会令2006年第2号）。

（十六）《商业银行资本充足率管理办法》（中国银行业监督管理委员会令2007年第11号）。

（十七）《商业银行内部控制指引》（中国银行业监督管理委员会令2007年第6号）。

（十八）《商业银行信息披露办法》（中国银行业监督管理委员会令2007年第7号）。

（十九）《中国银行业监督管理委员会农村中小金融机构行政许可事项实施办法》（中国银行业监督管理委员会令2008年第3号）。

（二十）《商业银行集团客户授信业务风险管理指引》（中国银行业监督管理委员会令2010年第4号）。

（二十一）《中国银行业监督管理委员会办公厅关于进一步规范农村信用社增资扩股工作有关问题的通知》（银监办发〔2004〕345号）。

（二十二）《中国银行业监督管理委员会办公厅关于金融从业经历认定有关问题的批复》（银监办发〔2005〕245号）。

（二十三）《中国银行业监督管理委员会办公厅关于优化农村合作金融机构人力资源结构的指导意见》（银监办发〔2006〕147号）。

（二十四）《中国银行业监督管理委员会办公厅关于加大力度推进农村合作金融机构优化人力资源结构的通知》（银监办发〔2006〕225号）。

（二十五）《中国银监会办公厅关于印发商业银行分支机构风险评估指导意见的通知》（银监办发〔2007〕235号）。

（二十六）《中国银监会办公厅关于印发〈农村银行机构公司类信贷资产风险十级分类指引（试行）〉的通知》（银监办发〔2009〕284号）。

第三子系统——高级管理层

一、内部控制环境

（一）组织结构设置

1. 评价要点

组织架构是否分工合理、职责明确？

2. 评价标准

（1）各部门职、责、权相对称，无职责重叠、错位、部分部门职能幅度过宽、权力过大等情况。

（2）建立定期或不定期地对组织架构进行分析评价的系统化机制，综合考虑现有架构的合理性。

（3）高级经营层内部建立分工制度，是否分工明确、职责清晰。

3. 控制手段

人控。

4. 评价方式

符合性测试。

（二）风险管理

1. 评价要点

是否按照董事会制定的风险容忍度开展各项业务？是否监督风险管理组织体系的建立和各类风险管理情况？

2. 评价标准

（1）监督董事会制定的风险容忍度在本机构各项规章制度内的制定、落实情况。

（2）按照监管部门和董事会要求，监督风险管理组织体系，建立风险管理业务流程和规章制度并监督执行。

（3）建立用于检验风险管理系统整体有效性的定期测试方法。

3. 控制手段

人控。

4. 评价方式

符合性测试。

（三）专门委员会设立

1. 评价要点

专业委员会的设立是否合理？其职能是否得到有效的发挥？

2. 评价标准

根据业务范围成立专门委员会，制度明确的议事规则和工作职责，监督执行情况。

3. 控制手段

人控。

4. 评价方式

符合性测试。

（四）内部控制政策

1. 评价要点

是否按照董事会的要求，监督有效的内部控制的制定和实施？

2. 评价标准

（1）根据董事会确定的基本管理制度，建立覆盖本机构的规章制度，定期开展制度执行情况检查，并根据实际情况对规则制度进行修订、完善。

（2）公开规章制度并通过各种方式传达给相关员工，定期进行制度评审，确保内部控制政策持续的适宜性和有效性。

3. 控制手段

人控。

4. 评价方式

符合性测试。

二、目标设定

1. 评价标准

（1）授信集中度。最大十家集团客户授信净额÷资本净额×100%≤100%。

（2）单一集团客户授信集中度。最大一家集团客户授信净额÷资本净额×

$100\% \leqslant 10\%$。

（3）单一客户贷款集中度。最大一家客户授信净额÷资本净额×$100\% \leqslant 5\%$。

（4）全部关联度。全部关联方授信净额÷资本净额×$100\% \leqslant 10\%$。

（5）行业贷款集中度。占比最高行业表内授信余额÷各项贷款余额×$100\% \leqslant 20\%$。

（6）客户投诉数量。规划期内发生的投诉累计数≤200。

（7）同类型客户投诉占比。高频度同类型投诉数量÷投诉总数×$100\% \leqslant 4\%$。

（8）重大突发声誉事件数量。规划期内发生的被新闻媒介公开发布并对本机构声誉造成重大负面影响的事件。

2. 控制手段

人机并控。

3. 评价方式

符合性测试。

三、事件识别

（一）决策过程

1. 评价要点

决策过程是否存在由一人掌握情况？

2. 评价标准

（1）行长会议、行长办公会议议事规则有书面说明。

（2）对需要高级经营层民主决策的事项有明确的规定，执行情况良好。

3. 控制手段

人控。

4. 评价方式

符合性测试。

（二）关键管理人员的知识、经验

1. 评价要点

高级经营层是否拥有银行经营方面的经验、知识和技能？

2．评价标准

（1）高级经营管理人员有岗位说明书。

（2）高级经营管理人员拥有银行经营方面的经验、知识和技能。

3．控制手段

人控。

4．评价方式

符合性测试。

（三）对关键岗位管理人员的监督

1．评价要点

是否关注关键岗位管理人员职业道德建设？是否对关键岗位管理人员进行定期监督？关键岗位管理人员是否存在舞弊情况？

2．评价标准

（1）关注关键岗位管理人员道德品行，定期进行职业道德培训。

（2）对关键岗位管理人员定期进行经济责任审计，关注其舞弊信息。

3．控制手段

人控。

4．评价方式

符合性测试。

（四）银团贷款准入

1．评价要点

是否存在银团贷款对贷前调查不充分、缺乏完善的工作指引的情况？

2．评价标准

（1）有书面的银团贷款操作流程、授信指引。

（2）关注银团贷款，贷前调查尽职尽责。

3．控制手段

人控。

4．评价方式

符合性测试。

（五）战略风险

1．评价要点

是否具有经过深入调研形成的，明确用于指导本机构经营活动的战略计划？

2. 评价标准

（1）贷款发放符合既定的市场定位。

（2）信贷集中度符合监管要求。

3. 控制手段

人控。

4. 评价方式

符合性测试。

（六）声誉风险

1. 评价要点

是否发生对本机构声誉产生负面影响的重大风险？

2. 评价标准

（1）无重大经济、刑事案件。

（2）无因经营管理原因发生挤兑风波。

（3）无重大安全事故。

3. 控制手段

人控。

4. 评价方式

符合性测试。

四、风险评估

（一）风险分析

1. 评价要点

（1）定性评价要点

董事会是否对高级管理层的职责权限进行了规定？关键岗位人员的监督是否到位？高级管理层的考核激励机制是否健全？

（2）定量评价要点

目标设定内的各项指标是否满足规划要求？

2. 评价标准

（1）定性评价标准：① 明确董事会对高级管理层的授权范围，有科学有效的职责分工和制衡机制。② 对关键岗位人员的日常监督和审计监督。③ 高级管理层有明确的短期经营目标。④ 高级管理层有明确的考核制度,执行情况良好。

（2）定量评价标准。目标设定内的各项指标满足规划要求。

3. 控制手段

人控。

4. 评价方式

符合性测试。

（二）风险评价

1. 评价要点

（1）风险识别与分析是否覆盖所有高级管理层,是否覆盖各种类型风险,是否考虑到了风险的关联性?

（2）当前定位的高级管理层风险控制水平是否符合已设定的风险偏好?

（3）是否确定风险级别和风险类型的重要性?

（4）对当前风险进行处理和确定处理风险措施的优先级别是否合理?

（5）风险根源分析追究是否准确? 是否考虑了风险因素关联影响?

2. 评价标准

（1）风险识别与分析覆盖了所有高级管理层,覆盖了各种类型风险,考虑到了风险的关联性。

（2）当前定位的高级管理层风险控制水平符合已设定的风险偏好。

（3）确定了风险级别和风险类型的重要性。

（4）合理确定了对当前风险进行处理和确定处理风险措施的优先级别。

（5）风险根源分析追究准确,考虑了风险因素关联影响。

3. 控制手段

人控。

4. 评价方式

符合性测试。

五、风险回应

（一）公司经营管理层风险应对策略选择

1. 评价要点

策略选择是否恰当?

2. 评价标准

能实现对公司经营管理层风险的有效控制。

3. 控制手段

人控。

4. 评价方式

符合性测试。

（二）公司经营管理层风险规避政策

1. 评价要点

是否对所有超出风险承受度的业务采取风险规避政策？

2. 评价标准

（1）取消超授权和不符合经营管理层议事规则的决策。

（2）取消不符合法律、法规要求的高级经营层人员的任职资格。

（3）取消存在舞弊行为的高级经营层人员的任职资格。

3. 控制手段

人控。

4. 评价方式

符合性测试。

（三）风险转移政策

1. 评价要点

对风险转移业务的确定是否合理？

2. 评价标准

风险转移的方式和控制措施恰当，可以将风险控制在风险承受度之内。

3. 控制手段

人控。

4. 评价方式

符合性测试。

（四）风险承受

1. 评价要点

对风险承受度内风险的确定是否合理？

2. 评价标准

(1) 董事会授权范围适当。

(2) 不予追究的微小错漏和舞弊情况。

3. 控制手段

人控。

4. 评价方式

符合性测试。

六、控制活动

(一) 高级管理层绩效考核

1. 评价要点

是否开展对经营层的绩效考核？是否建立经营层的激励机制和经营层绩效考核体系？是否按照董事会批准的经营目标制定相应的工作计划，以确保完成董事会的经营目标？

2. 评价标准

(1) 确定绩效评价的内容。

(2) 建立科学的经营层评价标准。

(3) 建立经营层绩效评价程序。

3. 控制手段

人控。

4. 评价方式

符合性测试。

(二) 高级管理层的知识与经验

1. 评价要点

高级管理层是否具有银行经营方面的经验、知识和技能？

2. 评价标准

(1) 高级管理层拥有银行经营方面的经验、知识和技能。

(2) 建立健全科学的选人用人机制与激励约束机制。按照确定的岗位编制实行公开竞聘，通过双向选择的原则，自上而下层层聘用。

（3）注重对经营管理者的培训，对高级管理人员在职业经理人等方面进行任职资格培训。

（4）制订关键岗位制度，对重要或容易发生错漏舞弊的岗位制订轮岗计划并加以实施。

3. 控制手段

人控。

4. 评价方式

符合性测试。

（三）经营管理合规

1. 评价要点

是否严格执行金融法规和监管部门规定的各项规章制度，做到依法、合规经营？

2. 评价标准

（1）信贷集中度符合法规和监管部门的规定。

（2）在核准的业务范围内开办和经营业务。

（3）对关联交易进行管理。关注关联交易的风险控制。

（4）高级管理人员无违反法律、法规行为。

3. 控制手段

人控。

4. 评价方式

符合性测试。

（四）内外部监督

1. 评价要点

是否利用内外部监督评价体系实现对高级管理层的有效监督？

2. 评价标准

（1）能认真贯彻落实董事会决议，并向董事会报告落实情况。

（2）定期向董事会报告经营情况。

（3）严格在董事会的授权范围内开展经营活动，对超出权限的提交董事会决策。

（4）严格执行董事会确定的基本管理制度。

（5）制订经营层议事规则并认真执行。

（6）建立了对内部职能部门和分支机构的授权体系。

（7）风险管理系统整体有效。

3. 控制手段

人控。

4. 评价方式

符合性测试。

（五）履行社会责任

1. 评价要点

是否按照董事会要求履行有关社会责任？

2. 评价标准

（1）制定操作规范和应急预案，保证日常营业的顺利进行。

（2）认真落实安防设施建设规划，网点、库房等安防技防验收达标。

（3）保障人员的相对稳定和员工的合法权益。

（4）妥善处理客户的投诉，维护客户的正当权益。

3. 控制手段

人控。

4. 评价方式

符合性测试。

（六）风险管理

1. 评价要点

是否按照董事会要求建立风险管理组织体系？风险管理资源需要是否得到满足？是否建立风险管理流程和制度，并监督执行情况？

2. 评价标准

（1）建立风险管理组织体系。

（2）建立风险管理流程及制度。

（3）建立风险管理信息系统。

（4）加强经营风险防范，建立健全风险防控应急预案，危机处理能力不断增强。

（5）建立声誉风险的应急预案，加强转危为安的危机管理。

3. 控制手段

人控。

4. 评价方式

符合性测试。

七、信息与沟通

（一）明确汇报路线

1. 评价要点

各级各层报告关系是否清晰？

2. 评价标准

（1）履行关键管理岗位的人员的职责和权限有明确的书面说明。

（2）通过分级管理和岗位说明书明晰报告关系，公司管理层和部室内部、分支机构有良好的报告关系渠道。

3. 控制手段

人控。

4. 评价方式

符合性测试。

（二）决策支持

1. 评价要点

是否建立决策支持系统，保证高级经营层决策的科学性。

2. 评价标准

（1）建立保证财务数据和相关报告透明度的一套程序，并以此帮助决策。

（2）有明确、充分和及时的信息以确保业务的有效开展。

3. 控制手段

人控。

4. 评价方式

符合性测试。

（三）信息披露

1. 评价要点

所有重大的决议信息是否进行及时披露？是否有与风险相关方（内、外部）进行信息交流的制度、规定、办法？

2. 评价标准

（1）建立信息披露制度。

（2）及时向监管部门、利益相关方报告、披露相关信息。

（3）有信息保密、安全所需的授权措施。

（4）董事会能有效获得内部控制状况信息。

（5）定期评审文件的适宜性，及时修订文件。

3. 控制手段

人控。

4. 评价方式

符合性测试。

八、监督

（一）处理与处罚

1. 评价要点

处理与处罚是否适当？

2. 评价标准

对高级管理层人员有下列行为之一的，应根据情况给予相应的处分：

（1）挪用银行资金。

（2）将银行资金以其个人名义或者以他人名义开立账户存储。

（3）违反公司章程的规定，未经股东代表大会、董事会同意，将银行资金借贷给他人或者以公司财产为他人提供担保。

（4）违反公司章程的规定或者未经股东代表大会同意，与本公司订立合同或者进行交易。

（5）未经股东代表大会同意，利用职务便利为自己或他人谋取属于公司的商业机会，自营或者为他人经营与所任职银行同类的业务。

(6)将他人与公司交易的佣金归为己有。

（7）擅自披露公司秘密。

（8）违反对公司忠实义务的其他行为。

3. 控制手段

人控。

4. 评价方式

符合性测试。

（二）绩效监测程序

1. 评价要点

是否建立内部控制绩效监测程序？

2. 评价标准

建立和执行了内部控制绩效监测程序，有明确的人力资源政策、绩效考核办法并认真执行。

3. 控制手段

人控。

4. 评价方式

符合性测试。

（三）监控制度

1. 评价要点

是否按照董事会要求建立风险管理监控制度、审计部门审计监督制度？

2. 评价标准

（1）对检查、审计监督中发现的经营管理层重大问题和事件的处理结果进行跟踪，以防止问题或事件的再次发生。

（2）对高级管理人员及总部管理部门负责人在任、离职进行经济责任审计。

（3）结合内部监控情况定期对内部控制的有效性进行自我评估，并出具内部自我评估报告。

3. 控制手段

人控。

4. 评价方式

符合性测试。

九、评价依据

（一）财政部　审计署　证监会　银监会　保监会《关于印发〈企业内部控制基本规范〉的通知》（财会[2008]7 号）。

（二）财政部　证监会　审计署　银监会　保监会《关于印发〈企业内部控制配套指引〉的通知》（财会[2010]11 号）。

（三）《关于印发〈商业银行声誉风险管理指引〉的通知》（银监发[2009]82 号）。

（四）《中华人民共和国银行业监督管理法》。

（五）《中华人民共和国商业银行法》。

（六）《中国银监会办公厅关于进一步贯彻落实〈商业银行声誉风险管理指引〉有关工作的通知》（银监办发[2010] 1 号）。

（七）《农村中小金融机构风险管理机制建设指引》（银监发[2009]107 号）。

（八）《商业银行市场风险管理指引》（中国银行业监督管理委员会令 2004 年第 10 号）。

（九）《中国银行业监督管理委员会行政许可实施程序规定》（中国银行业监督管理委员会令 2006 年第 1 号）。

（十）《中国银行业监督管理委员会中资商业银行行政许可事项实施办法》（中国银行业监督管理委员会令 2006 年第 2 号）。

（十一）《商业银行资本充足率管理办法》（中国银行业监督管理委员会令 2007 年第 11 号）。

（十二）《商业银行内部控制指引》（中国银行业监督管理委员会令 2007 年第 6 号）。

（十三）《商业银行信息披露办法》（中国银行业监督管理委员会令 2007 年第 7 号）。

（十四）《中国银行业监督管理委员会农村中小金融机构行政许可事项实施办法》（中国银行业监督管理委员会令 2008 年第 3 号）。

（十五）《商业银行集团客户授信业务风险管理指引》（中国银行业监督管理

委员会令 2010 年第 4 号）。

（十六）《中国银行业监督管理委员会办公厅关于金融从业经历认定有关问题的批复》（银监办发〔2005〕245 号）。

（十七）《中国银行业监督管理委员会办公厅关于优化农村合作金融机构人力资源结构的指导意见》（银监办发〔2006〕147 号）。

（十八）《中国银监会办公厅关于印发商业银行分支机构风险评估指导意见的通知》（银监办发〔2007〕235 号）。

（十九）《中国银监会办公厅关于印发〈农村银行机构公司类信贷资产风险十级分类指引（试行）〉的通知》（银监办发〔2009〕284 号）。

（二十）《中华人民共和国公司法》。

（二十一）《银行业监管统计管理暂行办法》（银监办发〔2004〕6 号）。

（二十二）《关于进一步完善中小商业银行公司治理的指导意见》（银监办发〔2009〕15 号）。

（二十三）《关于印发〈中国银行业实施新资本协议指导意见〉的通知》（银监发〔2007〕24 号）。

（二十四）《关于印发〈银行业金融机构从业人员职业操守指引〉的通知》（银监发〔2009〕12 号）。

第四子系统——企业文化

一、内控环境

1. 评价要点

（1）是否有明确的经营理念或核心价值观？

（2）在企业文化建设方面是否制定相应的建设计划、目标或方案？

（3）是否设置相应负责企业文化建设工作的组织？

（4）是否制定员工服务规范，并落实专门部门、人员，做好规范落实的指导、检查和督促工作？

（5）是否将员工服务规范纳入对分支机构的考核？

（6）在声誉风险管理方面是否制定相应的政策、办法或实施细则？是否设置相应负责声誉风险管理的组织？是否落实本机构声誉风险管理具体联络人？

（7）本机构总部机关管理是否制定相应的制度（流程）？相应制度（流程）是否符合法律、法规或行业监管要求？相关人员对制度（流程）是否熟悉？

（8）是否按规定设置综合办公部门？该部门工作人员岗位设置是否做到分工明确并符合内部控制要求？行政办公有关人员是否按规定要求做到持证上岗，并具有相应岗位资格证书？

（9）总部工作人员是否建立岗位责任制？

2．评价标准

（1）积极倡导并推行符合本机构实际的经营理念或核心价值观。

（2）企业文化建设方面有明确的建设计划、目标或方案，同时本机构落实相应组织或机构负责本单位企业文化建设有关工作。

（3）根据本机构实情制定员工服务规范，并落实专门部门、人员做好规范落实的指导、检查和督促工作。

（4）对分支机构员工规范落实情况进行考核。

（5）本机构按规定在董事会层面制定出台声誉风险管理政策；在经营管理层层面制定出台声誉风险管理办法或实施细则，至少包括但不限于以下内容：声誉风险管理的最终责任承担者、具体管理部门及岗位设置、发生重大声誉事件时的应急处理机制、日常声誉风险管理工作的流程与报告途径、新闻宣传工作机制。

（6）本机构按规定成立声誉风险管理领导小组，落实分管领导，明确声誉风险日常归口管理部门，同时落实人员担任本机构声誉风险管理具体联络人。

（7）本机构总部机关管理按法律、法规或行业监管要求制定相应的制度（流程）。相关人员对制度（流程）的熟悉情况，经抽样测试，员工得分在 90 分（含 90 分）以上的为良好；得分在 80 分（含 80 分）至 90 分的为一般；得分在 80 分以下的为较差。

（8）按内部控制要求设置综合办公部门，各岗位分工明确，相关人员持证上岗，有相应的岗位资格证书。

（9）建立总部工作人员岗位责任制。

3．控制手段

人控。

4. 评价方式

符合性测试、书面知识测试。

二、内控目标

1. 评价标准

（1）有贯穿一致的企业文化内涵、标志、标识。

（2）有统一的文明服务标准，文明单位创建面达到100％。

（3）每年举办企业文化活动（含企业文化培训）4次。

（4）客户投诉率为行业平均值以下。

（5）评估期内未发生重大声誉风险。

2. 控制手段

人控。

3. 评价方式

符合性测试。

三、事件识别

1. 评价要点

（1）是否开展舆情信息监测、分析工作？

（2）是否对办公自动化信息系统进行安全性测试？

（3）是否根据行业监管要求或本单位经营管理需要不定期梳理整合本单位内控制度？

（4）是否根据本单位内部控制要求组织开展课题调研？

2. 评价标准

（1）按规定落实人员开展舆情信息研判工作。

（2）对办公自动化信息系统能按规定进行安全性测试。

（3）能根据行业监管要求或本单位经营管理需要及时梳理整合、修订本单位内控制度。

（4）能根据行业监管部门或本单位内部控制要求组织开展课题调研。

3. 控制手段

人控。

4．评价方式

符合性测试。

四、风险评估

1．评价要点

（1）是否建立企业文化评估机制？

（2）是否及时清理或废止不适用的制度或制度条款？

（3）是否定期开展声誉风险分析排查？

（4）是否建立舆情周报机制？

（5）是否开展员工掌握基本制度能力测试？

（6）是否按年度开展总部工作人员岗位责任制考核？

2．评价标准

（1）按规定建立明确的企业文化评估机制，明确相应的评估程序、方法。

（2）及时清理或废止不适用的制度或制度条款。

（3）按规定开展声誉风险排查，定期分析声誉风险和声誉事件的发生因素和传导途径。

（4）按规定建立并实施舆情周报机制。

（5）不定期开展员工掌握基本制度的能力测试。

（6）按年度开展总部工作人员岗位责任制考核。

3．控制手段

人控。

4．评价方式

符合性测试。

五、风险回应

1．评价要点

（1）对企业文化评估过程中发现的问题是否深层次分析原因并及时采取措施加以改进？

（2）对舆情信息监测发现的不利于银行声誉的虚假或不完整信息是否及时澄清？

（3）对声誉风险排查中发现的风险隐患是否及时采取应对措施？

（4）对行政办公过程中出现的违规行为、险情或事故是否及时采取纠正或应对措施？

（5）对重大突发事件是否及时采取应对措施？

2. 评价标准

（1）重视企业文化评估的结果，对评估过程中发现的问题，能深层次分析原因，剖析研究影响企业文化建设的不利因素，并且能及时采取措施加以改进。

（2）对于不利于声誉的虚假或不完整的舆情信息，落实人员实时关注，并按规定由信息发布和新闻工作归口管理部门及时发布准确信息，主动接受舆论监督。

（3）对于声誉风险排查中发现的风险隐患能及时采取应对措施予以处置。

（4）对行政办公过程中出现的违规行为、险情或事故能及时采取纠正或应对措施，并严格落实。

（5）对重大突发事件能按规定程序及时采取应对措施。

3. 控制手段

人控。

4. 评价方式

符合性测试。

六、控制活动

1. 评价要点

（1）对声誉事件是否建立分类分级管理机制？是否明确管理权限、职责和报告路径？

（2）是否制定声誉事件应急处置预案并开展演练？

（3）声誉事件或重大突发事件的处置是否符合规定要求？

（4）接受新闻采访是否有相应的审批机制？

（5）是否建立并执行会议制度？

（6）是否建立并执行总部费用管理制度？

（7）是否建立并执行公文管理制度？

（8）是否建立并执行办公自动化信息系统管理制度？

（9）是否建立并执行文书档案管理制度？

（10）是否建立并执行行政接待、车辆管理制度？

（11）是否建立并执行办公用品管理制度？

（12）是否建立并执行印章管理制度？

（13）是否建立并执行保密管理制度？

（14）是否建立并执行重大突发事件报告制度？

2. 评价标准

（1）对于声誉事件根据严重程度实施分类分级管理，明确管理权限、职责以及声誉事件的报告路径。

（2）制定声誉事件应急处置预案并不定期组织开展演练。

（3）能按行业监管要求及本机构相关内控制规章处置声誉事件。

（4）接受新闻采访按规定经相应的有权人同意，并由新闻工作归口管理部门牵头落实。

（5）按规定建立并执行会议制度。

（6）按规定建立并执行总部费用管理制度。

（7）按规定建立并执行公文管理制度。

（8）按规定建立并执行办公自动化信息系统管理制度。

（9）按规定建立并执行文书档案管理制度。

（10）按规定建立并执行行政接待、车辆管理制度。

（11）按规定建立并执行办公用品管理制度。

（12）按规定建立并执行印章管理制度。

（13）按规定建立并执行保密管理制度。

（14）按规定建立并执行重大突发事件报告制度。

3. 控制手段

人控。

4. 评价方式

符合性测试。

七、信息与沟通

1. 评价要点

（1）声誉事件或舆情信息是否按规定程序向有关部门报告？

（2）分支机构是否及时将声誉风险排查情况或声誉事件按规定程序上报总部相关部门及高级管理层？

（3）内部培训是否涉及声誉风险管理方面的内容？

（4）是否按规定记录、存储与声誉风险管理相关的数据和信息？

（5）是否及时上报重大突发事件报告？

（6）是否签发督查督办单？是否按规定报送督查督办结果？

（7）各种文件流转是否畅通？是否将本单位制定、修订的规章制度及时传达给相关人员？

（8）行业管理部门下达的各项任务，办公室是否及时牵头落实？

（9）是否组织开展课题研究交流？

2. 评价标准

（1）声誉事件或舆情信息能按规定程序向相关部门报送。

（2）总部相关部门及高级管理层能按规定途径及时获知声誉风险排查情况或声誉事件。

（3）声誉风险管理知识方面培训纳入内部培训计划。

（4）能按规定记录、存储与声誉风险管理相关的数据和信息。

（5）能按规定程序及时上报重大突发事件报告。

（6）能按规定程序签发督查督办单，并按规定报送督查督办结果。

（7）各种文件能按规定程序畅通流转；本机构制定、修订的规章制度能及时传达给相关人员。

（8）行业管理部门下达的各项任务办公室能够及时牵头落实。

（9）组织开展课题研究交流。

3. 控制手段

人控。

4. 评价方式

符合性测试。

八、监督

1. 评价要点

（1）是否建立声誉风险管理内部奖惩措施？

（2）是否对投诉处理情况进行监督评估？

（3）是否将声誉风险管理情况纳入本机构内控评价范畴？

（4）是否按规定开展督查督办工作？

（5）对行政办公违规行为、声誉风险事件或重大突发事件的责任人员是否按规定责任认定并落实问责？

（6）拟定的纠正措施或应对措施是否落到实处？

（7）是否开展行政办公履职审计？

2. 评价标准

（1）按规定建立声誉风险管理内部奖惩措施。

（2）按规定对投诉处理情况进行监督评估，重点从维护客户关系、履行告知义务、解决客户问题、确保客户合法权、提升客户满意度等方面开展监督和评估。

（3）将声誉风险管理情况作为内控自我评价的一项内容。

（4）按规定程序开展督查督办工作。

（5）对行政办公违规行为、声誉风险事件或重大突发事件的责任人员严格按规定程序进行责任认定并落实问责。

（6）拟定的纠正措施或应对措施能够有效落到实处。

（7）不定期开展行政办公履职审计。

3. 控制手段

人控。

4. 评价方式

符合性测试。

九、评价依据

（一）财政部　审计署　证监会　银监会　保监会《关于印发〈企业内部控制基本规范〉的通知》（财会[2008]7 号）。

（二）财政部　证监会　审计署　银监会　保监会《关于印发〈企业内部控制配套指引〉的通知》（财会[2010]11 号）。

（三）《商业银行内部控制指引》（中国银行业监督管理委员会令 2007 年第 6 号）。

（四）《中国银监会关于印发〈重大突发事件报告制度〉的通知》（银监发〔2011〕84号）。

（五）《关于印发〈商业银行声誉风险管理指引〉的通知》（银监发〔2009〕82号）。

第五子系统——人力资源管理

一、内部控制环境

（一）人力资源管理政策

1. 评价要点

（1）是否制定人力资源管理政策？

（2）制定的政策是否符合法律、法规和监管、行业管理要求。

（3）是否明确员工招聘、培训、考核、奖励、晋升等方面的程序？

2. 评价标准

（1）制定人力资源管理办法和薪酬管理政策。

（2）制定的政策符合法律、法规和监管要求。

（3）员工招聘、培训、考核、奖励、晋升等方面的程序明确。

3. 控制手段

人控。

4. 评价方式

符合性测试。

（二）人力资源管理政策熟悉程度

1. 评价要点

人力资源管理政策是否传达至工作人员并为其所熟悉？

2. 评价标准

经抽样测试，员工得分在90分（含90分）以上的为良好；得分在80分（含80分）至90分的为一般；得分在80分以下的为较差。

3. 控制手段

人控。

4. 评价方式

书面知识测试。

（三）人力资源管理部门

1. 评价要点

(1) 是否设立独立的人力资源管理部门？

(2) 相关人员任职是否符合监管、行业管理要求？

2. 评价标准

(1) 设立独立的人力资源管理部门。

(2) 相关人员的任职符合监管、行业管理要求。

3. 控制手段

人控。

4. 评价方式

符合性测试。

（四）职责、权限控制

1. 评价要点

(1) 是否制定人力资源部门工作职责？

(2) 人力资源工作权限是否明确？

2. 评价标准

(1) 制定人力资源管理部门工作职责。

(2) 行长向人力资源管理部门及负责人书面授权。

3. 控制手段

人机并控。

4. 评价方式

符合性测试。

（五）岗位设置及要求

1. 评价要点

(1) 人力资源管理部门岗位设置是否合理，分工是否明确？

(2) 是否制定人力资源管理人员岗位职责，是否与部门职责匹配？

(3) 人力资源管理人员任职条件是否明确，是否做到持证上岗？

2. 评价标准

(1) 人力资源管理部门岗位设置合理,分工明确。

(2) 制定人力资源管理部门岗位职责,并与部门职责匹配。

(3) 人力资源管理人员任职条件明确,现有人力资源管理人员中有 1 人持有政工师或人力资源规划师资格证书。

3. 控制手段

人控。

4. 评价方式

符合性测试。

(六) 人力资源管理

1. 评价要点

(1) 是否对本机构的员工、薪酬、教育、培训进行统一管理?

(2) 是否对重要岗位的招聘、聘用、培训、考核、调整、出国、离岗和离职进行控制?

(3) 是否制定员工使用、培训、后备干部培养目标?

(4) 对员工教育培训内容是否完整?

(5) 是否制定员工行为准则或类似规范,并传达给每位员工?

2. 评价标准

(1) 对员工、薪酬、教育、培训进行统一管理。

(2) 对重要岗位的招聘、聘用、培训、考核、调整、出国、离岗和离职进行控制。

(3) 制定员工使用、培训、后备干部培养目标,且内容完整。

(4) 确保员工得到专业和非专业技术培训,并将企业核心价值观、内部控制原则、风险意识、风险控制及出现险情或损失的对策作为教育培训内容。

(5) 制定员工行为准则或类似规范,并传达给每位员工。

3. 控制手段

人控。

4. 评价方式

符合性测试。

(七) 考核激励机制

1. 评价要点

是否按规定制定和执行人力资源管理人员考核激励和尽职问责机制?

2. 评价标准

（1）制定人力资源管理人员尽职规定，建立人力资源管理工作人员考核激励和尽职问责机制。

（2）严格实施人力资源管理工作人员考核激励和尽职问责机制，并有详细记录。

3. 控制手段

人机并控。

4. 评价方式

符合性测试、抽样测试。

二、内控目标

1. 评价标准

（1）及时、合理地配置人力资源，确保员工队伍结构、素质与企业发展目标相适应。

（2）建立高效的激励与约束机制，有效开发和利用人力资源。

（3）建立科学合理的人力资源考核制度，确保能够引导员工实现企业目标。

（4）建立具有竞争力的薪酬制度，保持和吸引优秀人才，并按照国家有关法律、法规的要求规范薪酬发放的标准和程序。

（5）规范招聘及离职程序，引入人员聘用竞争机制，加强培训工作，提高员工道德素养和专业胜任能力。

（6）切实加强员工行为动态管理，无违法、违纪或经济案件发生。

2. 控制手段

人控。

3. 评价方式

符合性测试。

三、事件识别

（一）可行性分析

1. 评价要点

是否根据事前可行性分析结果开展招聘、竞聘、培训工作？

2. 评价标准

(1) 根据事前可行性分析结果确定招聘的员工数量及条件。

(2) 根据事前可行性分析结果确定竞聘岗位的数量及准入条件。

(3) 根据事前可行性分析结果确定年度员工培训计划。

3. 控制手段

人控。

4. 评价方式

符合性测试。

(二) 政策管理

1. 评价要点

是否依据法律、法规、经营管理需要对本机构制定的人力资源管理政策进行持续创建、修订、清理和废止?

2. 评价标准

(1) 依据法律、法规、经营管理需要对本机构制定的人力资源管理政策进行持续创建、修订、清理和废止。

(2) 及时更新法律、法规、监管要求和其他要求的信息,并将这些信息传达给相关员工。

(3) 及时将本机构制定、修订的相关政策、制度传达给有关人员。

3. 控制手段

人控。

4. 评价方式

抽样测试。

四、风险评估

(一) 政策、制度评估

1. 评价要点

(1) 是否按期开展人力资源、薪酬政策、制度评估?

(2) 是否及时清理或废止不适用的制度或制度条款?

2. 评价标准

(1) 每年开展一次及一次以上人力资源、薪酬政策评估。

(2) 根据评估结果及时清理或废止不适用的制度或制度条款。

3. 控制手段

人控。

4. 评价方式

符合性测试、抽样测试。

(二) 履职情况评估

1. 评价要点

(1) 是否开展分支机构负责人履职情况评估?

(2) 是否开展员工年度岗位履职评价或胜任性评估?

2. 评价标准

(1) 对分支机构负责人开展履职情况评估。

(2) 每年开展一次及一次以上员工年度岗位履职评价或胜任性评估。

3. 控制手段

人控。

4. 评价方式

符合性测试、抽样测试。

(三) 教育培训工作评估

1. 评价要点

是否开展各类教育培训工作评估?

2. 评价标准

(1) 每年开展一次及一次以上各类教育培训工作评估。

(2) 教育培训活动的效率和效果是否能达到既定的要求。

3. 控制手段

人控。

4. 评价方式

符合性测试、抽样测试。

(四) 员工招聘活动评估

1. 评价要点

是否开展员工招聘工作评估和录用人员流动情况的跟踪考察工作绩效的分

析评估?

2. 评价标准

（1）实施员工招聘项目后，及时对招聘工作进行评估。

（2）对招聘员工进行长期跟踪考察，对录用人员的流动情况和工作绩效进行分析评估。

3. 控制手段

人控。

4. 评价方式

符合性测试、抽样测试。

（五）道德风险（行为动态）评估

1. 评价要点

是否开展道德风险（行为动态）评估？

2. 评价标准

按季开展道德风险（行为动态）评估。

3. 控制手段

人控。

4. 评价方式

符合性测试、抽样测试。

五、风险回应

（一）政策、制度管理

1. 评价要点

是否对不适宜的人力资源管理政策及时进行修正？

2. 评价标准

（1）对人力资源管理政策进行定期的评估，对不正确的人力资源管理政策及时进行修正。

（2）将评估结果作为政策创建、修订、清理和废止的重要依据。

3. 控制手段

人控。

4. 评价方式

符合性测试。

（二）员工考核

1. 评价要点

是否对不胜任岗位的人员及时进行调整？

2. 评价标准

对不胜任岗位的人员及时暂停其工作，安排再培训，或调整工作岗位，安排转岗培训；仍不能满足岗位职责要求的，应当按照规定的权限和程序解除劳动合同。

3. 控制手段

人控。

4. 评价方式

符合性测试、抽样测试。

（三）违规行为及突发事件处置

1. 评价要点

（1）对人力资源管理中出现的违规行为、险情或事故是否及时采取纠正或应对措施？

（2）对重大突发事件是否及时采取应对措施？

2. 评价标准

（1）对人力资源管理中出现的违规行为、险情或事故及时采取纠正或应对措施。

（2）对重大突发事件能按规定程序及时采取应对措施。

3. 控制手段

人控。

4. 评价方式

符合性测试、抽样测试。

六、内部控制活动

（一）员工管理

1. 评价要点

（1）是否建立人力资源总体规划？

（2）是否建立和执行员工招聘、岗位竞聘管理制度？

（3）劳动用工合同的签订和解除是否符合规定？

（4）是否建立员工试用期管理及岗前培训制度？

（5）是否建立和执行人事档案管理制度？

（6）是否建立和执行员工岗位手册？

2. 评价标准

（1）根据人力资源总体规划，结合经营实际需要，制定年度人力资源需求计划，并按照计划、制度和程序组织人力资源引进工作。

（2）根据人力资源能力框架要求，明确员工招聘、岗位竞聘管理和工作流程，做到因事设岗、以岗选人，确保选聘人员能够胜任岗位职责要求。

（3）制定成文的劳动用工合同实施细则和解除违纪员工劳动合同规定，并经职工代表大会审议通过。劳动合同的签订和解除符合相关规定。

（4）建立选聘人员试用期和岗前培训制度，对试用人员进行严格考察。

（5）建立并严格执行人事档案管理制度。

（6）建立员工岗位手册，明确岗位职责。员工遵守相应的岗位行为守则，认真履行岗位职责。

3. 控制手段

人机并控。

4. 评价方式

符合性测试、抽样测试、穿行测试。

（二）教育培训

1. 评价要点

（1）是否建立和执行员工培训计划或方案？内容是否完整？

（2）培训方法是否适应所需要求？

2. 评价标准

（1）建立和执行员工培训管理办法并有详细的培训规划和方案，有明晰的培训组织体系和培训工作流程，有明确的培训工作目标和具体落实培训工作的职能部门。

（2）按年度培训计划和培训工作流程对不同对象采取不同方式进行各类培训，确保各岗位人员能得到所需的专业和非专业培训，并及时记录、归档。

3. 控制手段

人控。

4. 评价方式

符合性测试、抽样测试。

(三)员工考核、激励、奖惩

1. 评价要点

(1)是否建立和执行员工薪酬考核制度?

(2)是否建立和执行员工违规积分处理处罚制度?

2. 评价标准

(1)制定与业绩考核挂钩的薪酬制度,设置科学的业绩考核指标体系。

(2)制定员工违规积分处理处罚制度,并建立台账。

3. 控制手段

人控。

4. 评价方式

符合性测试、抽样测试。

(四)"四项制度"及员工行为动态

1. 评价要点

(1)是否建立和执行重要岗位强制轮岗、休假制度?

(2)是否建立和执行亲属回避制度?

(3)是否建立和执行干部交流制度?

(4)是否按规定管理干部公派、因私出国事项?

(5)是否建立和执行员工行为动态管理制度?

(6)是否建立和执行员工离岗、离行、离社管理制度?

2. 评价标准

(1)制定各级管理人员和重要岗位员工定期轮岗制度,明确轮岗范围、轮岗周期、轮岗方式等。建立休假制度。

(2)制定并严格执行员工亲属回避制度。

(3)制定并严格执行干部交流制度。

(4)制定员工因私出国管理办法并按规定管理干部公派、因私出国事项。

（5）建立和执行员工行为动态管理制度，对员工"八小时"内外的思想、生活、工作、规章制度执行、服务规范和日常社会交往等方面情况进行全面监督、管理。

（6）制定员工离岗管理制度。关键岗位人员离职前，应当根据有关法律、法规的规定进行工作交接并进行离任审计。

3. 控制手段

人机并控。

4. 评价方式

符合性测试、抽样测试、穿行测试。

七、信息与沟通

（一）重大事项报告

1. 评价要点

（1）是否及时上报人力资源管理中重大突发性事件和重大事项报告？

（2）是否按规定编发人力资源管理中重大事项通报？

2. 评价标准

（1）及时上报人力资源管理中重大突发性事件和重大事项报告。

（2）按规定编发人力资源管理中重大事项通报。

3. 控制手段

人控。

4. 评价方式

符合性测试、抽样测试。

（二）考评、评估结果通报

1. 评价要点

（1）是否通报干部年度履职考核结果？

（2）是否出具人力资源薪酬政策评估报告？

（3）是否出具道德风险（行为动态）评估报告？

（4）是否出具教育培训工作评估报告？

（5）是否出具员工年度岗位履职评价或胜任性评估？

2. 评价标准

(1) 按时通报干部年度履职考核结果。

(2) 按时出具人力资源薪酬政策评估报告。

(3) 按时出具道德风险(行为动态)评估报告。

(4) 按时出具教育培训工作评估报告。

(5) 按时出具员工年度岗位履职评价或胜任性评估。

3. 控制手段

人控。

4. 评价方式

符合性测试、抽样测试。

(三) 拟任干部管理

1. 评价要点

对拟任干部是否按规定签发审计任务书,向干部任免决策部门、银监部门报送审计结果?

2. 评价标准

对拟任干部按规定签发审计任务书,并向干部任免决策部门、银监部门报送审计结果。

3. 控制手段

人控。

4. 评价方式

符合性测试、抽样测试。

八、监督

(一) 处理、处罚

1. 评价要点

对人力资源管理中违规、违纪人员处理、处罚是否适当?

2. 评价标准

对员工的违规、违纪行为按规定给予处理,手续规范、完备,并建立处理登记,实行事后跟踪。

3. 控制手段

人控。

4. 评价方式

符合性测试、抽样测试。

(二) 选拔任用干部

1. 评价要点

(1) 是否公开选拔任用干部和员工招聘标准？

(2) 是否对提拔任用的领导干部实行公示？

2. 评价标准

(1) 公开选拔任用干部和员工招聘标准。

(2) 按规定对提拔任用的干部实行任前公示，接受群众监督。

3. 控制手段

人控。

4. 评价方式

符合性测试、抽样测试。

(三) 人力资源管理部门履职审计

1. 评价要点

是否对人力资源管理部门开展审计？

2. 评价标准

对人力资源管理部门相关管理情况进行审计。

3. 控制手段

人控。

4. 评价方式

符合性测试。

(四) 违规问责及纠正措施落实

1. 评价要点

(1) 对重大突发事件的责任人员是否按规定责任认定并落实问责？

(2) 拟定的纠正措施或应对措施是否落到实处？

2. 评价标准

(1) 对重大突发事件的责任人员能够严格按规定程序进行责任认定并落实

问责。

(2) 拟定的纠正措施或应对措施能够有效落到实处。

3. 控制手段

人控。

4. 评价方式

符合性测试、抽样测试。

九、评价依据

(一)《五部委关于印发〈企业内部控制基本规范〉的通知》(财会[2008]7号)。

(二)《中国银监会关于印发〈银行业金融机构从业人员职业操守指引〉的通知》(银监发[2009]12 号)。

(三)《中国银监会关于印发〈重大突发事件报告制度〉的通知》(银监发[2011]84 号)。

第六子系统——内部审计

一、内部控制环境

(一)内部审计工作规定

1. 评价要点

(1) 是否制定内部审计工作规定？

(2) 内部审计工作规定是否符合法律、法规和行业管理部门规定的要求要求？

2. 评价标准

(1) 制定《内部审计工作规定》,且内容完整。

(2) 制定的《内部审计工作规定》符合《审计署关于内部审计工作的规定》、《内部审计基本准则》、《银行业金融机构内部审计指引》及上级行业管理部门的规定。

3. 控制手段

人控。

4. 评价方式

符合性测试。

(二)内部审计工作规定等制度熟悉程度

1. 评价要点

内部审计工作规定等制度是否传达至工作人员并为其所熟悉?

2. 评价标准

经抽样测试,员工得分在 90 分(含 90 分)以上的为良好;得分在 80 分(含 80 分)至 90 分的为一般;得分在 80 分以下的为较差。

3. 控制手段

人控。

4. 评价方式

书面知识测试。

(三)内部审计组织体系

1. 评价要点

(1)是否设立审计委员会?

(2)是否单独设立内部审计部门? 内审部门工作是否由主要领导分管?

(3)内审部门负责人任免是否符合行业管理部门规定的条件和程序?

2. 评价标准

(1)在董事会或监事会下设立审计委员会。

(2)单独设立内部审计部门,内审部门工作由董事长或行长或监事长分管。

(3)内审部门负责人由董事会聘任,且任职资格符合规定。

3. 控制手段

人控。

4. 评价方式

符合性测试。

(四)内部审计职责、权限控制

1. 评价要点

(1)是否制定审计委员会议事规则?

（2）是否制定内部审计部门工作职责？

（3）内部审计权限是否明确？

2．评价标准

（1）制定审计委员会议事规则。

（2）制定内部审计部门工作职责。

（3）行长向内部审计部门及负责人书面授权。

3．控制手段

人控。

4．评价方式

符合性测试。

（五）内部审计部门公正性、客观性、独立性体现

1．评价要点

内部审计部门工作是否具备公正性、客观性、独立性？

2．评价标准

（1）内部审计活动在确定的范围，实施审计计划及报告审计结果不受干扰。

（2）内部审计人员在执行业务时具有公正态度，不参与评价自己负责的工作。

（3）内部审计人员能够自由进行调查，并在开展活动、报告其发现和建议时不受限制。

（4）独立性或客观性在形式上或实质上受到损害时，进行报告或披露。

（5）内部审计人员遵守职业道德规范，做到廉洁自律。

（6）建立审计专属文号。

3．控制手段

人控。

4．评价方式

符合性测试、抽样测试。

（六）内部审计人员配置及管理

1．评价要点

（1）审计人员的配置、人数、比例、结构是否符合银监会和上级主管部门

要求？

（2）审计岗位设置是否合理？职责是否明确？

（3）审计人员是否持证上岗？

（4）是否开展教育和培训？

2. 评价标准

（1）专职审计人员配备数量达到在岗员工总数的 1.5% 以上；近两年内新增审计人员符合内审工作规定的要求；专职审计人员年龄结构、文化结构、专业素质符合行业管理部门的结构要求。

（2）审计岗位设置合理，职责明确；审计部门配备各类专业的审计人员，其中计算机专业人员至少有 1 名。

（3）审计人员经中国内审协会内审资格考试合格，做到持证上岗。

（4）制定年度培训计划，参加内审协会和主管部门组织的培训。

3. 控制手段

人控。

4. 评价方式

符合性测试。

（七）年度审计工作计划

1. 评价要点

是否制订年度审计工作计划？其内容是否完整？是否与上级行业管理部门的要求相冲突？

2. 评价标准

（1）制订年度审计工作计划。

（2）制订的年度审计工作计划包括审计工作目标、措施和具体项目计划。

（3）年度审计工作计划符合上级行业管理部门的规定。

（4）年度审计工作计划经分管领导审批。

3. 控制手段

人控。

4. 评价方式

符合性测试。

（八）计算机辅助审计应用

1．评价要点

（1）是否开发应用审计信息系统？

（2）是否有计划地开展计算机辅助审计？

2．评价标准

（1）开发应用审计信息系统。

（2）每年按计划开展计算机辅助审计。

3．控制手段

人机并控。

4．评价方式

符合性测试、抽样测试。

（九）考核激励机制

1．评价要点

是否按规定制定和执行内部审计人员岗位职责和考核细则？

2．评价标准

（1）制定内部审计人员岗位职责和考核细则。

（2）按年开展考核，并有记录。

（3）审计人员无违规、违纪情况发生。

3．控制手段

人机并控。

4．评价方式

符合性测试、抽样测试。

二、内控目标

1．评价标准

（1）无审计盲点，审计覆盖面达到100％。

（2）揭露经营管理中的违规行为和风险控制不当问题，及时发出审计整改通知，全年审计整改率达到95％以上。

（3）提出管理建议，促进内部管理完善，推动出台制度办法。

(4) 认真履行审计职责,准确、客观、公正地反映问题。对涉及的审计事项,未发生应查而未查出问题造成损失和事故、未发现重大问题隐瞒不报或不如实反映、未发现重大问题和风险不按规定程序上报,无审计风险发生。

2. 控制手段

人控。

3. 评价方式

符合性测试。

三、事件识别

(一) 审计立项

1. 评价要点

(1) 是否按照审计工作计划确定审计项目?

(2) 监事会或人事部门需要的审计是否出具委托书?

(3) 审计计划增加是否报分管领导审批?

2. 评价标准

(1) 按时完成审计工作计划中确定的审计项目。

(2) 监事会或人事部门需要内审部门实施的审计项目出具委托书(函)。

(3) 年度中新增的审计项目增报审计计划,并报分管领导审批。

3. 控制手段

人控。

4. 评价方式

符合性测试。

(二) 审前调查

1. 评价要点

是否组织人员开展审前调查?

2. 评价标准

(1) 对专项性审计项目组织相关审计人员进行审前调查,向相关单位了解管理情况,收集相关资料。

(2) 对组成若干个审计组的审计项目,组织审计人员召开审前会议,讨论审计方法,统一审计要求,并有书面记录。

3. 控制手段

人控。

4. 评价方式

符合性测试、抽样测试。

(三)数据采集、分析

1. 评价要点

是否借助计算机进行辅助审计?

2. 评价标准

(1)运用审计数据分析系统进行数据分析。

(2)设置条件采集相关数据进行筛选、分析,结合审计经验,识别风险点。

3. 控制手段

人机并控。

4. 评价方式

符合性测试、抽样测试。

(四)审计方案编制

1. 评价要点

(1)审计项目实施前是否制定审计方案?

(2)制定的审计方案要素是否齐全?

(3)审计方案是否经过审批?

2. 评价标准

(1)审计项目实施前制定审计方案。

(2)根据审计项目计划,确定审计对象、范围、内容、审计实施时间、审计依据、审计程序;成立审计组,确定审计组组长和主审,选定审计组成员;提出审计要求。

(3)需要将审计组分成若干审计小组的项目,每个小组必须由 3 人以上组成,并确定审计项目负责人。

(4)审计方案的审计范围、审计内容具有适当性,审计程序具有可操作性,时间安排具有合理性。

3. 控制手段

人控。

4. 评价方式

符合性测试、抽样测试。

四、风险评估

1. 评价要点

（1）是否开展审计自我评估？

（2）风险评估是否以内部审计质量控制为核心，从定性和定量两个方面进行充分分析？

2. 评价标准

（1）出具年度审计质量自我评价（评估）报告。

（2）审计质量自我评价（评估）报告内容包括定性和定量两个方面内容。

定性评估：审计活动遵循内部审计准则、上级有关部门对审计工作的要求；审计活动能够促进本机构加强内控管理、控制风险目标的实现。

定量评估：一是抽样审计项目确定样本量合理，可以反映审计范围和内容的全貌；二是审计项目需要计算机后台支持，相关部门及时提供数据；三是审计组组长、主审及组员的人员配备合理，能够胜任相关审计工作，业务分工做到专业对口；四是审计立项的依据和目的、审计对象、审计期限、审计范围和内容、审计的要求和依据、现场检查的起止日期、实施步骤及时间安排明确。

3. 控制手段

人控。

4. 评价方式

符合性测试、抽样测试。

五、风险回应

（一）计算机辅助审计结果

1. 评价要点

通过计算机辅助对各类业务运行、内部控制等审计结果是否有效运用？

2. 评价标准

（1）通过计算机辅助，提高审计发现问题针对性，风险管控能力加强。

（2）计算机辅助审计生成的分析结果为各级管理层提供决策依据。

（3）计算机辅助审计生成的分析结果为现场审计提供方向。

3．控制手段

人机并控。

4．评价方式

符合性测试、抽样测试。

（二）审计工作底稿

1．评价要点

（1）审计工作底稿要素是否齐全、内容是否完整？

（2）是否以审计人员为单位按时间顺序反映其每日实施审计的全过程？

（3）审计工作底稿是否经审计组成员相互复核确认？是否经组长或主审复审？

2．评价标准

（1）审计工作底稿要素齐全、内容完整、简明扼要。

（2）审计工作底稿以审计人员为单位按时间顺序反映每日实施审计的全过程。

（3）审计工作底稿经审计组成员相互复核确认，经组长或主审复审。

3．控制手段

人机并控。

4．评价方式

符合性测试、抽样测试。

（三）审计工作鉴证单

1．评价要点

（1）审计工作鉴证单是否做到内容完整、要素齐全？

（2）审计工作鉴证单是否经审计组成员复核确认、审计组组长审核？

（3）存在问题是否经被审计单位相关责任人确认？被审计单位（人）提出审计异议的，审计组组长（或主审）是否作出复查结论？

2．评价标准

（1）审计工作鉴证单反映的问题事实清楚、观点明确、条理清晰、定性准确、结论恰当、依据匹配、取证资料可靠。

（2）审计工作鉴证单经审计组成员复核确认、审计组组长审核。

（3）存在问题经相关责任人（确认人）确认，被审计单位（人）提出异议的，审计组组长（或主审）作出复查结论。

3. 控制手段

人机并控。

4. 评价方式

符合性测试、抽样测试。

（四）审计报告

1. 评价要点

审计报告是否按规定的格式及内容编制，做到要素齐全、格式规范、事实客观、结论恰当、依据充分、建议可行？

2. 评价标准

（1）审计报告的编写做到实事求是、客观公正地反映审计事实。

（2）审计报告内容突出重点、简明扼要，不遗漏审计中发现的重大事项。

（3）审计报告形成的审计结论或建议充分考虑审计项目的重要性和风险水平。

3. 控制手段

人机并控。

4. 评价方式

符合性测试、抽样测试。

（五）审计档案

1. 评价要点

（1）是否建立审计档案管理制度？

（2）审计档案内文件材料的排列是否符合内部审计协会和上级管理部门的规定？是否及时归档？

（3）审计档案的保管期限、调阅登记、调阅审批是否符合规定？

2. 评价标准

（1）建立审计档案资料管理制度。

（2）审计档案按规定要求收集、整理、立卷、归档。

（3）审计档案的保管期限、调阅登记、调阅审批符合规定。

3. 控制手段

人控。

4. 评价方式

符合性测试、抽样测试。

六、内部控制活动

（一）内部审计质量控制

1. 评价要点

（1）是否制定内部审计质量控制规定？

（2）内部审计质量控制规定内容是否完整？是否符合上级行业管理部门的要求？

2. 评价标准

（1）制定内部审计质量控制规定。

（2）内部审计质量控制规定内容完整，且符合上级行业管理部门的要求。

3. 控制手段

人控。

4. 评价方式

符合性测试。

（二）审计操作流程

1. 评价要点

（1）是否建立内部审计操作流程？

（2）内部审计操作流程内容是否完整？是否与上级行业管理部门的规定相冲突？

2. 评价标准

（1）建立审计操作流程。

（2）审计操作流程内容完整，符合上级管理部门要求。

3. 控制手段

人机并控。

4. 评价方式

符合性测试、抽样测试。

（三）计算机辅助审计

1. 评价要点

（1）是否建立计算机辅助审计管理制度？

（2）计算机辅助审计管理制度内容是否完整？是否与上级行业管理部门的规定相冲突？

2. 评价标准

（1）建立计算机辅助审计管理制度。

（2）计算机辅助审计管理制度内容完整，且符合上级行业管理部门规定。

3. 控制手段

人控。

4. 评价方式

符合性测试。

（四）审计通报

1. 评价要点

（1）是否建立审计通报制度？

（2）是否落实审计通报？

2. 评价标准

（1）建立审计通报制度。

（2）按规定对内部审计（内部控制评价）进行通报。

3. 控制手段

人控。

4. 评价方式

符合性测试。

（五）审计成果利用

1. 评价要点

（1）是否建立审计成果利用制度？

（2）审计成果利用制度是否有效实施？

2. 评价标准

(1) 建立审计成果利用制度。

(2) 利用制度有效实施审计成果。

3. 控制手段

人控。

4. 评价方式

符合性测试。

(六) 经济责任审计

1. 评价要点

(1) 是否建立经济责任审计制度?

(2) 经济责任审计制度内容是否完整? 是否与上级管理部门的规定相冲突?

(3) 是否按制度要求实施经济责任审计(含相关岗位履职情况审计)?

2. 评价标准

(1) 建立经济责任审计制度。

(2) 经济责任审计制度内容完整,相关规定符合上级行业管理部门要求。

(3) 按规定开展相关人员经济责任审计或履职情况审计。

3. 控制手段

人控。

4. 评价方式

符合性测试、抽样测试。

(七) 内部控制评价

1. 评价要点

(1) 是否建立内部控制评价办法?

(2) 内部控制评价办法内容是否完整? 是否与上级管理部门的规定相冲突?

(3) 对分支机构是否实施内部控制评价?

2. 评价标准

(1) 建立内部控制评价办法。

（2）内部控制评价办法内容完整，且符合上级管理部门规定。

（3）按规定要求对分支机构实施内部控制审计（评价）。

3. 控制手段

人控。

4. 评价方式

符合性测试。

（八）后续审计

1. 评价要点

（1）是否建立后续审计制度？

（2）后续审计制度内容是否完整？是否与上级管理部门的规定相冲突？

2. 评价标准

（1）建立后续审计制度。

（2）后续审计制度内容完整，且符合上级管理部门的规定。

3. 控制手段

人控。

4. 评价方式

符合性测试。

七、信息与沟通

（一）外部审计

1. 评价要点

（1）是否制定外部审计管理办法？

（2）外部审计管理办法内容是否完整？是否与银监会和上级行业管理部门的规定相冲突？

（3）外部审计部门出具的审计报告披露是否符合规定？

2. 评价标准

（1）制定外部审计管理办法。

（2）外部审计管理办法内容完整，且相关要求符合银监会和上级行业管理部门的规定。

（3）外部审计部门出具的审计报告，分不同层面，向社会公众或本系统内部各单位、各部门进行公开发布。

3. 控制手段

人控。

4. 评价方式

符合性测试。

（二）内部审计通知

1. 评价要点

（1）审计通知书是否在规定时间内下发？

（2）审计通知书内容是否完整？

（3）被审计单位是否在送达回证上签收？

2. 评价标准

（1）审计通知书在规定时间内下发。

（2）审计通知书内容完整。

（3）被审计单位在送达回证上签收。

3. 控制手段

人机并控。

4. 评价方式

符合性测试、抽样测试。

（三）内部审计报告

1. 评价要点

（1）审计报告是否向被审计单位征求意见？是否在送达回执上签收？

（2）对被审计单位（人）提出的意见是否经书面回复？

（3）内部审计报告路径是否清晰？相关审计报告审批、报送是否符合要求？

2. 评价标准

（1）向被审计单位发送审计报告征求意见稿，相关单位在送达回证上签收。

（2）对被审计单位提出的不同意见及时进行书面反馈。

（3）内部审计报告路径清晰；出具的审计报告经分管领导审批；审计报告主送、抄送、内部发送符合要求。

3. 控制手段

人机并控。

4. 评价方式

符合性测试、抽样测试。

（四）内部审计整改

1. 评价要点

（1）是否及时下发审计整改通知书？

（2）审计整改通知书要素是否齐全、内容是否完整？

（3）整改是否落实？

2. 评价标准

（1）及时下发审计整改通知书。

（2）审计整改通知书要素齐全、内容完整。

（3）被审计单位及时将整改结果或措施反馈审计部门。

3. 控制手段

人机并控。

4. 评价方式

符合性测试、抽样测试。

（五）管理建议

1. 评价要点

（1）审计部门是否及时向管理层报送管理建议书？

（2）管理建议是否适当、有效？

2. 评价标准

（1）审计部门向管理层报送管理建议书，每年至少两次。

（2）报送的管理建议书被管理部门采纳，推动出台或修改了制度、办法，统一了相关业务操作要求。

3. 控制手段

人控。

4. 评价方式

符合性测试、抽样测试。

（六）审计处罚、处理

1. 评价要点

（1）对审计发现的违规性质严重的问题是否提出处罚或处理建议？

（2）处罚或处理建议是否适当？是否符合制度要求？

（3）处罚或处理建议书要素是否齐全、内容是否完整？

（4）处罚或处理程序是否符合规定？

2. 评价标准

（1）对违规性质严重或违纪员工提出处罚或处理建议，或按合规绩效考核办法对相关责任人进行考核扣罚。

（2）提出审计处理建议适当，并按金融机构工作人员违规行为处理办法执行；对违规问题进行扣款的按合规绩效考核办法执行。

（3）出具的处罚或处理建议书要素齐全、内容完整。

（4）处罚或处理意见经分管领导批准；审计处罚决定书及时下发被审计单位（人）；审计处理建议书及时发送人事部门。

3. 控制手段

人控。

4. 评价方式

符合性测试、抽样测试。

八、监督

（一）对违规、违纪员工进行审计处罚或处理

1. 评价要点

（1）处罚决定或合规绩效考核是否按时执行？

（2）人事部门是否将审计建议处理结果反馈给审计部门？

2. 评价标准

（1）及时缴纳或扣取处罚款或违规绩效扣罚款。

（2）人事部门及时将审计建议处理结果反馈给审计部门。

3. 控制手段

人控。

4. 评价方式

符合性测试、抽样测试。

（二）建立计算机辅助审计数据仓库，对数据进行定期分析

1. 评价要点

（1）是否建立计算机辅助审计数据库？

（2）是否对数据进行定期分析？

2. 评价标准

（1）建立计算机辅助审计数据仓库。

（2）对数据进行定期分析。

3. 控制手段

人机并控。

4. 评价方式

符合性测试。

（三）对审计发现的违规、违纪事项进行整改跟踪，督促相关单位（人）及时进行纠正

1. 评价要点

是否对审计发现的问题进行后续审计？被审计单位是否全面落实整改措施？

2. 评价标准

（1）按制度要求做好后续审计。

（2）被审计单位对审计发现的违规、违纪问题已经采取了切实有效的整改落实措施。

3. 控制手段

人控。

4. 评价方式

抽样测试。

九、评价依据

（一）《审计署关于内部审计工作的规定》（中华人民共和国审计署令第 4 号）。

（二）《内部审计基本准则》（中内协发[2003]20 号）。

（三）《银行业金融机构内部审计指引》（银监发[2006]51 号）。

（四）《银行业金融机构外部审计监管指引》（银监发[2010]73 号）。

第七子系统——合规

一、内部控制环境

（一）合规政策

1. 评价要点

（1）是否制定合规政策？

（2）合规政策是否符合法律、法规和监管要求？

（3）合规政策是否经董事会及股东代表大会审议通过？

2. 评价标准

（1）制定合规政策。

（2）合规政策符合法律、法规和监管要求。

（3）合规政策经董事会及股东代表大会审议通过。

3. 控制手段

人控。

4. 评价方式

符合性测试。

（二）合规政策熟悉程度

1. 评价要点

合规政策是否传达至工作人员并为其所熟悉？

2. 评价标准

经抽样测试，员工得分在 90（含 90 分）分以上的为良好；得分在 80 分（含 80 分）至 90 分的为一般；得分在 80 分以下的为较差。

3. 控制手段

人控。

4. 评价方式

书面知识测试。

（三）组织体系

1. 评价要点

（1）是否在董事会中设立合规风险管理委员会？

（2）是否单独设立合规风险管理部门？合规风险管理部门是否由行长分管？

2. 评价标准

（1）在董事会中设立合规风险管理委员会。

（2）设立独立的合规风险管理部门，由行长分管合规风险管理部门。

3. 控制手段

人控。

4. 评价方式

符合性测试。

（四）职责、权限控制

1. 评价要点

（1）是否制定合规风险部门工作职责？

（2）合规风险部门工作权限是否明确？

2. 评价标准

（1）制定合规风险部门工作职责。

（2）行长向合规风险部门及负责人书面授权。

3. 控制手段

人机并控。

4. 评价方式

符合性测试。

（五）岗位设置及要求

1. 评价要点

（1）合规风险管理部门工作人员岗位设置是否合理，分工是否明确？

（2）是否制定合规风险管理部门工作人员岗位职责，是否与其部门职责相匹配？

（3）合规风险管理人员是否具备相应的任职资格？

（4）各分支机构是否有配备专（兼）职合规风险管理人员？

2. 评价标准

（1）合规风险管理部门工作人员岗位设置合理、分工明确。

（2）制定合规风险管理部门工作人员岗位职责，并与部门职责相匹配。

（3）合规风险管理部门负责人具备本科以上学历，并从事金融工作4年以上；合规风险管理人员中有1人持有风险管理资格证书、律师资格证书。

（4）各分支机构配备风险经理或兼职合规风险管理人员。

3. 控制手段

人控。

4. 评价方式

符合性测试。

（六）合规文化

1. 评价要点

（1）合规文化建设是否强化"合规人人有责"、"主动合规"、"合规创造价值"的价值取向，合规文化建设活动是否正常？

（2）合规风险管理部门是否制定合规风险管理目标？

（3）是否有提供银行员工交流的相应的平台？是否有合规文化相关的宣传载体？

（4）是否制订年度员工的合规风险培训计划？

2. 评价标准

（1）合规文化建设活动正常开展，并引导银行员工对合规文化建设有正确的价值取向。

（2）合规风险管理部门制定年度的合规风险管理目标。

（3）合规风险管理部门为员工搭建交流平台，实施有效的宣传载体。

（4）制订年度的员工合规风险培训计划。

3. 控制手段

人控。

4. 评价方式

符合性测试。

（七）法律、法规、制度

1. 评价要点

（1）对适用的外部法律、法规及制度是否有专人进行梳理？

（2）是否定期、不定期地关注已有的外部法律、法规及制度的更新？

（3）是否对内部的规章制度进行梳理，并落实专人管理？

（4）对内部的规章制度的更新、修订是否有相关的管理办法？

2. 评价标准

（1）有专人对适用的外部法律、法规及制度进行梳理。

（2）关注外部法律、法规及制度的更新。

（3）对内部制度的梳理有专人负责。

（4）对内部制度的修订、更新有相应的管理办法。

3. 控制手段

人机并控。

4. 评价方式

符合性测试。

（八）考核激励机制

1. 评价要点

是否按规定制定和执行合规绩效考核机制？

2. 评价标准

（1）制定银行的合规绩效考核办法。

（2）严格实施考核办法，并有详细记录。

3. 控制手段

人机并控。

4. 评价方式

符合性测试。

二、内控目标

1. 评价标准

（1）促进本机构合规经营能力。

（2）维护本机构的良好声誉。

（3）争取本机构有利的外部法规环境。

（4）防止本机构及员工因不合规的行为所致的违规处分、民事诉讼、刑事责任。

2. 控制手段

人控。

3. 评价方式

符合性测试。

三、事件识别

（一）合规政策

1. 评价要点

（1）是否依据法律、法规、监管要求及经营管理需要对本机构制定的合规政策进行持续修订与完善？

（2）对本机构制定、修订的合规风险管理政策及相关的制度是否及时传达给相关人员？

2. 评价标准

（1）依据法律、法规、监管要求及经营管理需要对本机构制定的合规政策进行持续修订与完善。

（2）对本机构制定、修订的合规风险管理政策及相关的制度及时传达给相关人员。

3. 控制手段

人控。

4. 评价方式

符合性测试。

（二）法律、法规及制度

1. 评价要点

（1）外部法律、法规及制度的变化是否对本机构的业务经营发展有影响？

（2）本机构现有的规章制度是否适应业务发展的要求？

（3）本机构制定的年度经营管理目标考核中是否将合规风险管理纳入并实行按年考核？

2. 评价标准

（1）及时识别外部法律、法规及制度的变化对本机构经营发展的影响。

（2）现有的规章制度适应各项业务发展要求。

（3）制定的年度经营管理目标考核将合规风险管理纳入并实行按年考核。

3. 控制手段

人机并控。

4. 评价方式

符合性测试。

（三）机构管理、市场准入证照

1. 评价要点

（1）新机构的开办、新业务的开办是否向监管机构履行报备、报批手续？

（2）证照的申请、变更和注销是否向相应的管理机构报备、报批？

2. 评价标准

（1）新机构的开办、新业务的开办要及时向监管机构履行报备、报批手续。

（2）证照的申请、变更和注销要及时向相应的管理机构报备、报批。

3. 控制手段

人控。

4. 评价方式

符合性测试。

（四）业务创新

1. 评价要点

（1）业务创新是否经过市场调查？

（2）业务创新是否经过可行性论证？

（3）业务创新是否有相应制度的配套跟进？

2．评价标准

（1）业务创新要经过充分的市场调查。

（2）业务创新要经过可行性论证。

（3）业务创新要有相应的制度的配套跟进。

3．控制方法

人控。

4．评价方式

符合性测试。

（五）业务操作流程

1．评价要点

（1）现有的业务操作流程是否存在缺陷？

（2）现有的业务操作是否有相应的制度进行规范？

2．评价标准

（1）现有的业务操作要严格按照操作流程进行。

（2）所有的业务操作要求做到制度的全覆盖。

3．控制手段

人机并控。

4．评价方式

符合性测试、穿行测试。

四、风险评估

1．评价要点

（1）对适用的外部法律、法规及制度的更新是否能及时通报并通过分析对相关的条款进行逐条风险评估？

（2）是否履行法律文书和规章制度的合规性审查职责？

（3）监管评级自我测评是否做到按时准确、真实、及时？是否提出有针对性的工作建议？

（4）是否对分支机构定期、不定期进行操作合规性评估？是否对各业务进行定期、不定期的风险评估？

2．评价标准

（1）对适用的外部法律、法规及制度的更新能及时通报并通过分析对相关的条款进行逐条风险评估。

（2）认真履行法律文书和规章制度的合规性审查职责。

（3）监管评级自我测评做到按时准确、真实、及时，并提出有针对性的工作建议。

（4）对分支机构、各业务开展定期或不定期的风险评估。

3. 控制手段

人控。

4. 评价方式

抽样测试。

五、风险回应

1. 评价要点

（1）对于外部法律、法规及制度的更新，本机构是否采取有效措施来处理相关的事件？

（2）对于内部的法律性文件及规章制度的审查是否有相关的处理流程、技术手段来支持？

（3）对照本机构的风险容忍度管理办法是否有相应的预警方案和处理方案？

（4）对于各种突发性事件是否有相应的应急预案？

2. 标价标准

（1）对于外部法律、法规及制度的更新，本机构采取有效措施来处理相关的事件。

（2）对于内部的法律性文件及规章制度的审查有相关的处理流程、技术手段来支持。

（3）对照本机构的风险容忍度管理办法制订相应的预警方案和处理方案。

（4）对于各种突发性事件有相应的应急预案。

3. 控制手段

人机并控。

4. 评价方式

符合性测试、抽样测试。

六、内部控制活动

（一）理事会、监事会

1. 评价要点

（1）董事会是否履行对高级经营层的监督职能，并监督高级管理层有效开展合规风险管理工作？

（2）监事会是否履行对董事会、高级经营层的监督职能，并监督高级管理层有效开展合规风险管理工作？

（3）董事会下设的专业管理委员会是否履行职责，定期分析本机构的合规风险？

2. 评价标准

（1）董事会认真履行对高级经营层的监督职能，并监督高级管理层有效开展合规风险管理工作。

（2）监事会认真履行对董事会、高级经营层的监督职能，并监督高级管理层有效开展合规风险管理工作。

（3）董事会下设的专业管理委员会认真履行职责，定期分析本机构的合规风险。

3. 控制手段

人控。

4. 评价方式

符合性测试。

（二）合规部门

1. 评价要点

（1）合规风险管理网络是否健全，联动机制运行是否正常？

（2）"1104"非现场监管数据是否做到按时、准确？

（3）是否按时完成上级行业管理部门和本机构布置的合规工作任务？

（4）是否建立和执行非信贷资产风险五级分类规定，按时完成非信贷资产五级分类？

（5）是否建立和执行合规风险现场、非现场检查的工作流程？

2. 评价标准

(1) 合规风险管理网络健全,联动机制运行正常。

(2) "1104"非现场监管数据做到按时、准确。

(3) 按时完成上级行业管理部门和本机构布置的合规工作任务。

(4) 建立和执行非信贷资产风险五级分类规定,按时完成非信贷资产五级分类。

(5) 建立和执行合规风险现场、非现场检查的工作流程。

3. 控制方式

人机并控。

4. 评价方式

符合性测试、抽样测试。

七、信息与沟通

1. 评价要点

(1) 是否及时上报合规风险管理中重大突发事件和重大事项报告?

(2) 是否按规定通报合规风险管理中的重大突发性事件和重大事项报告?

(3) 是否按规定编发合规工作动态简报?

(4) 是否按规定出具风险预警报告?

2. 评价标准

(1) 及时上报合规风险管理中重大突发事件和重大事项报告。

(2) 规定通报合规风险管理中的重大突发性事件和重大事项报告。

(3) 按规定编发合规工作动态简报。

(4) 按规定出具风险预警报告。

3. 控制手段

人控。

4. 评价方式

符合性测试。

八、监督

1. 评价要点

(1) 是否按规定对风险预警中发现的问题进行纠正?

（2）是否按规定对内部控制评价中发现的问题出具管理建议书？

（3）是否按规定对监管评级中存在的不足提出改进建议？

（4）对检查中发现的不合规行为，是否严格执行合规问责？

（5）是否开展合规风险管理部门履职审计？

（6）处理处罚是否适当？

2. 评价标准

（1）按规定对风险预警中发现的问题进行纠正。

（2）按规定对内部控制评价中发现的问题出具管理建议书。

（3）按规定对监管评级中存在的不足提出改进建议。

（4）对检查中发现的不合规行为，严格执行合规问责。

（5）对合规风险管理部门开展履职审计。

（6）处理处罚按照相关规定执行。

3. 控制手段

人控。

4. 评价方式

符合性测试。

九、评价依据

《商业银行合规风险管理指引》（银监发〔2006〕76 号）。

第八子系统——监察监督

一、内部控制环境

（一）监察监督工作制度

1. 评价要点

（1）是否制定监察监督工作制度？

（2）监察监督工作制度是否符合法律、法规和监管要求？

2. 评价标准

（1）制定监察监督工作制度，且内容完整，可操作性强。

（2）已制定的监察监督工作制度符合法律、法规、监管要求和上级行业管理部门的相关规定。

3. 控制手段

人控。

4. 评价方式

符合性测试。

（二）职业道德规范

1. 评价要点

（1）是否制定职业道德规范？

（2）职业道德规范是否传达给全体员工并为其所熟悉？

2. 评价标准

（1）制定职业道德规范。

（2）经抽样测试，员工得分在 90 分（含 90 分）以上的为良好；得分在 80 分（含 80 分）至 90 分的为一般；得分在 80 分以下的为较差。

3. 控制手段

人控。

4. 评价方式

书面知识测试、符合性测试。

（三）案件预防工作

1. 评价要点

（1）是否制定案件预防工作目标，内容是否完整？

（2）制定案件预防工作目标是否符合上级行业管理部门的要求？

2. 评价标准

（1）制定案件预防工作目标，且内容完整。

（2）案件预防工作目标符合上级行业管理部门的要求。

3. 控制手段

人控。

4. 评价方式

符合性测试。

（四）党风廉政建设工作

1. 评价要点

（1）是否制定党风廉政建设工作目标，内容是否完整？

（2）党风廉政建设工作目标是否及时分解落实到各部门？

2. 评价标准

（1）制定党风廉政建设工作目标，且内容完整。

（2）党风廉政建设工作目标及时分解落实到各部门。

3. 控制手段

人控。

4. 评价方式

符合性测试。

（五）行风建设工作

1. 评价要点

（1）是否制定行风建设工作目标，内容是否完整？

（2）行风建设工作目标是否及时分解落实到各部门？

2. 评价标准

（1）制定行风建设工作目标，且内容完整。

（2）行风建设工作目标及时分解落实到各部门，各部门层层签订行风建设责任状。

3. 控制手段

人控。

4. 评价方式

符合性测试。

（六）部门及岗位职责

1. 评价要点

（1）是否设立纪检监察部门？是否有明确的纪检监察职能？

（2）纪检监察部门的主要负责人是否符合任职要求？

（3）是否制定纪检监察人员岗位职责，并与监察工作职责、目标相配套？

2. 评价标准

（1）设立纪检监察部门，并有明确的纪检监察职能。

（2）纪检监察部门的主要负责人符合任职要求。

（3）建立纪检监察人员岗位职责，并与监察工作目标相配套。

3. 控制手段

人控。

4. 评价方式

符合性测试。

(七) 违规违纪行为处罚

1. 评价要点

(1) 是否制定违规违纪行为处罚办法？

(2) 违规违纪行为处罚办法是否传达到全体员工并为其所熟悉？

2. 评价标准

(1) 制定违规违纪行为处罚办法。

(2) 经抽样测试,员工得分在 90 分(含 90 分)以上的为良好;得分在 80 分 (含 80 分)至 90 分的为一般;得分在 80 分以下的为较差。

(3) 已制定的《违规违纪行为处罚机制》符合法律、法规、监管要求和上级行业管理部门的相关规定。

3. 控制手段

人控。

4. 评价方式

书面知识测试、符合性测试。

二、内控目标

1. 评价标准

(1) 无监察监督盲点,监察监督覆盖面达 100%。

(2) 纪检监察工作做到实事求是,重证据、重调查研究,在适用法律和行政纪律上人人平等。

(3) 对诚信报告事项及时调查、核实、处理和反馈,无推诿、敷衍、拖延。

(4) 对于工作人员违规行为的认定,以事实和证据为依据,处理的轻重应当与工作人员违规行为的性质、情节的轻重、影响的程度和应承担的责任大小相适应。

(5) 认真履行监察监督工作职责,准确、客观、公正地反映问题。

(6) 纪检监察人员遵纪守法、忠于职守、清正廉洁、保守秘密。

(7) 无违纪违法和经济案件发生。

2. 控制手段

人控。

3. 评价方式

符合性测试。

三、事件识别

（一）开展信访调查

1. 评价要点

（1）是否按规定开展信访调查？

（2）信访调查的程序是否符合规定？

2. 评价标准

（1）对每个信访案件做到有案必查。

（2）信访调查程序符合监察监督工作制度和诚信管理办法的规定。

3. 控制手段

人控。

4. 评价方式

抽样测试。

（二）实行员工行为动态排查

1. 评价要点

（1）是否按规定开展员工行为动态排查？

（2）发现员工异常行为是否及时采取跟进措施？

2. 评价标准

（1）定期开展员工行为动态排查。

（2）发现员工异常行为及时进行谈心谈话，并有记录。

3. 控制手段

人控。

4. 评价方式

抽样测试。

四、风险评估

1. 评价要点

风险评估是否以相关责任人的违纪违规事实为核心,从定性、定量两个方面进行充分分析?

2. 评价标准

(1) 定性评估内容包括:① 监察监督活动遵循《金融违法行为处罚办法》的规定,符合上级有关部门对监察工作的要求。② 监察监督活动的效率和效果达到既定的要求。③ 监察监督活动能够促进本机构加强内控管理,控制风险的目标实现。

(2) 定量评估内容包括:① 对需要调查处理的事项进行初步审查,违纪违规事实清楚。② 需要追究行政纪律责任的,按规定权限批准立案。③ 纪检监察人员办理的监察事项与其本人或者其近亲属有利害关系的,做到亲属回避制度。④ 评估立案调查案件的复杂性,能在 6 个月内结案;因特殊原因需要延长办案期限的,已报上级部门批准。

3. 控制手段

人控。

4. 评价方式

符合性测试、抽样测试。

五、风险回应

(一) 领导干部廉政监督

1. 评价要点

(1) 是否按干部管理权限开展领导干部廉政监督工作?

(2) 是否对领导干部廉政监督中发现的领导干部违反干部廉政的行为及时采取纠正措施?

2. 评价标准

(1) 开展领导干部廉政监督,并有书面记录。

(2) 对领导干部廉政监督中发现的领导干部违反干部廉政的行为及时采取纠正措施。

3. 控制手段

人控。

4. 评价方式

抽样测试。

（二）群众来信、来访、来电登记、报批

1. 评价要点

（1）是否及时记载群众来信、来访、来电？

（2）来信、来访、来电处理是否符合规定？

2. 评价标准

（1）群众来信、来访、来电均有详细记载。

（2）群众来信、来访、来电报主管领导审批；每件群众来信、来访、来电都按工作流程，通过信访调查后，该立案的立案，该回复的回复。

3. 控制手段

人控。

4. 评价方式

抽样测试。

（三）立案

1. 评价要点

（1）立案是否按规定程序操作？

（2）案件的立案表、立案报告及相关立案依据是否符合规定和要求？

2. 评价标准

（1）按案件查处工作流程立案。

（2）立案表内容具体、详尽；立案报告格式规范、事实清楚；立案的依据明确、立案思路清晰。

3. 控制手段

人控。

4. 评价方式

抽样测试。

（四）案件"要情快报"

1. 评价要点

（1）发生案件是否执行"要情快报"制度？

（2）报送程序是否符合制度规定？

2．评价标准

（1）严格执行案件"要情快报"制度。

（2）报送程序符合制度规定。

3．控制手段

人控。

4．评价方式

抽样测试。

（五）案件查处材料整理

1．评价要点

案件查处工作形成的材料是否真实、内容是否完整？

2．评价标准

按监察监督工作制度规定整理案件查处材料；案件查处材料内容真实、完整。

3．控制手段

人控。

4．评价方式

抽样测试。

（六）开展廉政诫勉谈话

1．评价要点

是否按规定开展廉政诫勉谈话，且谈话记录详细、有针对性？

2．评价标准

按规定开展廉政诫勉谈话，谈话记录内容详细、有针对性。

3．控制手段

人控。

4．评价方式

抽样测试。

（七）按规定处理其他部门移交、移送事项

1．评价要点

是否按规定处理其他部门移交、移送事项？

2. 评价标准

其他部门移交、移送事项按规定及时处理,并有详细记录。

3. 控制手段

人控。

4. 评价方式

抽样测试。

六、内部控制活动

(一) 群众来信、来电、来访受理登记、报告

1. 评价要点

(1) 是否建立群众来信、来电、来访受理登记、报告制度?

(2) 制度内容是否完整,是否符合上级行业管理部门的要求?

2. 评价标准

(1) 制定群众来信、来电、来访受理登记、报告制度。

(2) 群众来信、来电、来访受理登记、报告制度内容完整,且符合上级行业管理部门的要求。

3. 控制手段

人控。

4. 评价方式

符合性测试。

(二) 信访档案管理

1. 评价要点

(1) 是否建立信访档案管理制度?

(2) 制度内容是否完整,是否符合上级行业管理部门的要求?

2. 评价标准

(1) 建立信访档案管理制度。

(2) 信访档案管理制度内容完整,且符合上级行业管理部门的要求。

3. 控制手段

人控。

4. 评价方式

符合性测试。

(三) 案件报告

1. 评价要点

(1) 是否建立案件报告制度？

(2) 制度内容是否完整,是否符合上级行业管理部门的要求？

2. 评价标准

(1) 制定案件报告制度。

(2) 案件报告制度内容完整,且符合上级行业管理部门的要求。

3. 控制手段

人控。

4. 评价方式

符合性测试。

(四) 员工行为动态管理

1. 评价要点

(1) 是否建立员工行为动态管理制度？

(2) 制度内容是否完整？ 是否可操作？

2. 评价标准

(1) 制定员工行为动态管理制度。

(2) 员工行为动态管理制度内容完整,且操作性较强。

3. 控制手段

人控。

4. 评价方式

符合性测试。

(五) 执法监察工作计划和方案

1. 评价要点

(1) 是否制定执法监察工作计划和方案？

(2) 计划和方案内容是否完整,是否可操作？

2. 评价标准

(1) 制定执法监察工作计划和方案。

（2）执法监察工作计划和方案内容完整，且操作性较强。

3. 控制手段

人控。

4. 评价方式

符合性测试。

（六）案件查处工作流程

1. 评价要点

（1）是否建立案件查处工作流程？

（2）流程内容是否完整，是否符合上级行业管理部门的要求？

2. 评价标准

（1）建立案件查处工作流程。

（2）案件查处工作流程内容完整，符合上级行业管理部门的要求。

3. 控制手段

人控。

4. 评价方式

符合性测试。

（七）执法监察

1. 评价要点

（1）是否开展年度执法监察工作？

（2）年度执法监察范围、内容是否符合上级管理部门的要求？

2. 评价标准

（1）开展年度执法监察工作。

（2）年度执法监察范围、内容符合上级管理部门的要求。

3. 控制手段

人控。

4. 评价方式

符合性测试。

（八）重大突发案件处置

1. 评价要点

（1）是否建立重大突发案件处置预案？

（2）预案内容是否完整，是否符合上级管理部门的要求？

（3）是否每年组织开展重大突发案件处置预案演练？

2．评价标准

（1）建立重大突发案件处置预案。

（2）重大突发案件处置预案内容完整，符合上级管理部门的要求。

（3）每年组织开展重大突发案件处置预案演练。

3．控制手段

人控。

4．评价方式

符合性测试。

七、信息与沟通

（一）案情通报

1．评价要点

（1）监察监督部门是否及时编发案情通报？

（2）对辖内发生的案件和严重违规违纪行为是否全部通报？

2．评价标准

（1）辖内发生的案件或严重违规违纪事件时及时编发案情通报。

（2）案情通报具体内容应包括通报主体名称、案件经过、处理和处罚结果、相关要求和意见。

3．控制手段

人控。

4．评价方式

符合性测试、抽样测试。

（二）违规违纪案件查处结果上报

1．评价要点

（1）监察监督部门是否将辖内违规违纪案件查处结果及时上报上级管理部门？

（2）查处结果是否存在满报、漏报现象？

2．评价标准

（1）辖内发生的案件或严重违规违纪事件及时上报，事件经过真实，处理结果适当。

（2）违规违纪案件查处结果符合法律、法规、监管要求和上级管理部门的规定。

3．控制手段

人控。

4．评价方式

符合性测试、抽样测试。

（三）执法监察决定或建议

1．评价要点

对执法监察中发现的问题是否作出执法检察决定或建议？决定或建议的内容是否完整、适当？提出的处罚或处理程序是否符合规定？

2．评价标准

（1）对违规性质严重或违纪员工提出检察决定或建议。

（2）执法检察决定书的主要内容应包括报告主体名称、字号、存在的违规违纪行为事实、违规违纪事实的分析、对有关责任人的处理意见。

（3）执法监察建议书的主要内容应包括报告主体名称、字号、存在问题及评价、执法监察建议。

（4）提出的执法检察决定或建议适当。

（5）处理和处罚程序符合规定。

3．控制手段

人控。

4．评价方式

符合性测试、抽样测试。

八、监督

（一）对违规违纪员工进行处理

1．评价要点

处理、处罚是否适当？

2. 评价标准

处理、处罚按党纪、政纪和金融机构工作人员违规行为处理办法执行。

3. 控制手段

人控。

4. 评价方式

符合性测试。

(二)对查处的违规违纪案件整改跟踪、督促纠正

1. 评价要点

(1)是否对监察监督发现的问题进行整改跟踪？

(2)被监督单位(部门)是否全面落实整改措施？

2. 评价标准

(1)按制度要求对监察监督发现的问题做到整改跟踪。

(2)被监督单位(部门)对监察监督发现的违规违纪问题已经采取了切实有效的整改落实措施。

3. 控制手段

人控。

4. 评价方式

抽样测试。

九、评价依据

(一)《信访条例》。

(二)《金融违法行为处罚办法》。

第九子系统——安全保卫

一、内部控制环境

(一)安全保卫工作管理办法

1. 评价要点

是否制定安全保卫工作管理办法？制定的办法是否符合法律、法规和银监

会及上级主管部门要求？

2. 评价标准

制定安全保卫工作管理办法，且符合法律、法规和银监会及上级主管部门的要求。

3. 控制手段

人控。

4. 评价方式

符合性测试。

（二）安全保卫管理制度熟悉程度

1. 评价要点

安全保卫制度是否传达到每位员工？各专兼职保卫人员是否熟悉所担负安全保卫工作及操作要求？

2. 评价标准

对各单位涉及安保工作的综合管理人员、专职保卫人员、安全保卫相关人员按相应的安保管理制度进行测试。

经抽样测试，员工得分在 90 分（含 90 分）以上的为良好；得分在 80 分（含 80 分）至 90 分的为一般；得分在 80 分以下的为较差。

3. 控制手段

人控。

4. 评价方式

书面知识测试。

（三）安全保卫管理体系的建立和部门设置

1. 评价要点

（1）安全保卫管理体系的建立是否符合相关制度的要求？

（2）安全保卫部门的设置与工作流程是否符合规定要求？

2. 评价标准

（1）安全保卫体系清晰，遵循"谁主管谁负责"原则，各层级单位均明确安全保卫负责人，执行单位主要领导负责制。

（2）设立独立的保卫部门。安全保卫部门的设立与工作流程符合相关规定的要求。

3. 控制手段

人控。

4. 评价方式

符合性测试。

（四）岗位设置

1. 评价要点

安全保卫人员岗位设置是否满足安全保卫管理要求？

2. 评价标准

（1）保卫部门设置专职安保辅导员岗位。

（2）各分支机构设置专兼职安全员、消防员岗位。

（3）中心金库设置每班 2 名以上守库护卫岗位、设置 1～2 名监控管理员岗位、2 名库管员、出纳员；运钞车辆每车设置 2 名（人行缴、取款 3 名）以上押运员、1 名业务员、1 名驾驶员岗位。

（4）各营业网点设置 2 名以上接送钞护卫岗、配置 1 名以上大堂保安人员岗、设置 1～2 名监控管理员岗位；ATM 机等自助设备设置 2 名以上清加钞护卫岗。

（5）监控中心设置主管、监控报警值守、设备运行管理岗。

3. 控制手段

人控。

4. 评价方式

符合性测试。

（五）职责、权限控制

1. 评价要点

（1）安全保卫相关人员的职责、权限是否明确？

（2）安全保卫工作是否实行分级授权、审批？

2. 评价标准

（1）各岗位的职责明确，不相容岗位做到相互分离、相互制约，相关职责涵盖所有安全保卫相关工作。

（2）安全保卫工作实行分级授权、审批。

3．控制手段

人机并控。

4．评价方式

符合性测试、抽样测试。

（六）人员管理

1．评价要点

（1）安保人员是否符合任职条件？

（2）现有安全保卫人员是否做到持证上岗？

（3）安全保卫工作培训是否开展？

2．评价标准

（1）安全保卫人员任职条件符合规定。

（2）需持证上岗的安全保卫人员有符合要求的上岗证。

（3）定期对安全保卫岗位人员进行培训，根据不同岗位的特点和要求，进行确定相对应的培训周期和内容。

3．控制手段

人控。

4．评价方式

符合性测试、抽样测试。

（七）考核激励机制

1．评价要点

是否按规定制定和执行安全保卫工作考核激励和尽职问责机制？

2．评价标准

（1）制定安全保卫工作尽职规定，建立安全保卫工作考核激励和尽职问责机制。

（2）严格实施安全保卫工作考核激励和尽职问责机制，并有详细记录。

3．控制手段

人控。

4．评价方式

符合性测试、抽样测试。

二、内控目标

1. 评价标准

(1) 全年无案件无事故。

(2) 根据公安部门安全评估要求,得分达到既定目标以上。

(3) 确定的其他安全保卫目标按要求实现。

2. 控制手段

人控。

3. 评价方式

符合性测试。

三、事件识别

(一) 安全保卫制度执行

1. 评价要点

库房、营业场所、运钞押运安全管理每个环节和岗位安全保卫制度是否得到有效的贯彻执行?

2. 评价标准

(1) 库房管理。做到双人管库、同进同出、库房密钥匙平行交接,双人守库,24 小时不断人;二道门的使用规范;熟练使用安防设施。

(2) 营业场所(含 ATM 机清加钞)管理。柜台内和二道门(通勤门)的控制、钱箱(含重要空白凭证、有价单证)的管理和接送、临时离岗管理、技防设施和防卫器具的管理和使用、营业期间网点的安全检查等符合规定,对非本营业场所人员进入进行有效核实、控制。

(3) 运钞押运管理。双人押运,严格运钞环节检查,押运操作程序规范,熟练使用车载安防设施。

3. 控制手段

人机并控。

4. 评价方式

符合性测试、抽样测度、穿行测试。

（二）安全保卫技防、物防设施运行

1. 评价要点

已购建的技防、物防设施和安全保卫器材是否健全，能否有效使用，标准是否符合公安、银监部门和上级行业管理部门的规定？

2. 评价标准

（1）金库、营业场所、自助设备通过公安、消防部门验收，取得合格证书；运钞车辆列入公安部门核准目录范围。

（2）完成公安部门安全防护设施达标比率要求。

（3）运钞押运人员按规定配置合格有效的防护用具、防卫器械；营业人员、网点押运人员按规定配置合格有效的防护用具、防卫器械。

（4）监控保存时间达到规定时间，储存资料清晰度符合规定要求；监控录制时间涵盖相关对象的时间要求；报警、监控、消防设施、运钞车 GPS（行车记录仪）、运钞车辆等安防设施运行正常。

（5）物防设施符合原设计要求，没有功效下降情况。

3. 控制手段

人控。

4. 评价方式

抽样测试、符合性测试。

四、风险评估

1. 评价要点

是否定期开展安全保卫风险监测、评估？

2. 评价标准

（1）对物防、技防设施进行定期的检查、检测。

（2）每年开展安全保卫管理工作风险评估，包括安全保卫工作风险管理和控制有效性、应急预案的有效性的评估。

3. 控制手段

人控。

4. 评价方式

符合性测试。

五、风险回应

1. 评价要点

针对发现的问题、评估确认存在的风险是否及时落实相应的整改措施？

2. 评价标准

（1）针对风险评估中反映涉及制度、工作流程层面的问题，及时进行补充修订；修订补充预案及演练中发现的不足。

（2）风险评估、日常检查中发现的存在问题，及时提出整改意见，措施到位，落实整改。

（3）风险评估、日常检查中反映技防、物防设施方面的问题，及时按规定进行维护保养、改进；出现故障及时修复，故障期间应急措施符合安防要求。

3. 控制手段

人控。

4. 评价方式

抽样测试、符合性测试。

六、内部控制活动

（一）安全保卫工作计划

1. 评价要点

是否制订安全保卫工作计划？制订的工作计划是否列入整体工作的一部分？

2. 评价标准

书面资料反映具有完整的安全保卫工作计划，计划列入整体工作的一部分。

3. 控制手段

人控。

4. 评价方式

符合性测试。

（二）安全保卫工作制度

1. 评价要点

是否建立健全的安全保卫管理相关制度及操作要求？

2. 评价标准

金库、营业期间、运钞押运安全管理等各个环节均制定相应管理办法或操作要求。

3. 控制手段

人控。

4. 评价方式

符合性测试。

(三) 安全保卫责任落实

1. 评价要点

(1) 是否层层签订安全保卫责任书？安全保卫责任是否落实到人？

(2) 是否制定安全保卫领导责任制和案件、责任事故追究制？

(3) 是否落实"群防群治"工作？

2. 评价标准

(1) 层层签订"安全保卫(消防)责任书"，安全保卫责任落实到人。

(2) 制定安全保卫领导责任制和案件、责任事故追究制。

(3) 落实"群防群治"工作，签订治安联防协议书。

3. 控制手段

人控。

4. 评价方式

符合性测试。

(四) 应急预案

1. 评价要点

(1) 是否针对"防暴、防抢、防火"等制订应急预案？

(2) 是否定期开展预案的演练？演练是否取得预期的效果？

2. 评价标准

(1) 制定运钞环节、金库、营业场所防暴、防抢、防火等突发事件应急预案，预案防范分工明确，责任落实有效。

(2) 定期按规定进行预案演练，总结演练达到的预期效果。

3. 控制手段

人控。

4. 评价方式

符合性测试、抽样测试。

（五）安全保卫工作检查

1. 评价要点

是否对安全保卫各环节、各岗位有效执行的制度进行检查？

2. 评价标准

各机构、部门、网点安全保卫负责人、安全员、消防员、其他兼职安保检查人员、监控值班人员针对安全保卫各环节、各岗位，根据工作要求进行检查，并做好详细的检查记录。

3. 控制手段

人控。

4. 评价方式

符合性测试、抽样测试。

（六）安全保卫技防、物防设施

1. 评价要点

是否按规定进行安防设施购建、检测、维护？

2. 评价标准

（1）新建技防、物防设施计划、方案按规定申报、审核；物防、技防设施施工单位符合防护等级对应的安防工程施工资质。

（2）安全员、消防员、监控报警设备管理员按各自职责对安防设施进行检查，并在登记簿上记载检查情况，包括：物防设施使用情况；消防器材定期测试情况；监控设备定期检查情况、报警设备测试情况；ATM 机等自助设备巡检情况、车辆检查情况、报警呼叫设备运行情况、车载 GPS、行车记录仪运行情况。

3. 控制手段

人控。

4. 评价方式

抽样测试。

七、信息交流与沟通

1. 评价要点

（1）是否定期开展经验交流、案情、问题通报？

（2）是否建立规范的安全保卫档案？

2. 评价标准

（1）上级管理部门、公安部门通报及时转发。对行业、全行、部门检查情况及时进行通报。

（2）对重大安全保卫风险按规定时间进行报告。建立规范的安全保卫档案。

3. 控制手段

人控。

4. 评价方式

符合性测试、抽样测试。

八、监督

1. 评价要点

保卫部门、审计部门、会计部门是否按规定对安全保卫工作开展情况进行监督？

2. 评价标准

（1）安全保卫主管领导、保卫部门按规定组织开展安全检查，1年中检查到每个营业网点，每次检查涵盖所有重要环节。

（2）审计部门对重要安全保卫部门、金库、监控中心等进行审计，对发现的问题发出整改通知。

（3）会计部门按规定对涉及的安全保卫工作进行检查。

（4）对检查、审计发现的问题和整改情况进行后续跟踪。

3. 控制手段

人控。

4. 评价方式

抽样测试、符合性测试。

九、评价依据

（一）《中华人民共和国消防法》、《高层建筑消防管理规则》。

（二）《专职守护押运人员枪支使用管理条例》。

（三）《银行营业场所风险等级和防护级别的规定》（GA38－2004）、《关于颁布银行金库行业标准的通知》（银发［2000］219 号）、《银行自助设备、自助银行安全防范的规定》（GA745－2008）。

第二章　业务层面

第十子系统——个贷业务

一、内部控制环境

（一）授信业务政策熟悉程度

1. 评价要点

授信业务政策及个人贷款相关内控制度是否传达至授信工作人员并为其所熟悉？

2. 评价标准

经抽样测试，员工得分在 90 分（含 90 分）以上的为良好；得分在 80 分（含 80 分）至 90 分的为一般；得分在 80 分以下的为较差。

3. 控制手段

人控。

4. 评价方式

书面知识测试。

（二）授信管理部门

1. 评价要点

（1）是否设立独立的授信管理部门？

（2）对不同币种、不同客户对象、不同种类的授信是否进行统一管理？

2. 评价标准

（1）设立独立的授信风险管理部门。

（2）对不同币种、不同客户对象、不同种类的贷款进行统一授信管理，建立严格的授信风险垂直管理体制。

3. 控制手段

人机并控。

4. 评价方式

抽样测试、穿行测试。

（三）岗位设置

1. 评价要点

（1）授信和执行授信岗位设置是否做到分工合理、职责明确？

（2）授信和执行授信岗位是否做到审贷分离、授权审批、相互制约？

2. 评价标准

（1）授信和执行授信岗位设置分工合理、职责明确。

（2）授信和执行授信岗位审贷分离、授权审批、相互制约。

3. 控制手段

人机并控。

4. 评价方式

抽样测试、穿行测试。

（四）职责、权限控制

1. 评价要点

（1）授信人员（尤其是客户经理、授信审批人员）的职责、权限和人员任职条件是否得到明确的书面规定？

（2）是否设立风险管理委员会、审贷委员会，负责审批权限内的授信权限。

2. 评价标准

（1）授信人员（尤其是客户经理、授信审批人员）的职责、权限和人员任职条件得到明确的书面规定，且执行到位。

（2）设立风险管理委员会、审贷委员会，负责审批权限内的授信权限。

3. 控制手段

人机并控。

4. 评价方式

抽样测试、穿行测试。

（五）持证上岗

1. 评价要点

（1）现有授信人员是否做到持证上岗？

（2）授信人员的职责、权限和任职条件是否有明确的书面规定？

2. 评价标准

（1）现有授信人员经行业管理部门统一考试合格，全部做到持证上岗。

（2）授信人员的职责、权限和任职条件有明确的书面规定。

3. 控制手段

人控。

4. 评价方式

符合性测试。

（六）考核激励机制

1. 评价要点

（1）是否按规定制定和执行授信人员考核激励机制和问责机制？

（2）是否严格实施授信工作人员考核激励和尽职问责机制？

2. 评价标准

（1）制定授信人员尽职规定，建立授信工作人员考核激励和尽职问责机制。

（2）严格实施了授信工作人员考核激励和尽职问责机制，并有详细记录。

3. 控制手段

人机并控。

4. 评价方式

符合性测试、穿行测试。

二、内控目标

1. 评价标准

（1）重大信贷风险发生率。当年度发生重大信贷风险的贷户÷较大信贷客户数量<0.5%。

（2）贷款违约率。规划期累计逾期贷款余额÷规划期累计发放贷款总额<2%。

（3）贷款抵（质）押率。抵（质）押贷款余额÷贷款总额＞50%。

（4）正常类贷款迁徙率。期初正常类贷款向下迁徙金额÷（期初正常类贷款余额－期初正常类贷款期间减少金额）＜行业平均值50%以上。

（5）关注类贷款迁徙率。期初关注类贷款向下迁徙金额÷（期初关注类贷款余额－期初关注类贷款期间减少金额）＜行业平均值50%以上。

（6）次级类贷款迁徙率。期初次级类贷款向下迁徙金额÷（期初次级类贷款余额－期初次级类贷款期间减少金额）＜行业平均值50%以上。

（7）可疑类贷款迁徙率。期初可疑类贷款向下迁徙金额÷（期初可疑类贷款余额－期初可疑类贷款期间减少金额）＜行业平均值50%以上。

（8）不良贷款率。（次级贷款＋可疑贷款＋损失贷款）÷各项贷款总额≤3%。

（9）核销贷款率。规划期内贷款核销额÷各项贷款余额≤1%。

2. 控制手段

人机并控。

3. 评价方式

符合性测试、穿行测试。

三、事项识别

（一）个人贷款准入

1. 评价要点

个人贷款准入是否符合规定要求？

2. 评价标准

（1）借款人为具有完全民事行为能力的中华人民共和国公民或符合国家有关规定的境外自然人。

（2）贷款用途明确合法。

（3）借款人信用状况良好，无重大不良信用记录。

3. 控制手段

人控。

4. 评价方式

抽样测试。

（二）个人贷款用途

1. 评价要点

个人贷款用途是否符合规定？

2. 评价标准

（1）个人生产经营：指从事合法生产经营的私营企业业主、个体工商户户主、专业户户主、承包户户主、合伙企业合伙人及其他个人，用于其生产经营活动所需的流动资金。

（2）个人消费：指自然人用于购房、购车、房屋装修等以消费性活动所需的资金。

（3）个人助学：指就读全日制普通高等学校的学生或其父母，用于支持学生完成学业所需的资金。

（4）个人其他：指自然人从事其他各类活动所需的资金。

3. 控制手段

人控。

4. 评价方式

抽样测试。

（三）调查报告

1. 评价要点

（1）是否具备本机构有关贷款管理制度规定的基本条件？

（2）是否按规定出具调查报告？

2. 评价标准

（1）客户经理调查核实借款人具备本机构有关贷款管理制度规定的基本条件。

（2）对借款人提供资料的真实性、自身经营情况撰写调查报告。调查报告做到双人调查、双人签字。

3. 控制手段

人控。

4. 评价方式

抽样测试。

四、风险评估

1. 评价要点

风险评估是否以客户的偿债能力为核心,从定性和定量两个方面进行充分分析?

2. 评价标准

定性评估内容至少包括以下几方面:

(1) 借款人无不良行为。

(2) 借款人借款得到家庭主要成员的支持。

(3) 借款人家庭资产负债情况。

(4) 借款人申请的贷款额度、还款计划和资金来源情况。

(5) 抵押财产合法有效,保证人具备主体资格,担保能力和意愿情况。

定量评估内容至少包括以下几方面:

(1) 资产负债率。

(2) 借款人资信状况。

(3) 贷款授信最高额度在信贷可准入额度范围内。

(4) 生产经营内容(项目),家庭年经济收支情况。

(5) 担保能力情况。

3. 控制手段

人控。

4. 评价方式

抽样测试。

五、风险回应

(一) 贷款审查

1. 评价要点

是否按规定进行贷款审查?

2. 评价标准

(1) 借款人符合本机构信贷政策、基本条件。

(2) 借款人具有相应的偿债能力,无不良信用记录。

（3）保证人主体资格及代偿能力、代偿意愿，抵（质）押品合法、有效、足值，易于变现。

（4）贷款主要风险及防范措施。

3．控制手段

人控。

4．评价方式

抽样测试。

（二）贷款金额

1．评价要点

（1）贷款金额是否合理？

（2）贷款金额是否超过贷款授信额度？

2．评价标准

（1）综合考虑借款人收入、负债、支出、贷款用途、担保情况等因素，合理确定贷款金额。

（2）贷款金额最高不超过贷款授信额度。

3．控制手段

人控。

4．评价方式

抽样测试。

（三）贷款期限和还款计划

1．评价要点

贷款期限和还款计划是否合理？

2．评价标准

根据借款人的生产周期合理确定贷款期限和还款计划，控制借款人的每期还款额不超过其还款能力。

3．控制手段

人控。

4．评价方式

抽样测试。

（四）贷款利率

1. 评价要点

贷款利率是否准确？

2. 评价标准

根据贷款利率政策规定，风险收益匹配原则，综合考虑贷款风险、担保方式等风险缓释措施，合理确定贷款利率。

3. 控制手段

人控。

4. 评价方式

抽样测试。

六、控制活动

（一）风险分类

1. 评价要点

（1）是否按规定对个人贷款风险进行分类管理？

（2）发现风险后是否能及时调整分类结果？

2. 评价标准

（1）按规定定期开展贷款风险分类。

（2）发现风险后能及时调整分类结果。

3. 控制手段

人控。

4. 评价方式

抽样测试。

（二）还款方式

1. 评价要点

是否按规定确定个人贷款还款方式？

2. 评价标准

根据还款来源确定贷款还款方式。

3. 控制手段

人控。

4. 评价方式

抽样测试。

（三）担保方式

1. 评价要点

（1）个人贷款是否采取担保方式？

（2）个人贷款担保合同期限是否与贷款期限一致？

2. 评价标准

（1）个人贷款采取担保方式。

（2）个人贷款担保合同期限与贷款期限一致。

3. 控制手段

人控。

4. 评价方式

抽样测试。

（四）授信审批

1. 评价要点

授信审批是否符合规定程序和授权控制要求？

2. 评价标准

纳入客户综合授信管理，并按信贷业务授信管理办法和相关授权规定执行。

3. 控制手段

人控。

4. 评价方式

抽样测试。

（五）签订贷款合同

1. 评价要点

根据授信批复，是否与借款人及其他相关当事人签订书面个人借款、担保等相关合同？

2. 评价标准

（1）按规定与借款人及其他当事人签订书面借款合同、担保合同。

（2）合同内容符合要求，签订程序符合要求。

（3）做到当面签订相关合同。

3. 控制手段

人控。

4. 评价方式

抽样测试。

（六）贷款发放

1. 评价要点

借款人使用授信资料是否齐全？

2. 评价标准

（1）提供真实有效的交易合同。

（2）借款人或保证人条件变化情况。

（3）贷款金额和用途符合约定条件。

3. 控制手段

人控。

4. 评价方式

抽样测试。

（七）贷款资金支付

1. 评价要点

贷款资金支付是否符合规定？

2. 评价标准

（1）贷款人受托支付，根据借款人的提款申请和支付委托，将贷款资金支付给符合合同约定用途的借款人交易对象。

（2）借款人自主支付，根据借款人的提款申请，将贷款资金直接发放至借款人账户，并由借款人自主支付给符合合同约定用途的借款人交易对象。

3. 控制手段

人机并控。

4. 评价方式

抽样测试、穿行测试。

七、信息沟通

（一）贷后管理

1. 评价要点

个人贷款发放后，客户经理是否进行贷后跟踪检查？

2. 评价标准

（1）每半年不少于一次开展贷后检查。

（2）短期贷款到期前 7 天，中长期贷款到期前 30 天，按时向借款人、担保人送发贷款催收通知书。

（3）当年新增的不良贷款每月上门至少催讨一次。在法律诉讼时效内必须取得贷款催收通知书的回执。

3. 控制手段

人控。

4. 评价方式

抽样测试。

（二）风险预警

1. 评价要点

对出现可能影响贷款安全的不利情形时是否及时进行风险评估，发出预警，及时落实管理措施？

2. 评价标准

（1）出现可能影响贷款安全的不利情形时，各银行应重新评估贷款风险。

（2）按照贷款风险预警管理办法及其他相关规定申报风险预警，及时落实管理措施。

3. 控制手段

人控。

4. 评价方式

抽样测试。

（三）贷款展期

1. 评价要点

贷款展期是否符合规定？

2. 评价标准

（1）借款人不能按期偿还贷款，应在贷款到期日前 7 天，向贷款发放机构提出展期书面申请。

（2）经批准同意展期的，签订展期还款协议，并同时办理必要的担保延期登记手续。

（3）短期贷款展期累计不得超过原定贷款期限，中期贷款展期累计不得超过原定贷款期限的一半；长期贷款展期累计不得超过 3 年。

3. 控制手段

人控。

4. 评价方式

抽样测试。

（四）违约管理

1. 评价要点

是否及时追究借款人的违约责任，实行信贷制裁，采取保全措施？

2. 评价标准

（1）借款人出现违反合同约定情形的，贷款发放机构应及时采取有效措施，应依法追究借款人的违约责任。

（2）借款人在借款期限内，贷款发放机构可按规定加罚息，并有权停止发放贷款和提前收回已发放的贷款。

3. 控制手段

人控。

4. 评价方式

抽样测试。

八、监督检查

（一）处理处罚

1. 评价要点

对违规客户经理等信贷人员处理处罚是否适当？

2. 评价标准

客户经理等信贷人员有下列行为之一的，根据情节轻重给予通报批评、警告、严重警告、记过、记大过、解除劳动合同等处罚：

(1) 贷款调查、审查未尽职的。

(2) 未按规定建立、执行贷款面谈、借款合同面签制度的。

(3) 借款合同采用格式条款未公示的。

(4) 支付管理不符合要求的。

(5) 发放不符合条件的个人贷款的。

(6) 签订的借款合同不符合规定的。

(7) 超越或变相超越贷款权限审批贷款的。

(8) 授意借款人虚构情节获得贷款的。

(9) 对借款人违背借款合同约定的行为应发现而未发现，或虽发现但未采取有效措施的。

3. 控制手段

人控。

4. 评价方式

符合性测试。

(二) 贷款档案

1. 评价要点

是否按借款人建立贷款档案？

2. 评价标准

完整记录贷款使用情况和生产经营财务状况，并分别按受托支付和自主支付建立相应的贷款资金支付台账，逐笔记录贷款资金的流向。

3. 控制手段

人控。

4. 评价方式

抽样测试。

(三) 绩效监测程序

1. 评价要点

是否建立和执行内部控制绩效监测程序？

2. 评价标准

建立和执行了内部控制绩效监测程序。

3. 控制手段

人控。

4. 评价方式

符合性测试。

（四）监控制度

1. 评价要点

是否建立风险管理部门监控制度、审计部门审计监督制度？

2. 评价标准

建立和实施了风险管理部门监控制度、审计部门审计监督制度。

3. 控制手段

人控。

4. 评价方式

符合性测试。

（五）持续改正

1. 评价要点

是否持续对个人贷款业务的内部控制进行了改进？

2. 评价标准

依据监管和行业最新规定持续对个人贷款业务的内部控制进行了改进。

3. 控制手段

人控。

4. 评价方式

符合性测试。

九、评价依据

（一）《中华人民共和国合同法》。

（二）《中华人民共和国担保法》。

（三）《中华人民共和国公司法》。

（四）《中华人民共和国商业银行法》。

（五）《贷款通则》（中国人民银行令［1996］第 2 号）。

（六）《商业银行授权、授信管理暂行办法》（银发[1996]403号）。

（七）《商业银行授信工作尽职指引》（银监发[2004]51号）。

（八）《商业银行内部控制指引》（中国银行业监督管理委员会令2007年第6号）。

（九）《中国银监会关于印发〈商业助学贷款管理办法〉的通知》（银监发[2008]49号）。

（十）《中国银监会关于加强个人住房贷款风险管理的通知》（银监发[2008]71号）。

（十一）《个人贷款管理暂行办法》（中国银行业监督管理委员会2010年第2号令）。

（十二）《中国银监会办公厅关于加强个人贷款管理严防信贷资金流入股市的通知》（银监办发[2009]353号）。

第十一子系统——流贷业务

一、内部控制环境

（一）授信业务政策熟悉程度

1. 评价要点

授信业务政策及流动资金贷款、银行承兑汇票业务内控制度是否传达至授信工作人员并为其所熟悉？

2. 评价标准

经抽样测试，员工得分在90分（含90分）以上的为良好；得分在80分（含80分）至90分的为一般；得分在80分以下的为较差。

3. 控制手段

人控。

4. 评价方式

书面知识测试。

（二）授信管理部门

1. 评价要点

（1）是否设立独立的授信管理部门？

（2）是否对不同币种、不同客户对象、不同种类的授信进行统一管理？

2. 评价标准

（1）设立了独立的授信风险管理部门，设置内部操作流程。

（2）对不同币种、不同客户对象、不同种类的贷款进行统一授信管理。

3. 控制手段

人机并控。

4. 评价方式

抽样测试、穿行测试。

（三）岗位设置

1. 评价要点

授信和执行授信岗位设置是否做到分工合理、职责明确、相互制约？

2. 评价标准

授信和执行授信岗位设置分工合理、职责明确；授信和执行授信岗位审贷分离、授权审批、相互制约。

3. 控制手段

人机并控。

4. 评价方式

抽样测试、穿行测试。

（四）职责、权限控制

1. 评价要点

授信人员（尤其是授信审批人员）的职责、权限和人员任职条件是否得到明确的书面规定？

2. 评价标准

所有授信人员（尤其是授信审批人员）的职责、权限和人员任职条件得到明确的书面规定，且执行到位。

3. 控制手段

人机并控。

4. 评价方式

抽样测试、穿行测试。

(五)持证上岗

1. 评价要点

现有授信人员是否做到持证上岗?

2. 评价标准

(1) 现有授信人员经有权部门统一考试合格,全部做到持证上岗。

(2) 无证人员不能参与授信和贷款调查、审查和审批决策。

3. 控制手段

人控。

4. 评价方式

符合性测试。

(六)考核激励机制

1. 评价要点

是否按规定制定和执行授信人员考核激励和尽职问责机制?

2. 评价标准

(1) 制定授信人员尽职规定,建立授信工作人员考核激励和尽职问责机制。

(2) 严格实施授信工作人员考核激励和尽职问责机制,并有详细记录。

3. 控制手段

人机并控。

4. 评价方式

符合性测试、穿行测试。

二、内控目标

1. 评价标准

(1) 重大信贷风险发生率。当年度发生重大信贷风险的贷户数÷较大信贷客户数量<0.5%。

(2) 贷款违约率。规划期累计逾期贷款余额÷规划期累计发放贷款总额<2%。

(3) 贷款抵(质)押率。抵(质)押贷款余额÷贷款总额>50%。

(4) 正常类贷款迁徙率。期初正常类贷款向下迁徙金额÷(期初正常类贷款余额－期初正常类贷款期间减少金额)<行业平均值50%以上。

（5）关注类贷款迁徙率。期初关注类贷款向下迁徙金额÷（期初关注类贷款余额－期初关注类贷款期间减少金额）＜行业平均值 50％以上。

（6）次级类贷款迁徙率。期初次级类贷款向下迁徙金额÷（期初次级类贷款余额－期初次级类贷款期间减少金额）＜行业平均值 50％以上。

（7）可疑类贷款迁徙率。期初可疑类贷款向下迁徙金额÷（期初可疑类贷款余额－期初可疑类贷款期间减少金额）＜行业平均值 50％以上。

（8）不良贷款率。（次级贷款＋可疑贷款＋损失贷款）÷各项贷款总额≤3％。

（9）核销贷款率。规划期内贷款核销额÷各项贷款余额≤1％。

（10）授信集中度。最大十家集团客户授信总额÷资本净额×100％≤100％。

（11）单一集团客户授信集中度。最大一家集团客户授信总额÷资本净额×100％≤15％。

（12）单一客户贷款集中度。最大一家客户贷款总额÷资本净额×100％≤10％。

（13）全部关联度。全部关联方授信总额÷资本净额×100％≤10％。

（14）行业贷款集中度。贷款占比最高行业贷款总额÷各项贷款总额×100％≤20％。

（15）农村合作银行银行承兑汇票承兑敞口总量＜上年年末各项存款余额的 8％（农村信用合作联社银行承兑汇票承兑敞口总量＜上年年末各项存款余额的 6％）。

（16）单户企业的银行承兑汇票总量不能超过资本净额的 10％。

2. 控制手段

人机并控。

3. 评价方式

符合性测试、穿行测试。

三、事件识别

（一）流动资金贷款准入

1. 评价要点

流动资金贷款、银行承兑汇票业务准入是否符合规定要求？

2. 评价标准

(1) 借款用途明确、合法。

(2) 借款人具有持续经营能力,有合法的还款来源。

(3) 借款人信用状况良好,无重大不良记录。

(4) 申请开具银行承兑汇票有真实的商品交易关系。

3. 控制手段

人控。

4. 评价方式

抽象测试。

(二) 流动资金贷款用途

1. 评价要点

流动资金贷款用途是否符合相关规定?

2. 评价标准

(1) 主要用于满足借款人日常生产经营过程中采购原材料、支付生产经营费用等合理流动资金需求。

(2) 不得用于固定资产、股权等投资,不得用于国家禁止生产、经营的领域和用途。

(3) 申请承兑的票据具有真实的商品交易关系,主要用于支付物资及原材料采购、商品购销、工程承包及用电、运输等合同项下的款项。

3. 控制手段

人控。

4. 评价方式

抽象测试。

(三) 调查报告

1. 评价要点

是否按规定出具调查报告?

2. 评价标准

对借款人(出票人)提供资料的真实性、自身经营情况的稳定性、资信等级、贷款风险可控性、发展前景进行尽职调查和核实,撰写调查报告,并要有双人调查和记录。

3. 控制手段

人控。

4. 评价方式

抽样测试。

四、风险评估

1. 评价要点

对经调查和审查认为可以准入的流动资金贷款、银行承兑汇票业务,是否及时组织贷审小组成员进行全面的风险评估,并形成风险评估报告?风险评估是否以客户的偿债能力为核心,从定性和定量两个方面进行充分分析。

2. 评价标准

定性评估内容至少包括以下几方面:

(1) 借款人符合贷款基本条件。

(2) 借款人的资信状况,无不良信用记录。

(3) 借款人按国家行业管理规定、产业政策要求比例配足自有资金。

(4) 抵押财产合法有效,保证人具备主体资格,担保能力和意愿较强。

定量评估内容至少包括以下几方面:

(1) 资产负债(或有负债)率。

(2) 盈利能力。

(3) 流动资金周转率。

(4) 贷款、银行承兑汇票授信最高额在信贷可准入额度范围内,信贷风险度。

3. 控制手段

人控。

4. 评价方式

抽样测试。

五、风险回应

(一) 贷款审查

1. 评价要点

是否按规定进行流动资金贷款、银行承兑汇票业务审查?

2. 评价标准

（1）调查报告中所采用数据资料的可靠性、时效性。

（2）保证人主体资格及代偿能力、代偿意愿，抵（质）押品合法、有效、足值、易于变现。

（3）贷款偿债能力、综合效益，贷款主要风险及防范措施。

（4）票据业务申请人的经营范围、经营规模以及财务状况、其他非财务因素等日常管理情况。

（5）出票人按规定比例交足保证金，并做好保证金以外部分承兑金额的担保。

（6）具有真实的票据交易背景；交易合同的真实性、合法性、有效性及合同履行情况，签开承兑汇票的内容与合同有关内容相匹配，票据交易金额与企业的经营规模相匹配。

（7）辨别票据的真伪，办妥查询查复相关手续。

审查完毕后，审查人员如实反映审查情况，并提出审查意见。

3. 控制手段

人控。

4. 评价方式

抽样测试。

（二）贷款金额

1. 评价要点

流动资金贷款、银行承兑汇票金额是否合理？

2. 评价标准

按照国家信贷政策和银行业监督管理的有关规定，综合考虑借款人偿债能力、自身风险承受能力和资金供给能力，合理确定流动资金贷款、银行承兑汇票金额。单一客户贷款及承兑汇票集中度、集团（关联）客户贷款集中度、银行承兑汇票承兑总量控制在行业管理部门规定的比例内。

3. 控制手段

人控。

4. 评价方式

抽样测试。

（三）贷款期限和还款计划

1. 评价要点

流动资金贷款及银行承兑汇票期限和还款计划是否合理？

2. 评价标准

（1）流动资金贷款期限应根据贷款用途、生产周期、还款的资金来源等因素综合考虑确定贷款期限和还款计划，贷款期限不超过 1 年（不含展期），按照借款合同规定按时足额归还贷款本息。

（2）银行承兑汇票最长期限不超过 6 个月。

3. 控制手段

人控。

4. 评价方式

抽样测试。

（四）贷款利率

1. 评价要点

流动资金贷款利率是否准确？

2. 评价标准

根据贷款利率政策规定，风险收益匹配原则，综合考虑行业风险、担保方式等风险缓释措施，合理确定流动资金贷款利率。

3. 控制手段

人控。

4. 评价方式

抽样测试。

六、内部控制活动

（一）风险分类

1. 评价要点

是否按规定对流动资金贷款、银行承兑汇票进行风险分类管理？

2. 评价标准

（1）以借款人或交易对手的财务状况、经营成果、现金流量、信用记录为主要依据,定期对流动资金贷款、银行承兑汇票进行准确分类,真实、客观地反映其风险价值。

（2）及时、动态地掌握影响信贷资产回收相关因素的变化情况,对风险状况已发生重大变化的应及时调整分类结果。

3. 控制手段

人控。

4. 评价方式

抽样测试。

（二）还款方式

1. 评价要点

是否按规定确定流动资金贷款的还款方式?

2. 评价标准

综合考虑借款人现金流、负债、还款能力等因素,合理确定贷款的还款方式,并在借款合同中约定明确。

3. 控制手段

人控。

4. 评价方式

抽样测试。

（三）担保方式

1. 评价要点

流动资金贷款是否采取担保方式?

2. 评价标准

（1）流动资金贷款应采取担保方式,担保代偿能力充足。

（2）流动资金贷款担保合同期限可以与贷款期限一致。

（3）严禁集团客户各成员企业或关联企业之间相互提供保证担保。

（4）严禁对集团客户进行信用授信。

（5）为银行承兑汇票保证金以外的敞口部分提供足额担保。

3. 控制手段

人控。

4. 评价方式

抽样测试。

（四）授信审批

1. 评价要点

授信审批是否符合规定程序和授权控制要求？

2. 评价标准

（1）授信业务审批遵循分级审批，逐级上报的原则。

（2）流动资金贷款和银行承兑汇票纳入客户综合授信管理，具体按信贷业务授信管理办法和相关授权规定执行。

（3）因中途经营发生变化而需增加信贷额度的客户，按规定追加授信。

（4）因客户经营情况、国家货币信贷政策和市场的变化，按规定追加临时授信。

（5）因客户发生改制、生产经营状况及担保情况发生重大变化或有其他新的情况出现，加以变更授信。

（6）集团客户（关联企业）的授信应合并计算，不论金额大小均应报本机构贷款审查委员会统一授信确定。

（7）集团客户（关联企业）中仅有一家企业在本机构办理信贷业务的，按单一客户进行管理。

（8）集团客户（关联企业）原则上只能在本机构同一家分支机构发生信贷关系。

3. 控制手段

人控。

4. 评价方式

抽样测试。

（五）签订贷款合同

1. 评价要点

（1）是否根据授信批复，与借款人及其他相关当事人签订书面借款、担保等相关合同，落实放款前提条件，经审批同意后，方可发放贷款？

（2）经办行机构与借款人及其他相关当事人签订的合同中是否详细规定各方

当事人的权利义务及违约责任,防止对重要条款未约定、约定不明或约定无效?

(3) 银行承兑汇票在确认收齐有关业务资料后,是否根据授信批复与承兑申请人签订《银行承兑汇票承兑协议》,同时与承兑申请人及担保人签订相关的担保合同?

2. 评价标准

(1) 与借款人及其他相关当事人签订书面借款、担保等合同,落实放款前提条件。

(2) 在与借款人订立的合同中应约定具体的贷款金额、期限、利率、用途、支付、担保等要素和有关细节。

(3) 与借款人约定对贷款相关的重要内容作出承诺。

(4) 开具银行承兑汇票与承兑申请人签订《银行承兑汇票承兑协议》;同时与承兑申请人及担保人签订相关的担保合同,对需要办理登记、转移占有或设质背书转让的,应及时办妥有关手续。

3. 控制手段

人控。

4. 评价方式

抽样测试。

(六) 贷款发放

1. 评价要点

(1) 借款人使用授信资料是否齐全?

(2) 借款人提供的信息是否与证明材料相符?

2. 评价标准

(1) 真实的交易合同或订单、发票等其他能证明借款人及其交易对手交易行为的资料。

(2) 根据约定的贷款用途,审核借款人提供的支付申请所列收款人、付款金额等信息与相应的商务合同等证明材料相符。

3. 控制手段

人控。

4. 评价方式

抽样测试。

（七）贷款资金支付

1. 评价要点

贷款资金支付是否符合规定？

2. 评价标准

（1）贷款人受托支付，贷款发放机构根据借款人的提款申请和支付委托，将贷款资金通过借款人账户支付给符合合同约定用途的借款人交易对手。

（2）借款人自主支付，借款人在提出提款申请同时提供贷款资金使用计划，在贷款使用后 30 日内提供资金使用记录和相应的交易合同或订单、发票等其他能证明借款人及其交易对手交易行为的资料、支付凭证原件及复印件。

3. 控制手段

人机并控。

4. 评价方式

抽样测试、穿行测试。

七、信息与沟通

（一）贷后管理

1. 评价要点

流动资金贷款发放后，客户经理是否对借款人执行借款合同情况及借款人经营管理情况进行跟踪检查监督？是否每季度不少于一次开展贷后检查？额度较大的贷款是否在贷后 7 天内进行跟踪检查？

2. 评价标准

（1）贷款按借款合同中规定的用途使用。

（2）借款人依合同约定归还贷款本息。

（3）生产经营情况和管理情况正常，测算贷款风险的变化情况及趋势。

（4）从投入产出等资金周转情况，借款人经营管理和盈利能力情况。

（5）借款人代保管抵押物无缺损，无违反合同未经抵押权人同意出借、出租等行为，贷款时所作出的增强担保能力等承诺已落实。

（6）对汇票进行承兑后，应严格按照信贷业务管理的规定要求，跟踪出票人的资金流向，分析出票人到期偿付票据的能力。

（7）每季度不少于一次开展贷后检查，对于额度较大的贷款在贷后 7 天内进行跟踪检查。

3. 控制手段

人控。

4. 评价方式

抽样测试。

（二）风险预警

1. 评价要点

对出现可能影响贷款安全的不利情形时是否及时进行风险评估，发出预警，及时落实管理措施？

2. 评价标准

（1）出现可能影响贷款安全和票据的不利情形时，应重新评估贷款和银行承兑汇票风险。

（2）按照风险预警管理办法及其他相关规定申报风险预警，及时落实管理措施。

（3）要建立和健全贷款风险预警机制，分工落实贷款风险预警信号的搜集和传输。内外部岗位要相互配合，各司其职，及时传输。

3. 控制手段

人控。

4. 评价方式

抽样测试。

（三）贷款展期

1. 评价要点

贷款展期是否符合规定？

2. 评价标准

（1）借款人不能按期偿还流动资金贷款，应在贷款到期日前，向贷款发放机构提出展期书面申请，并出具担保人同意继续为其担保的书面证明。贷款发放机构视具体情况提出处理意见，报有权人审批。对经批准同意展期的，签订展期还款协议，并同时办理必要的担保延期登记手续。

（2）流动资金贷款展期严格执行贷款管理制度对展期的有关规定。贷款展期累计不得超过原定贷款期限。

3. 控制手段

人控。

4. 评价方式

抽样测试。

（四）违约管理

1. 评价要点

是否及时追究借款人的违约责任，实行信贷制裁，采取保全措施？

2. 评价标准

（1）借款人出现违反合同约定情形的，应及时采取有效措施，必要时应依法追究借款人的违约责任。

（2）借款人在借款期限内，是否按规定加罚息，并有权停止发放贷款和提前收回已发放的贷款，或采用其他保全措施。

3. 控制手段

人控。

4. 评价方式

抽样测试。

八、监督

（一）处理处罚

1. 评价要点

对违规客户经理等信贷人员处理处罚是否适当？

2. 评价标准

客户经理等信贷人员有下列行为之一的，根据情节轻重给予通报批评、警告、严重警告、记过、记大过、解除劳动合同等处分：

（1）贷款调查、风险评价未尽职的。

（2）未按规定对借款人账户进行有效监控的。

（3）对借款人违反合同约定的行为未及时采取有效措施的。

（4）受理不符合条件的流动资金贷款申请并发放贷款的。

（5）与借款人串通，违法违规发放流动资金贷款的。

（6）放任借款人将流动资金贷款用于固定资产投资、股权投资以及国家禁止生产、经营的领域和用途的。

（7）超越或变相超越权限审批贷款的。

（8）未按规定签订贷款协议的。

（9）未按规定进行贷款资金支付管理与控制的。

（10）其他严重违反规定的审慎经营原则的。

3．控制手段

人控。

4．评价方式

符合性测试。

（二）贷款档案

1．评价要点

贷款机构是否按借款人建立流动资金贷款和银行承兑汇票业务档案？

2．评价标准

（1）加强信贷档案管理，按要求将受托支付和自主支付方式下借款人按规定提交的提款申请书、相关证明资料、信贷报表、信用等级评估、借款资料和其他信贷资料等纳入一户一档管理，并在规定时间内移交综合档案室。

（2）银行承兑汇票业务档案参照信贷档案要求建立，除基本资料外，还应包括商品交易合同、增值税专用发票复印件、申请书、审批书、承兑协议、担保合同及保证金缴存和到期偿还、转入逾期及清收情况等资料。

3．控制手段

人控。

4．评价方式

抽样测试。

（三）绩效监测程序

1．评价要点

是否建立和执行内部控制绩效监测程序？

2. 评价标准

建立和执行内部控制绩效监测程序。

3. 控制手段

人控。

4. 评价方式

符合性测试。

（四）监控制度

1. 评价要点

是否建立和实施风险管理部门监控制度、审计部门审计监督制度？

2. 评价标准

建立和实施了风险管理部门监控制度、审计部门审计监督制度。

3. 控制手段

人控。

4. 评价方式

符合性测试。

（五）贷款内部控制

1. 评价要点

是否对流动资金贷款业务和银行承兑汇票的内部控制进行持续改进？

2. 评价标准

依据监管和行业最新规定对流动资金贷款业务和银行承兑汇票的内部控制进行了持续改进。

3. 控制手段

人控。

4. 评价方式

符合性测试。

九、评价依据

（一）《贷款通则》（中国人民银行令［1996］第2号）。

（二）《商业银行授权、授信管理暂行办法》（银发［1996］403号）。

（三）《商业汇票承兑、贴现与再贴现管理暂行办法》（银发〔1997〕216 号）。

（四）《中国人民银行关于切实加强商业汇票承兑贴现和再贴现业务管理的通知》（银发〔2001〕236 号）。

（五）《商业银行授信工作尽职指引》（银监发〔2004〕51 号）。

（六）《商业银行小企业授信工作尽职指引（试行）》（银监发〔2006〕69 号）。

（七）《商业银行内部控制指引》（中国银行业监督管理委员会令 2007 年第 6 号）。

（八）《中国银监会关于印发〈银行开展小企业授信工作指导意见〉的通知》（银监发〔2007〕53 号）。

（九）《中国银监会关于印发〈小企业贷款风险分类办法（试行）〉的通知》（银监发〔2007〕63 号）。

（十）《流动资金贷款管理暂行办法》（中国银行业监督管理委员会令 2010 年第 1 号）。

（十一）《商业银行集团客户授信业务风险管理指引》（中国银行业监督管理委员会令 2010 年第 4 号）。

（十二）《中国银监会办公厅关于加强票据业务风险管理的通报》（银监办发〔2008〕47 号）。

（十三）《中国银监会办公厅关于创新小企业流动资金贷款还款方式的通知》（银监办发〔2009〕46 号）。

（十四）《农村银行机构公司类信贷资产风险十级分类指引（试行）》（银监办发〔2009〕284 号）。

（十五）《中国银监会办公厅关于加强农村中小金融机构集中度风险监管的通知》（银监办发〔2011〕201 号）。

第十二子系统——固贷和项目融资业务

一、内部控制环境

（一）授信业务政策熟悉程度

1. 评价要点

授信业务政策及固定资产贷款、项目融资业务等内控制度是否传达至授信工作人员并为其所熟悉？

2. 评价标准

经抽样测试，员工得分在 90 分（含 90 分）以上的为良好；得分在 80 分（含 80 分）至 90 分的为一般；得分在 80 分以下的为较差。

3. 控制手段

人控。

4. 评价方式

书面知识测试。

（二）授信管理部门

1. 评价要点

（1）是否设立独立的授信管理部门？

（2）是否对不同币种、不同客户对象、不同种类的授信进行统一管理？

2. 评价标准

（1）设立独立的授信风险管理部门，设置内部操作流程。

（2）对不同币种、不同客户对象、不同种类的贷款进行统一授信管理。

3. 控制手段

人机并控。

4. 评价方式

抽样测试、穿行测试。

（三）岗位设置

1. 评价要点

授信和执行授信岗位设置是否做到分工合理、职责明确、相互制约？

2. 评价标准

（1）授信和执行授信岗位设置分工合理、职责明确。

（2）授信和执行授信岗位审贷分离、授权审批、相互制约。

3. 控制手段

人机并控。

4. 评价方式

抽样测试、穿行测试。

（四）职责、权限控制

1. 评价要点

授信人员（尤其是客户经理、授信审批人员）的职责、权限和人员任职条件是否得到明确的书面规定？

2. 评价标准

授信人员（尤其是客户经理、授信审批人员）的职责、权限和人员任职条件得到明确的书面规定，且执行到位。

3. 控制手段

人机并控。

4. 评价方式

抽样测试、穿行测试。

（五）持证上岗

1. 评价要点

（1）现有授信人员是否做到持证上岗？

（2）无证人员是否参与授信和贷款调查、审查和审批决策？

2. 评价标准

（1）现有授信人员经有权部门统一考试合格，全部做到持证上岗。

（2）无证人员不能参与授信和贷款调查、审查和审批决策。

3. 控制手段

人控。

4. 评价方式

符合性测试。

（六）考核激励机制

1. 评价要点

是否按规定制定和执行授信人员考核激励和尽职问责机制？

2. 评价标准

（1）制定授信人员尽职规定，建立授信工作人员考核激励和尽职问责机制。

（2）严格实施授信工作人员考核激励和尽职问责机制，并有详细记录。

3. 控制手段

人机并控。

4. 评价方式

符合性测试、穿行测试。

二、内控目标

1. 评价标准

(1) 重大信贷风险发生率。当年度发生重大信贷风险的贷户数÷较大信贷客户数量<0.5%。

(2) 贷款违约率。规划期累计逾期贷款余额÷规划期累计发放贷款总额<2%。

(3) 贷款抵(质)押率。抵(质)押贷款余额÷贷款总额>50%。

(4) 正常类贷款迁徙率。期初正常类贷款向下迁徙金额÷(期初正常类贷款余额-期初正常类贷款期间减少金额)<行业平均值50%以上。

(5) 关注类贷款迁徙率。期初关注类贷款向下迁徙金额÷(期初关注类贷款余额-期初关注类贷款期间减少金额)<行业平均值50%以上。

(6) 次级类贷款迁徙率。期初次级类贷款向下迁徙金额÷(期初次级类贷款余额-期初次级类贷款期间减少金额)<行业平均值50%以上。

(7) 可疑类贷款迁徙率。期初可疑类贷款向下迁徙金额÷(期初可疑类贷款余额-期初可疑类贷款期间减少金额)<行业平均值50%以上。

(8) 不良贷款率。(次级贷款+可疑贷款+损失贷款)÷各项贷款总额≤3%。

(9) 核销贷款率。规划期内贷款核销额÷各项贷款余额≤1%。

(10) 中长期贷款比例。逾期一年以上贷款÷逾期一年以上定期存款×100%≤120%。

2. 控制手段

人机并控。

3. 评价方式

符合性测试、穿行测试。

三、事件识别

(一) 固定资产贷款准入

1. 评价要点

固定资产贷款(项目融资业务)准入是否符合规定要求?

2. 评价标准

（1）项目符合国家产业、土地、环保等相关政策和本机构信贷政策，需要政府有关部门审批的项目，须持有批准文件。

（2）借款人或新设项目发起人（控股股东）信用状况良好，无重大不良记录。

（3）项目具有国家规定比例的资本金。

（4）借款用途明确、合法。

（5）能提供本机构认可的担保。

3. 控制手段

人控。

4. 评价方式

抽样测试。

（二）固定资产贷款用途

1. 评价要点

固定资产贷款（项目融资业务）用途是否符合规定？

2. 评价标准

（1）基本建设：指基础设施、市政工程、服务设施和新建或扩建生产性工程等活动。

（2）技术改造：指现有企业以扩大再生产为主的技术改造项目。

（3）科技开发：指用于新技术和新产品的研制开发、购买并将成果向生产领域转化或应用的活动，不包括单纯的技术交易行为。

（4）房地产开发：指个人住房、商业用房和其他房地产开发建设的项目。

（5）其他固定资产购置：指不自行建设，直接购置生产、仓储、办公、营业等用房或设施的活动。

3. 控制手段

人控。

4. 评价方式

抽样测试。

（三）调查报告

1. 评价要点

是否按规定出具调查报告？

2. 评价标准

对受理的固定资产(项目融资)贷款,应根据授信工作尽职实施细则规定和要求,及时组织客户经理调查核实借款人是否具备本机构有关贷款管理制度规定的基本条件,对借款人提供资料的真实性、自身经营情况的稳定性、投资项目的可行性进行尽职调查和核实,并撰写调查报告。调查报告做到双人调查、双人签字。

3. 控制手段

人控。

4. 评价方式

抽样测试。

四、风险评估

1. 评价要点

对经调查和审查认为可以准入的固定资产贷款是否及时组织贷审小组成员进行全面的风险评估,并形成风险评估报告。风险评估应以客户的偿债能力为核心,从定性和定量两个方面进行充分分析。

2. 评价标准

定性评估内容至少包括以下几方面:

(1) 借款人符合贷款准入的评价标准。

(2) 借款人或项目发起人的资信状况良好。

(3) 项目符合国家产业政策,改造方案合理,具备相应的建设条件和协作条件。

(4) 贷款项目的可行性和必要性。

(5) 项目总投资及构成的合理性,项目资本金和其他建设资金筹措方案及来源的可靠性。

(6) 抵押财产合法有效,保证人具备主体资格,担保能力和意愿较强。

定量评估内容至少包括以下几方面:

(1) 资产负债率。

(2) 贷款利息保障倍数。

(3) 借款人或新设项目发起人(控股股东)资信状况。

（4）贷款项目运营后的收益率。

（5）贷款授信最高额在信贷可准入额度范围内。

（6）信贷风险度。

3．控制手段

人控。

4．评价方式

抽样测试。

五、风险回应

（一）贷款审查

1．评价要点

是否按规定进行贷款审查？

2．评价标准

（1）借款人符合国家产业政策、本机构信贷政策、基本条件。

（2）项目合法性手续完备；有关批文的有效性；调查、评估报告中所采用数据、资料的可靠性、时效性。

（3）贷款项目的必要性和可行性，总投资及构成的合理性，各项资金来源的落实情况及可靠性。

（4）保证人主体资格及代偿能力，抵（质）押品合法、有效、足值，易于变现。

（5）贷款项目营运后的偿债能力、综合效益。

（6）贷款主要风险及防范措施。

审查完毕后，审查人员如实反应审查情况，并提出审查意见。

3．控制手段

人控。

4．评价方式

抽样测试。

（二）贷款金额

1．评价要点

贷款金额是否合理？

2. 评价标准

按照国家关于固定资产投资、项目融资业务、项目资本金制度有关规定,综合考虑借款人偿债能力、项目风险水平、自身风险承受能力和资金供给能力,合理确定贷款金额。最高不超过项目总投资额中国家项目资本金规定比例的剩余部分。

3. 控制手段

人控。

4. 评价方式

抽样测试。

（三）贷款期限和还款计划

1. 评价要点

贷款期限和还款计划是否合理?

2. 评价标准

根据项目预测现金流和投资回收期等因素,合理确定贷款期限和还款计划,贷款期限一般最长不超过 5 年(不含展期)。对贷款期限超过 1 年的,应考虑项目建成或工程完工情况,实行分期偿还方式,分期偿还期限间隔至少每半年1 次。

3. 控制手段

人控。

4. 评价方式

抽样测试。

（四）贷款利率

1. 评价要点

贷款利率是否准确?

2. 评价标准

根据贷款利率政策规定,风险收益匹配原则,综合考虑项目风险、担保方式等风险缓释措施,合理确定贷款利率,也可根据固定资产投资、项目融资在不同阶段的风险特征和水平,结合本机构的《贷款利率管理办法》采用不同的贷款利率。

3. 控制手段

人控。

4. 评价方式

抽样测试。

六、内部控制活动

（一）风险分类

1. 评价要点

是否按规定对固定资产、项目融资贷款进行风险分类管理？

2. 评价标准

（1）对处在建设期的固定资产、项目融资贷款，如果项目逾期未开工，或是超过原定建设期未建成完工的，要充分考虑逾期时间长短对贷款风险产生的影响，对贷款风险分类情况进行适当调整。

（2）对于完成达产期的固定资产、项目融资贷款，需要对贷款项目的产能规模和经济效益进行评估，如果项目在达产期后仍未达到预期产能规模或是未能实现预期经济效益的，也应在原有风险分类的基础上立即进行动态调整。

（3）对于已进入还款期的固定资产、项目融资贷款，要严格按照风险分类有关规定，科学评估贷款资产质量。

（4）从严审慎把握贷款展期，充分评估展期对贷款质量造成的影响，及时调整风险分类。

3. 控制手段

人控。

4. 评价方式

抽样测试。

（二）还款方式

1. 评价要点

是否按规定确定固定资产、项目融资贷款还款方式？

2. 评价标准

（1）对新发放的固定资产、项目融资贷款，要综合考虑项目预期现金流、行业、项目类别、规模和投资回收期等情况,合理确定还款方式,实行分期偿还,原则上项目技术建成或工程完工后,至少半年一次偿还本金,有条件的可按季度进行偿还。固定资产、项目融资贷款选择分期偿还的,应在借款合同"还款"的"其他方式"中约定为"定期付息,分期偿还"。

(2)对"整贷整还"类固定资产、项目融资贷款存量部分,要加大贷后管理力度,逐笔签订补充协议,抓紧调整还款方式。

(3)对于政府融资平台的固定资产、项目融资贷款,要作为重点进行清理规范,要根据平台自身现金流情况和地方政府财力情况,与地方政府和平台客户协商调整还款计划,实现平台贷款还款方式和还款期限的转变。

3. 控制手段

人控。

4. 评价方式

抽样测试。

(三)担保方式

1. 评价要点

(1)固定资产、项目融资贷款是否采取担保方式,担保实力如何?

(2)固定资产、项目融资贷款担保合同期限是否可以与贷款期限一致?

2. 评价标准

(1)固定资产、项目融资贷款已采取担保方式,担保代偿能力充足。

(2)固定资产、项目融资贷款担保合同期限可以与贷款期限一致。

3. 控制手段

人控。

4. 评价方式

抽样测试。

(四)授信审批

1. 评价要点

授信审批是否符合规定程序和授权控制要求?

2. 评价标准

(1)固定资产、项目融资贷款纳入客户综合授信管理,具体按信贷业务授信管理办法和相关授权规定执行。固定资产、项目融资贷款一经批准,原则上不再追加。

(2) 因项目概算调整确需追加的,应由借款人重新提出借款申请,并按规定程序报批。

3. 控制手段

人控。

4. 评价方式

抽样测试。

(五) 签订贷款合同

1. 评价要点

(1) 是否根据授信批复,与借款人及其他相关当事人签订书面借款、担保等相关合同,落实放款前提条件? 是否经审批同意后,方可发放贷款。

(2) 与借款人及其他相关当事人签订的合同中是否详细规定各方当事人的权利义务及违约责任,以防止对重要条款未约定、约定不明或约定无效?

2. 评价标准

(1) 在与借款人订立的合同中应约定具体的贷款金额、期限、利率、用途、支付、担保等要素和有关细节。

(2) 在借款合同中与借款人约定提款条件以及贷款资金支付接受贷款人管理和控制等条款,提款条件应包括与贷款同比例的资本金已足额到位、项目实际进度与已投资额相匹配等要求。

(3) 在借款合同中与借款人约定对借款人相关账户实施监控。如贷款资金采用受托支付方式,可约定专门的贷款发放账户和还款准备金账户。限制网上银行、同城清算等非柜台渠道的支付行为及通兑功能。

(4) 与借款人在借款合同中约定,借款人如出现未按约定用途使用贷款、未按约定方式支用贷款资金、未遵守承诺事项、申贷文件信息失真等情形时,借款人应承担的违约责任和贷款人可采取的措施。

(5) 要求借款人在借款合同中对与贷款相关的重要内容作出承诺,承诺内容应包括: 贷款项目及其借款事项符合法律、法规的要求;及时向贷款人提供完整、真实、有效的材料;配合贷款人对贷款的相关检查;发生影响其偿债能力的重大不利事项及时通知贷款人;进行合并、分立、股权转让、对外投资、实质性增加债务融资等重大事项前征得贷款人同意等。

3. 控制手段

人控。

4. 评价方式

抽样测试。

（六）贷款发放

1. 评价要点

借款人使用的授信资料是否齐全？

2. 评价标准

借款人使用的授信资料包括：

（1）真实有效的交易合同。

（2）项目资本金和投资到位证明。

（3）项目进展情况的有效证明（指有监理、评估、质检等第三方参与签署的确认项目进度和质量的书面文件，包括但不限于借款人、承包商以及第三方机构共同签署的单据等）。

受理的分支机构对借款人提供的上述资料进行审核，在贷款额度内和设定的限制性条件下，对下列情况进行确认：① 贷款同比例的资本金是否足额到位。② 项目实际进度与已投资额是否相匹配。③ 贷款金额和用途是否符合约定条件。

3. 控制手段

人控。

4. 评价方式

抽样测试。

（七）贷款资金支付

1. 评价要点

贷款资金支付是否符合规定？

2. 评价标准

由客户经理办理放贷手续，并按照借款合同约定方式对贷款资金支付实施管理与监控，监督贷款资金按约定用途使用。合同约定专门贷款发放账户的，贷款发放和支付应通过该账户办理。贷款资金支付采取贷款人受托支付或借款人自主支付两种方式：

（1）贷款人受托支付，指根据借款人的提款申请和支付委托将贷款资金直接支付给符合合同约定用途的借款人交易对手。

单笔金额超过项目总投资5%且金额大于50万元，或超过500万元人民币的贷款资金支付，应采用受托支付方式。采用贷款人受托支付方式的借款人支付贷款资金时需提供以下相关资料：① 加盖借款人公章或财务专用章及有权人签字的提款申请书。② 按支付结算制度规定，提供资金支付和汇划凭证、结算业务申请书等与结算相关的资料。③ 交易合同、订单或其他能证明借款人及其交易对手交易行为的资料。

对于项目融资贷款采用受托支付方式的，必要时可以要求借款人、独立中介机构和承包商等共同检查设备建造或者工程建设进度，并根据出具的、符合合同约定条件的共同签证单，进行贷款支付。

经办客户经理收齐上述相关资料后，应在提款申请书上签字确认，并连同借款审批资料一并交柜员办理贷款资金划付手续。

（2）借款人自主支付，指根据借款人的提款申请将贷款资金发放至借款人账户后，由借款人自主支付给符合合同约定用途的借款人交易对手。

采用借款人自主支付方式的，应要求借款人按季报告贷款资金支付情况，并提供相应的交易合同、发票、支付凭证原件及复印件。经办客户经理应及时对借款人的分户账、交易合同、支付凭证进行检查和核实，必要时进行现场检查核实。

3. 控制手段

人机并控。

4. 评价方式

抽样测试、穿行测试。

七、信息与沟通

（一）贷后管理

1. 评价要点

（1）贷款发放后，经办客户经理是否定期对借款人和项目发起人的履约情况及信用状况、项目的建设和运营情况、宏观经济变化和市场波动情况、贷款担保的变动情况等内容进行检查与分析？客户经理每季是否开展不少于 2 次的贷后跟踪检查？

（2）是否加强对借款人现金流的跟踪分析，对借款人回款账户进行动态监测？

2. 评价标准

（1）项目施工进度按计划进行。

（2）借款人自筹资金和其他资金来源按规定及时到位，并投入使用。

（3）借款人按规定用途使用贷款，无挪用贷款或其他违法违规等重大问题。

（4）生产条件落实，着重检查项目投产所需流动资金的落实情况。

（5）贷款担保的变动情况。

（6）投资项目收入现金流及借款人的整体现金流变动情况：① 对于固定资产贷款，根据合同约定的要求将收入现金流进入还款准备金账户。② 对于项目融资贷款，与借款人约定专门的项目收入账户，并要求所有项目收入进入约定账户，并按照事先约定的条件和方式对外支付。

（7）客户经理应开展每季不少于 2 次的贷后跟踪检查。

3. 控制手段

人控。

4. 评价方式

抽样测试。

（二）风险预警

1. 评价要点

对出现可能影响贷款安全的不利情形时是否及时进行风险评估，发出预警，并及时落实相应的管理措施？

2. 评价标准

（1）出现可能影响贷款安全的不利情形时，应重新评估贷款风险。

（2）按照贷款风险预警及其他相关规定申报风险预警，及时落实管理措施。

（3）贷款项目竣工投产并达到设计能力 1 年或竣工投产 2 年仍未达产的，要及时组织后评价，对项目建设实施、项目生产经营、项目管理水平、项目财产效益、借款人财务状况、非财务状况、现金流量状况、担保状况、项目贷款风险等作出分析和评价,并撰写书面评价报告报本机构总部贷款审查委员会。

3. 控制手段

人控。

4. 评价方式

抽样测试。

(三)贷款展期

1. 评价要点

贷款展期是否符合规定?

2. 评价标准

贷款展期符合规定,具体包括以下两个方面:

(1)借款人不能按期偿还贷款,应在贷款到期日前 30 天,向经办分支机构提出展期书面申请,并出具担保人同意继续为其担保的书面证明。经办分支机构视具体情况提出处理意见,报贷款审批人审批。对经批准同意展期的,签订展期还款协议,并同时办理必要的担保延期登记手续。

(2)贷款展期严格执行贷款管理制度对展期的有关规定。短期贷款展期累计不得超过原贷款期限,中期贷款展期累计不得超过原贷款期限的一半;长期贷款展期累计不得超过 3 年。

3. 控制手段

人控。

4. 评价方式

抽样测试。

(四)违约管理

1. 评价要点

是否及时追究借款人的违约责任,实行信贷制裁,采取保全措施?

2. 评价标准

(1)借款人出现违反合同约定情形的,应及时采取有效措施,必要时应依法追究借款人的违约责任。

(2) 借款人在借款期限内,发生下列情况之一的,可按规定加罚息,并有权停止发放贷款和提前收回已发放的贷款,或采用其他保全措施:① 未按规定用途使用贷款,经要求纠正仍不改正的。② 提供虚假的计划、统计、财务会计报表等资料。③ 拒绝接受对贷款项目进行监督管理。④ 未征得贷款发放机构书面同意而实行承包、租赁、合资、兼并、分立、股份制改造、委托管理和申请破产等重大变更,或未还清贷款之前以项目贷款的资产为他人提供担保。⑤ 贷款担保违反担保合同或丧失担保能力,借款人又无法落实符合要求的新的担保。⑥ 卷入或即将卷入重大的诉讼或仲裁程序及其他法律纠纷,可能侵害贷款人权益。⑦ 发生其他足以影响借款人偿债能力的事件或表明借款人缺乏偿债诚意的行为。⑧ 借款人不按期还款,又未在规定期限内办理展期手续。

3. 控制手段

人控。

4. 评价方式

抽样测试。

八、监督

(一) 处理处罚

1. 评价要点

是否对违规客户经理按规定进行处理处罚? 处理处罚是否适当?

2. 评价标准

客户经理有下列行为之一的,根据情节轻重进行通报批评、警告、严重警告、记过、记大过、解除劳动合同等处分:

(1) 受理不符合条件的固定资产、项目融资贷款申请并发放贷款的。

(2) 与借款人串通,违法违规发放固定资产贷款、项目融资贷款的。

(3) 超越、变相超越权限或不按规定流程审批贷款的。

(4) 与贷款同比例的项目资本金到位前发放贷款的。

(5) 未按规定进行贷款资金支付管理与控制的。

(6) 其他严重违反贷款管理规定的审慎经营规则的。

3. 控制手段

人控。

4. 评价方式

符合性测试。

（二）贷款档案

1. 评价要点

贷款机构是否按借款人建立固定资产、项目融资贷款档案？

2. 评价标准

完整记录贷款项目的建设全过程、贷款使用情况和生产经营财务状况，并分别按受托支付和自主支付要求建立相应的贷款资金支付台账，逐笔记录贷款资金流向。

3. 控制手段

人控。

4. 评价方式

抽样测试。

（三）绩效监测程序

1. 评价要点

是否建立和执行内部控制绩效监测程序？

2. 评价标准

建立和执行了内部控制绩效监测程序。

3. 控制手段

人控。

4. 评价方式

符合性测试。

（四）监控制度

1. 评价要点

是否建立风险管理部门监控制度、审计部门审计监督制度？

2. 评价标准

建立和实施了风险管理部门监控制度、审计部门审计监督制度。

3. 控制手段

人控。

4. 评价方式

符合性测试。

（五）持续改进

1. 评价要点

是否持续对固定资产、项目融资贷款业务的内部控制进行了改进？

2. 评价标准

依据监管和行业最新规定，持续对固定资产项目融资贷款业务的内部控制进行了改进。

3. 控制手段

人控。

4. 评价方式

符合性测试。

九、评价依据

（一）《中华人民共和国合同法》。

（二）《中华人民共和国担保法》。

（三）《中华人民共和国公司法》。

（四）《中华人民共和国商业银行法》。

（五）《贷款通则》（中国人民银行令[1996]第 2 号）。

（六）《商业银行授权、授信管理暂行办法》（银发[1996]403 号）。

（七）《商业银行授信工作尽职指引》（银监发[2004]51 号）。

（八）《商业银行内部控制指引》（中国银行业监督管理委员会令 2007 年第 6 号）。

（九）《固定资产贷款管理暂行办法》（中国银行业监督管理委员会 2009 年第 2 号令）。

（十）《项目融资业务指引》（银监发[2009]71 号）。

（十一）《农村银行机构公司类信贷资产风险十级分类指引（试行）》（银监办发[2009]284 号）。

第十三子系统——表外业务

一、内部控制环境

（一）表外科目业务核算办法熟悉程度

1.评价要点

表外科目业务相关操作管理办法是否传达至所有相关操作、管理人员，并为其所熟悉？

2.评价标准

经抽样测试，员工得分在 90 分（含 90 分）以上的为良好；得分在 80 分（含 80 分）至 90 分的为一般；得分在 80 分以下的为较差。

3.控制手段

人控。

4.评价方式

书面知识测试。

（二）表外科目业务管理部门

1.评价要点

是否根据表外科目业务的种类，分别由不同的部门对表外科目进行管理和控制？

2.评价标准

表外科目业务中重要空白凭证、抵（质）押品等应由会计部门进行管理控制；内销外挂的贷款资产应由信贷部门进行管理，会计部门进行表外控制和柜面监督；保函、贷款承诺等应由业务主管部门进行管理，会计部门进行表外控制。

3.控制手段

人机并控。

4.评价方式

抽样测试、穿行测试。

（三）岗位设置

1.评价要点

（1）表外科目业务岗位设置是否做到分工合理、职责明确？

（2）岗位之间是否相互制约？是否做到会计操作和管理部门分离、业务经办与会计账务处理分离？

2.评价标准

（1）岗位设置做到分工合理、职责明确、相互制约。

（2）表外科目业务操作和管理部门分离、业务经办与会计账务处理分离。

3.控制手段

人机并控。

4.评价方式

抽样测试、穿行测试。

（四）职责、权限及任职资格控制

1.评价标准

表外科目操作、管理人员的职责、权限和任职条件是否有明确的书面规定，并执行到位？

2.评价标准

（1）会计人员的职责、权限和人员适任条件有明确的书面规定。

（2）相关管理人员的职责、权限和人员适任条件有明确的书面规定。

3.控制手段

人机并控。

4.评价方式

抽样测试、穿行测试。

（五）持证上岗

1.评价要点

（1）从事表外科目业务核算的会计人员是否做到持证上岗？

（2）无证人员是否经办表外科目业务？

2.评价标准

（1）现有人员经考核全部做到持证上岗。

（2）无证人员不得经办表外科目业务核算。

3.控制手段

人控。

4.评价方式

符合性测试。

（六）考核激励机制

1.评价要点

是否按规定制定和执行表外科目业务会计人员考核激励和尽职问责机制？

2.评价标准

制定表外科目业务核算人员尽职规定，建立表外科目管理人员考核激励和尽职问责机制。

3.控制手段

人机并控。

4.评价方式

符合性测试、穿行测试。

二、内控目标

1. 评价标准

（1）转账结算差错率。转账结算差错金额÷转账结算总额<0.1‰。

（2）现金结算差错率。现金结算差错金额÷现金结算总额<0.3‰。① 一类差错比率，一类差错笔数÷业务总笔数<0.01‰。② 二类差错比率，二类差错笔数÷业务总笔数<0.1‰。③ 三类差错比率，三类差错笔数÷业务总笔数<0.5‰。

（3）违规积分人员比率。分支机构违规积分人数÷分支机构会计柜面及会计管理人员人数×100%<10%。

（4）单位累计违规积分。分支机构违规积分累加分数<20。

（5）无违反禁止性规定人次。

（6）违规损失率。结算类违规损失金额÷规划期营业收入×100%<0.01%。

2. 控制手段

人机并控。

3. 评价方式

符合性测试、抽样测试。

三、事件识别

1. 评价要点

表外科目核算是否真实、全面地反映银行的表外业务活动？

2. 评价标准

（1）实物类表外科目核算与实物的使用、传递、转移等状态变化保持一致。

（2）非实物类表外科目核算应有真实、准确的入账依据。

（3）与担保、承诺有关的表外业务核算能如实反映可能承担的风险。

3. 控制手段

人机并控。

4. 评价方式

符合性测试。

四、风险评估

1. 评价要点

（1）是否对相关部门提交的表外业务资料的真实性、准确性进行审查？

（2）是否将所有需要纳入表外控制的业务，如实地进行核算？

2. 评价标准

（1）收到向定点厂商购入的重要空白凭证，凭证总库保管人员需将收到凭证实物，与发货清单或购货发票核对一致。查看其封箱（包）的完好性，核对封（箱）包外的标注号码与购入明细清单的一致性，同时抽查封箱（包）内凭证版式、数量、号码的正确性。

（2）其他各级调出、调入机构或柜员均应核对凭证号码、数量、凭证种类与凭证调拨单的一致性，未拆封（包）凭证检查其包装的完整性。

（3）申请人（客户）向开户机构购买重要空白凭证的，柜员需审查其填写的"重要空白凭证请购单"内容的合规性和要素的完整性、核查有效身份证件，并核对签章与预留开户机构的印鉴相符。

（4）会计柜员对信贷部门提交的《抵（质）押物清单》、已加盖贷款合同章的《抵（质）押品代保管凭证》一式四联和相关权证实物及有关登记证明材料资料进行审查，重点审查实物名称与登记凭证上的内容是否一致。

（5）会计主管审查信贷部门提交的《贷款核销通知书》及已审批的其他相关核销贷款的资料真实性、完整性无误后，在核心系统查询贷款形态为"呆账"，填制两联特种转账传票交系统操作柜员，由会计柜员再次进行审查。

（6）会计柜员收到信贷部门提交的《保函申请书》、《保函审批书》、《保函开立合同》、"保函"正本，申请人提供担保的、还需将《保函保证合同》或《保函抵押合同》或《保函质押合同》等资料，应对申请书、审批书、相关合同的填写、签章等的完整性及关联性进行审核，并核对借款人出具的身份证件是否与信贷资料中身份信息相符，身份证件是否有效。提供保证金或抵（质）押物的，还应确认是否已足额存入保证金，或已转移抵（质）押物权证。

（7）会计柜员收到信贷部门《贷款承诺函》或类似的合同协议等资料后，重点审查承诺类型、额度、期限、佣金、偿还安排等，该承诺是否已经本机构授信审查程序批准，提供抵（质）押物的，还应确认是否已转移抵（质）押物权证。

（8）将本机构同客户签订的，向客户作出在未来约定的有效期内，按商定的条款为该客户提供约定数额授信的承诺列入表外科目核算。

3. 控制手段

人机并控。

4. 评价方式

抽样测试。

五、风险回应

1. 评价要点

（1）是否通过复核或授权的方式，确保表外业务在核心系统正确入账？

（2）是否根据合同约定或制度规定，对表外业务收取手续费？

2. 评价标准

（1）凭证总库保管人员在核心系统启动重控调拨交易，输入购入种类、起止号、调拨数量、凭证来源等信息。

（2）经授权交易成功后，打印"凭证调拨单"。

（3）核对"凭证调拨单"信息与发货清单等一致，"凭证调拨单"第二联加盖业务清讫章作当日传票，"凭证调拨单"第一、第三联、发货清单作其附件。将购货发票交会计管理人员进行印刷品购入的付款处理。

（4）柜员收到重要空白凭证时，应在传递交接登记簿上签收。同时核对重要空白凭证实物与"凭证调拨单"信息是否一致，并在核心系统输入已领入的凭证信息。

（5）柜员向客户出售重要空白凭证，需在"重要空白凭证请购单"上摘录起止号码、数量等信息，在核心系统输入出售给申请人的存款账号、重要空白凭证种类、起止号、数量、工本费、手续费等信息，打印"收费凭证"，核对打印信息与出售的实物重要空白凭证种类、起止号、数量一致后，将"收费凭证"加盖业务清讫章作当日传票，一联"重要空白凭证请购单"作表外科目记账传票，另一联"重要空白凭证请购单"加盖业务清讫章随同实物重要空白凭证一并交申请人。

（6）会计柜员对抵（质）押品的资料审查无误后，填写表外收入传票，并在核心系统录入抵（质）押物编号，按系统提示输入保管人柜员号和登记号码。如系统入账人员不是抵（质）押品的保管人，保管人应当场接收抵（质）押实物，并在表外收入传票上签章。

（7）经授权交易成功后，在表外收入传票背面打印会计账务信息。柜员核对打印的会计流水中科目号、账号、借/贷标志、发生额等要素是否齐全、正确。《抵（质）押品代保管凭证》第三联上是否加盖业务清讫章后，与抵（质）押物一同入库（柜）保管。

（8）接交柜员收到移交柜员交给的《抵（质）押物代保管凭证》及抵（质）押物品实物，当场进行清点核实。

（9）柜员只对符合呆账贷款核销条件的、并经有关部门审批的呆账贷款账户进行核销。根据系统的提示输入核销通知书编号等信息。柜员核对打印信息与申请资料内容一致后，交复核柜员复核。复核柜员对经办柜员提供的资料和打印凭证审查无误，按系统提示逐项复核。

（10）复核完成后，经办柜员在特种转账传票上加盖业务清讫章，一联作当日传票，《贷款核销通知书》原件、其他相关核销资料的复印件等资料作其附件；另一联作特种转账传票交信贷部门永久保管。

（11）柜员资料审核无误后，启动"国内保函开具入账"交易，根据系统提示录入合同号、保函金额、起止日期等信息。

（12）申请人提供抵（质）押物品作担保的，会计柜员应先将抵（质）押物品纳入表外核算，具体操作比照"抵（质）押物品"处理流程。

（13）申请人提供保证金作为国内保函保证的，应先将保证金存入。

（14）交易成功后，在转账凭证上打印账务处理信息。会计柜员应核对打印的科目、账号、户名、借/贷、发生额、中文摘要等信息是否齐全、正确。

（15）核对打印信息无误后，会计柜员在"保函"上加盖业务公章，连同保函合同一并交客户。转账凭证加盖业务清讫章作当日传票，《保函申请书》《保函审批书》《保函开立合同》、相关担保合同等作其附件。

（16）根据开出的保函和保函协议书，按规定收取手续费。

（17）根据贷款承诺函中的承诺金额，进行记账登记，纳入表外科目核算。

（18）将承诺函作为该笔业务传票的附件。

（19）根据贷款承诺协议中的约定，向客户收取手续费。

3. 控制手段

人机并控。

4. 评价方式

抽样测试。

六、内部控制活动

（一）重要空白凭证管理

1. 评价要点

重要空白凭证管理是否符合规定？

2. 评价标准

重要空白凭证管理需符合下述规定：

（1）重要空白凭证换人保管时，必须办理交接登记手续，及时核对库存，做到账实相符。

（2）重要空白凭证纳入表外科目核算，以一份1元的假定价格记账，需入库或入保险箱保管。

（3）柜员每日营业终了轧账签退前，清点库存重要空白凭证，并经他人以检查大数方式复点（必要时应清点），核对相符后监督上锁；营业前和午间盘点可由本人以检查大数方式盘点。

（4）需进行款箱交接的，交接双方应对交接内容及实物进行核对，检查款箱是否加锁，有加封的加封是否完好，并详细登记交接登记簿，由交接双方签章。

3. 控制手段

人机并控。

4. 评价方式

穿行测试、抽样测试。

（二）重要空白凭证的调拨

1. 评价要点

重要空白凭证的调拨是否符合规定？

2. 评价标准

重要空白凭证的调拨符合下述规定：

（1）下级机构向上级机构（含中心金库）申请领用重要空白凭证，应在系统中作申领手续。上级机构收到辖内机构的凭证申领信息的，方可调出凭证。

（2）下级机构多余或过期凭证需上缴上级机构的，可以直接作调出处理，无须由上级机构办理申领手续。

（3）临柜人员领用重要空白凭证数量原则上控制在 1～2 本或一星期的使用量。需临时性增加领用量的，应经会计主管或其授权会计管理人员审批确认。

（4）在本机构内运送重要空白凭证应使用专车，双人押送，押运人员在途中或交接前不得擅自离岗。

3. 控制手段

人机并控。

4. 评价方式

穿行测试、抽样测试。

（三）重要空白凭证的使用

1. 评价要点

重要空白凭证的使用是否符合规定？

2. 评价标准

（1）重要空白凭证的使用应坚持"顺序使用、即时销号、人离证收"的原则。

（2）重要空白凭证一般应在业务办理时由综合业务系统自动销号，因故未能通过系统自动销号的，应按照及时销号的原则，在重要空白凭证出库（或箱）前或作废时办理手工销号手续，且一般应按从小到大的销号原则处理。

（3）重要空白凭证在未使用前发生污损，或在使用过程中因填写或打印错误等情况的，应将其作废处理。

（4）柜员自行盘库的，汇票、本票、存单（卡、折）等重要类重要空白凭证应逐份清点，其他类重要空白凭证核对起止号码。未拆封（包）凭证核对其包装的完整性。

（5）当面交接、代理交接时，接入者应逐份清点接入的重要空白凭证，未拆封（包）凭证核对其包装的完整性。

3. 控制手段

人机并控。

4. 评价方式

穿行测试、抽样测试。

（四）客户重要空白凭证管理

1. 评价要点

客户重要空白凭证管理是否符合规定？

2. 评价标准

结算账户销户、变更支取方式等原因，活期存款账户开户人应将原购买的重要空白凭证交回开户机构。客户销户时未交回重要空白凭证，应提交重要空白凭证遗失的承诺证明。

3. 控制手段

人机并控。

4. 评价方式

符合性测试、抽样测试。

（五）重要空白凭证的销毁

1. 评价要点

重要空白凭证的销毁是否符合规定？

2. 评价标准

重要空白凭证的销毁符合以下规定：

（1）重要空白凭证改版或过期的，应及时销毁处理。

（2）待销毁的重要空白凭证应造具清单，经会计部门核对无误后，集中上交行总部,由会计、审计部门核查并经银行总部分管领导审批后统一组织销毁,保卫部门应负责监销。

3. 控制手段

人机并控。

4. 评价方式

符合性测试。

(六) 抵(质)押物调阅

1. 评价要点

抵(质)押物品调阅,是否经相关人员审批?

2. 评价标准

(1) 信贷部门填写《抵(质)押物调阅通知书》,并经有权人审批。

(2) 会计柜员审核信贷部门提供的相关资料是否齐全,并在核心系统中,录入抵(质)押物编号后,选择"调阅"功能,按系统提示录入调阅人和审批人。

(3) 抵(质)押物品调阅分为诉讼借用、贷款展期、查账借用、其他借用等。其中展期借用、诉讼借用无需归还,应销记表外账。

(4) 已调阅的抵(质)押物品是否在合理期限内归还保管人。

3. 控制手段

人机并控。

4. 评价方式

抽样测试。

(七) 抵(质)押物的注销

1. 评价要点

是否在抵(质)押物对应的合同和担保关系解除后,方可进行抵(质)押物的注销?

2. 评价标准

(1) 贷款销户或其他抵(质)押相关的债权债务注销后,借款人、抵(质)押人或受委托人申请领回抵(质)押物品的,应出示《抵(质)押品代保管凭证》第一联、当事人的有效身份证件,代理办理的还应同时出具代理人的有效身份证件,因故未能交回《抵(质)押品代保管凭证》第一联的,应出具证明并签章。

（2）信贷部门同时应向会计部门提交《抵押注销通知书》。

（3）会计柜员审核《抵押注销通知书》内容填写是否完整，《抵（质）押品代保管凭证》与《抵（质）押注销通知书》的内容是否一致，相关的贷款等债权债务是否销户，出示的身份证件是否有效。

（4）审核无误后，柜员填写表外付出传票，在核心系统录入抵（质）押物编号，选择"注销"功能，按系统提示输入相关信息。

（5）《抵（质）押物领取单》上摘录当事人的身份证号码后交借款人、抵押人或受委托人签章。

（6）保管柜员从库（柜）中领取抵（质）押物交借款人、受委托人或信贷部门。

3. 控制手段

人机并控。

4. 评价方式

抽样测试。

（八）呆账核销收回

1. 评价要点

是否将已核销贷款本金及利息收回？

2. 评价标准

（1）柜员受理借款人或信贷人员还款申请时，应审核借款人身份、借款合同、贷款账号。借款人未提供有效身份证件、原借款借据的，柜员应根据其合理的口述，通过"呆账核销贷款查询"或"贷款合同查询"交易查询贷款分户账账号或合同号，核对客户提供的信息；确认其还款申请的会计信息。若申请人用收到的应解汇款还款的，柜员必须审核其身份证件是否有效。

（2）审查无误后，经办柜员启动"呆账核销收回"交易，根据系统提示输入核销贷款的贷款账号或合同号、借据序号，办理呆账核销收回。

（3）经办柜员核对凭证上的打印信息无误后，将相关凭证交复核柜员。

（4）复核柜员核对经办柜员提交的相关凭证无误，启动"呆账核销收回复核"交易，按系统提示逐项复核。

（5）复核成功后，经办柜员将收贷收息凭证第三联加盖业务清讫章作当日传票，转账支票（或转账凭条、应解汇票取款凭证等）作附件。

（6）对于已核销后又收回的贷款，作转回贷款损失准备处理，超过原贷款本金的部分,包括收回的应收利息,计入当期利息收入。

3. 控制手段

人机并控。

4. 评价方式

抽样测试。

(九)保函的收回与销记

1. 评价要点

是否根据资料对保函进行销记?

2. 评价标准

(1)会计柜员审核《保函内部失效通知书》以及"保函"原件,《保函内部失效通知书》上的内容是否填写完整,相关人员签章是否齐全。

(2)审核无误后,会计柜员启动"国内保函提前收回"交易,进行保函提前收回与销记的操作。

(3)交易成功后在转账凭证上打印账务处理信息。

(4)会计柜员核对打印的科目、账号、户名、借/贷、发生额、中文摘要等要素是否齐全、正确。

(5)核对正确后,会计柜员在"保函"上加盖作废章。转账凭证加盖业务清讫章作当日传票,保函、《保函内部失效通知书》作其附件。

(6)申请人原提供抵(质)押物的,收回保函后可进行抵(质)押物注销;申请人原提供保证金的,收回保函可转出保证金。具体比照抵(质)押物注销和保证金转出的处理流程。

3. 控制手段

人机并控。

4. 评价方式

抽样测试。

(十)保函偿付及转垫款

1. 评价要点

是否按规定进行保函偿付或转垫款核算?

2. 评价标准

(1)会计柜员对信贷部门提交的《保函偿付内部通知书》、《保函偿付审批书》等资料进行审查,审核《保函偿付内部通知书》填写是否完整,《保函偿付审批书》的内容是否与通知书相关内容一致,是否经有权人员审批。

(2)审核无误后,会计柜员填写三联特种传票,同时启动"国内保函偿付及转垫款"交易,进行保函销记处理。

(3)交易成功后,会计柜员在特种转账传票背面打印保函偿付及垫款的账务处理信息。

(4)柜员核对打印的科目、账号、户名、借/贷、发生额等要素是否齐全、正确。

(5)核对无误后,柜员在特种转账传票上加盖业务清讫章,一联作当日传票,《保函偿付内部通知书》、《保函偿付审批书》作其附件。

3. 控制手段

人机并控。

4. 评价方式

抽样测试。

(十一)贷款承诺的减记

1. 评价要点

是否根据合同的履行情况,及时进行会计核算?

2. 评价标准

(1)当借款人提用或部分提用贷款时,按贷款承诺方式对表外科目同时减记。

(2)贷款承诺到期后,即使借款人未提用贷款时,仍对表外科目进行减记。

3. 控制手段

人机并控。

4. 评价方式

抽样测试。

七、信息与沟通

1. 评价要点

(1)是否及时将重要空白凭证的保管信息及时向内外部门传递?

(2)抵(质)押物管理信息变动时,是否及时通知相关人员?

（3）已核销贷款资料是否由专人保管？

（4）借款人单独前来柜面归还已核销贷款，是否及时通知信贷部门？

（5）是否严格控制贷款核销的知悉范围，对外更应作为商业秘密严格保守？

（6）在担保约定履行期限前 10 天，对非全额保证金提供反担保的保函，是否通知申请人提前将款项交存本机构？

（7）保函偿付及转垫款是否及时通知相关人员或部门？

（8）是否按贷款承诺函，在约定时间内，将借款人所需资金划至期账户？

（9）是否将需要披露的表外业务的信息在会计报表附注中说明？

2. 评价标准

（1）柜员因保管不慎遗失重要空白凭证，应立即向单位领导报告，同时进行综合业务系统重要空白凭证挂失处理。单位同时应逐级上报上级管理部门，上级管理部门视风险情况，决定是否通报各地作协防处理。

（2）抵（质）押物的入账、调阅、注销，均由信贷部门发出通知书。

（3）调阅外借的抵（质）押物未及时归还时，保管柜员需通知信贷部门或外借人，查明原因，收回抵（质）押物。

（4）抵（质）押物品为异地入库保管，需要调阅或注销时，要提前通知保管人员。

（5）在贷款没有最终收回之前，已核销贷款资料应当一直作为未结交易档案指定专人妥善保管，不得随意丢失或自行销毁。

（6）借款人单独前来柜面归还已核销贷款，应及时通知信贷部门。

（7）查询借款人在本机构其他分支机构有无已核销贷款，如有，及时通知该机构。

（8）应当严格控制贷款核销的知悉范围，对外更应作为商业秘密严格保守。除向银行监管部门和法律、法规规定的部门报送贷款核销的明细情况外，不得以任何方式对外披露有关贷款核销的详细信息。

（9）在担保约定履行期限前 10 天，对非全额保证金提供反担保的保函，由信贷部门负责通知申请人提前将款项交存本机构，会计部门应协助完成此项工作。

（10）柜员办理保函偿付及转垫款业务后，在特种转账传票上加盖业务清讫章，将其中一联交受益人作收账通知；另一联交申请人。有垫款产生的，还需打印垫款通知书交信贷部门。

(11) 贷款承诺项下,借款人如需提用资金,在合同规定的时间内通知会计部门,会计部门在限定的时间内把提用的金额划至借款人的账户。

(12) 应在会计报表附注中说明会计报表中重要项目的明细资料,包括银行承兑汇票、对外担保、融资保函、非融资保函、贷款承诺、开出即期信用证、开出远期信用证、金融期货、金融期权等表外项目,包括上述项目的年末余额及其他具体情况。

3. 控制手段

人机并控。

4. 评价方式

符合性测试、抽样测试。

八、监督

1. 评价要点

(1) 各级人员是否按规定对重要空白凭证、抵(质)押品等进行检查?

(2) 会计部门是否建立已核销资产的明细分户账,定期进行核对?

(3) 会计部门是否协助相关部门密切关注已核销贷款的借款人财务状况和还款能力变化?

(4) 会计部门是否根据信贷部门提供的保函申请人履行责任义务的进度等资料及时办理减额和注销手续,并定期与信贷部门进行账务核对?

(5) 会计部门是否根据已获知的信息,要求信贷部门及时提供贷款承诺的文本文件,作为表外核算的入账依据?

(6) 是否定期不定期对表外业务进行审计?

2. 评价标准

(1) 分管领导应对中心金库凭证每年至少检查一次。会计管理部门应对凭证总库每季至少检查一次。

(2) 分支机构负责人或其授权的分管领导对分支机构本级和辖内至少一个分理处(储蓄所)的一个柜员凭证库每月至少检查一次。

(3) 分支机构会计检查辅导人员、中心金库负责人、清算中心负责人、银行卡、国际业务部应对管辖的所有网点凭证库每月至少检查一次。

(4) 会计主管对管辖的所有网点凭证库每月至少检查一次,分理处、储蓄所设有负责人(不操作对外临柜业务且熟悉查库规程)的,会计主管可授权其对本网点凭证库每月至少检查一次,但会计主管对分支机构本级和辖内至少一个分理处(储蓄所)的凭证库每月至少检查一次。

(5)分支机构负责人或授权分管领导或会计主管对管辖的所有网点每季至少检查一次抵(质)押品等重要实物。

(6)分支机构会计主管以及银行总部组织的相关人员对重要空白凭证、抵(质)押品等重要实物外的其他实物如低值易耗品等每年至少检查一次。

(7)柜员连续上班超过5天的,报分支机构负责人批准,由会计主管对其保管的重要空白凭证进行盘库检查。

(8)会计部门定期将已核销资产的明细分户账提供给信贷部门,协助开展进行催收。

(9)会计部门根据已核销贷款的借款人的身份证号码、企业代码等在核心系统查询其账户活动情况。

(10)会计部门根据信贷部门提供的保函申请人履行责任义务的进度等资料及时办理减额和注销手续。

(11)会计部门表外保函挂账金额、户数应与信贷部门台账每月核对。

(12)会计部门保函垫款金额应与信贷部门台账每月核对。

(13)会计部门通过各种途径,获知本机构的贷款承诺业务已发生,但未收到信贷部门提交的相关资料,要主动与信贷部门联系,获取相应本文,并准确地在表外科目核算。

(14)建立表外业务内部审计制度,定期或不定期审计风险管理程序和内部控制,对风险的计量、限额和报告等情况进行再评估;在商业银行聘请外部审计师进行的年度审计中应包括对表外业务风险情况的审查和评估。

3.控制手段

人控。

4.评价方式

符合性测试。

九、评价依据

(一)《商业银行表外业务风险管理指引》(银发〔2000〕344号)。

（二）《商业银行信息披露办法》（银监会令 2007 第 7 号）。

（三）《关于加强银行已核销贷款管理工作的通知》（银监发〔2004〕89 号）

第十四子系统——关联交易

一、内部控制环境

（一）授信业务政策熟悉程度

1．评价要点

授信业务政策及关联交易（含员工贷款，下同）内控制度是否传达至授信工作人员并为其所熟悉？

2．评价标准

经抽样书面知识测试（员工分类），员工得分在 90 分（含 90 分）以上的为良好；得分在 80 分（含 80 分）至 90 分的为一般；得分在 80 分以下的为较差。

3．控制手段

人控。

4．评价方式

书面知识测试。

（二）授信管理部门

1．评价要点

（1）是否设立独立的授信管理部门？

（2）是否对不同币种、不同客户对象、不同种类的授信进行统一管理？

（3）是否对员工贷款由本机构总部统一管理？

2．评价标准

（1）设立独立的授信风险管理部门，设置内部操作流程。

（2）设立关联交易控制委员会，对不同币种、不同客户对象、不同种类的贷款进行统一授信管理，建立严格的授信风险垂直管理体制。

（3）员工贷款由本机构集中授信管理。

3．控制手段

人机并控。

4. 评价方式

抽样测试、穿行测试、符合性测试。

（三）岗位设置

1. 评价要点

授信和执行授信岗位设置是否做到分工合理、职责明确、相互制约？

2. 评价标准

授信和执行授信岗位设置做到了分工合理、职责明确、审贷分离、授权审批、相互制约。

3. 控制手段

人机并控。

4. 评价方式

抽样测试、穿行测试、符合性测试。

（四）职责、权限控制

1. 评价要点

授信人员（尤其是客户经理、授信审批人员）的职责、权限和人员任职条件是否得到明确的书面规定？

2. 评价标准

（1）授信人员（尤其是客户经理、授信审批人员）的职责、权限和人员任职条件得到明确的书面规定，并执行到位。

（2）对重大关联交易和一般关联交易进行分级授信审批：① 重大关联交易是指本机构与一个关联方之间单笔交易金额占本机构资本净额 1％ 以上，或本机构与一个关联方发生交易后本机构与该关联方的交易余额占本机构资本净额 5％ 以上的交易。② 一般关联交易是指本机构与一个关联方之间单笔交易金额占本机构资本净额 1％ 以下，且该笔交易发生后本机构与该关联方的交易余额占本机构资本净额 5％ 以下的交易。

（3）员工贷款不得自批自贷。

3. 控制手段

人机并控。

4. 评价方式

抽样测试、穿行测试、符合性测试。

（五）持证上岗

1. 评价要点

（1）现有授信人员是否做到持证上岗？

（2）无证人员是否参与授信和贷款调查、审查和审批决策？

2. 评价标准

（1）现有授信人员经有权部门统一考试合格，全部做到持证上岗。

（2）无证人员不能参与授信和贷款调查、审查和审批决策。

3. 控制手段

人控。

4. 评价方式

符合性测试。

（六）考核激励机制

1. 评价要点

是否按规定制定和执行授信人员考核激励和尽职问责机制？

2. 评价标准

制定授信人员尽职规定，建立授信工作人员考核激励和尽职问责机制。严格执行授信工作人员考核激励和尽职问责机制，并有详细记录。

3. 控制手段

人机并控。

4. 评价方式

符合性测试、穿行测试。

二、内控目标

1. 评价标准

（1）单个客户关联方授信比例。单个客户关联方授信总额÷资本净额×100%≤10%。

（2）单个集团客户关联方授信比例。单个集团客户关联方授信总额÷资本净额×100%≤15%。

（3）全部关联度。全部关联方授信总额÷资本净额×100%≤10%。

计算授信总额时，可以扣除授信时关联方提供的保证金存款质押的银行存单和国债金额。

2. 控制手段

人机并控。

3. 评价方式

符合性测试、穿行测试。

三、事件识别

（一）关联方身份的确认

1. 评价要点

（1）确认交易对象是否为关联方？

（2）是否存在未将关联方纳入关联客户管理？

2. 评价标准

（1）关联方客户主要包括关联自然人、关联法人或其他组织。

关联自然人主要包括：① 内部人。指本机构董事、高级管理人员（包括分支机构高级管理人员）以及有权决定贷款额度、利率、核销、转移和参与授信等信贷管理事项的相关人员。② 主要自然人股东。指持有或控制本机构 5％以上股份或表决权的自然人股东。自然人股东的近亲属持有或控制的股份或表决权应当与该自然人股东持有或控制的股份或表决权合并计算。③ 内部人和主要自然人股东的近亲属。近亲属包括父母、配偶、兄弟姐妹及其配偶、成年子女及其配偶、配偶的父母、配偶的兄弟姐妹及其配偶、父母的兄弟姐妹及其配偶、父母的兄弟姐妹的成年子女及其配偶（本机构内部员工视同为内部人管理）。④ 关联法人或其他组织的控股自然人股东、董事、关键管理人员（不包括本机构的内部人与主要自然人股东及其近亲属直接、间接、共同控制或可施加重大影响的法人或其他组织）。

关联法人或其他组织主要包括：① 主要非自然人股东。指能够直接、间接、共同持有或控制商业银行 5％以上股份或表决权的非自然人股东。② 与本机构同受某一企业直接、间接控制的法人或其他组织。③ 内部人与主要自然人股东及其近亲属直接、间接、共同控制或可施加重大影响的法人或其他组织。

（2）不存在未按规定将关联客户纳入关联方管理。

3. 控制手段

人控。

4. 评价方式

抽样测试、符合性测试。

（二）关联业务准入

1. 评价要点

关联业务准入是否符合规定要求？

2. 评价标准

（1）关联业务符合诚实信用及公允原则。

（2）关联业务遵守法律、行政法规、国家统一的会计制度和有关银行业监督管理规定。

（3）关联业务按照商业原则，以不优于对非关联方同类业务的条件进行。

（4）符合个人贷款、流动资金贷款和固定资产贷款（项目融资）准入的相关规定要求。

3. 控制手段

人控。

4. 评价方式

抽样测试、符合性测试。

（三）调查报告

1. 评价要点

是否按规定出具调查报告？

2. 评价标准

对受理的关联业务，应根据授信工作尽职实施细则规定和要求，及时组织客户经理调查核实关联方是否具备本机构有关贷款管理制度规定的基本条件，对关联方提供资料的真实性、自身经营情况的稳定性、投资项目的可行性进行尽职调查和核实，并撰写调查报告。调查报告做到双人调查、双人签字。

3. 控制手段

人控。

4. 评价方式

抽样测试、符合性测试。

四、风险评估

对经调查和审查认为可以准入的关联业务要及时组织贷审小组成员进行全面的风险评估,并形成风险评估报告。风险评估应以关联方的偿债能力为核心,从定性和定量两个方面进行充分分析。

(一)定性评估

1. 评价要点

(1)收集的关联方信息是否真实、准确和完整?

(2)关联方是否符合贷款准入的评价标准?

(3)关联方的主要经营者是否具有较高的经营管理水平和能力,管理人员、工程技术人员和技术工人的素质如何?

(4)关联方的资信状况、工艺技术、装备的先进性和适用性如何?

(5)主要原材料和能源供应有无保证?发展前景如何?

(6)抵押财产是否合法有效?保证人是否具备主体资格?担保能力和意愿如何?

2. 评价标准

定性评估内容至少包括以下几方面:

(1)收集的关联方信息真实、准确和完整。

(2)关联方符合贷款准入的评价标准。

(3)关联方的主要经营者有较高的经营管理水平和能力,关联方资信状况良好,工艺技术、装备先进、适用。

(4)关联业务的可行性和必要性。

(5)抵押财产合法有效,保证人具备主体资格,担保能力和意愿较强。

3. 控制手段

人控。

4. 评价方式

抽样测试。

(二)定量评估

1. 评价要点

(1)关联方的资产负债率是否合理?

（2）关联方的贷款利息保障倍数是否合理？

（3）贷款项目运营后的收益率如何？

（4）贷款授信最高额度是否在信贷可准入额度范围内？

（5）各项指标是否满足内定的信贷风险度和目标规划要求？

2. 评价标准

定量评估内容至少包括以下几方面：

（1）关联方的资产负债率合理。

（2）关联方的贷款利息保障倍数合理。

（3）贷款项目运营后的收益率较好。

（4）贷款授信最高额度在信贷可准入额度范围内。

（5）各项指标应满足内定的信贷风险度和目标规划要求。即：① 对一个关联方的授信余额不得超过本机构资本净额的 10％。② 对一个关联法人或其他组织所在集团客户的授信余额总数不得超过本机构资本净额的 15％。③ 对全部关联方授信余额不得超过本机构资本净额的 50％。

3. 控制手段

人控。

4. 评价方式

抽样测试。

五、风险回应

（一）贷款审查

1. 评价要点

（1）是否按规定对关联业务进行审查？

（2）是否向关联方发放无担保贷款？

（3）关联业务是否经本机构关联交易控制委员会审查和批准？

（4）与该关联交易有关联关系的人员是否回避？

2. 评价标准

（1）关联方符合国家产业政策、本机构信贷政策、基本条件。

（2）调查、评估报告中所采用数据、资料符合可靠性、时效性。

（3）贷款项目的必要性和可行性较强,各项资金来源的落实情况及可靠性较好。

（4）发放的担保贷款中，保证人主体资格及代偿能力，抵（质）押品合法、有效、足值和易于变现。

（5）未存在以本机构的股权作为质押，未存在本机构为关联方的融资行为提供担保（关联方以银行存单、国债提供足额反担保的除外）。

（6）贷款项目营运后的偿债能力、综合效益较好，贷款主要风险防范措施较强。

（7）关联业务经本机构关联交易控制委员会审查和批准。与该关联交易有关联关系的人员实行回避。重大关联业务经本机构董事会批准。

审查完毕后，审查人员如实反馈审查意见，并提出审查建议。

3. 控制手段

人控。

4. 评价方式

抽样测试。

（二）贷款金额

1. 评价要点

贷款金额是否适当合理？

2. 评价标准

贷款金额适当合理主要包括以下两个方面：

（1）综合考虑关联方的偿债能力、风险水平、自身风险承受能力、资金供给能力以及最高额授信要求，合理确定贷款金额。

（2）员工贷款金额按照本机构内部信贷政策有关规定确定。

3. 控制手段

人控。

4. 评价方式

抽样测试、符合性测试。

（三）贷款期限和还款计划

1. 评价要点

贷款期限和还款计划是否合理？

2. 评价标准

根据贷款项目预测现金流和回收期等因素，合理确定贷款期限和还款计划，贷款期限一般最长不超过 1 年(不含展期)。

3. 控制手段

人控。

4. 评价方式

抽样测试、符合性测试。

(四) 贷款利率

1. 评价要点

关联业务贷款利率是否准确？是否存在优于其他非关联方同类交易的贷款利率？

2. 评价标准

根据贷款利率政策规定,风险收益匹配原则,综合考虑贷款风险、担保方式等风险缓释措施,合理确定关联业务贷款利率。员工贷款利率严格按照本机构确定的利率政策执行,贷款利率不得优于其他非关联方同类交易的利率水平。

3. 控制手段

人控。

4. 评价方式

抽样测试、符合性测试。

六、内部控制活动

(一) 风险分类

1. 评价要点

是否按规定对关联业务进行风险分类管理？

2. 评价标准

按照银监会有关风险分类制度规定,对关联业务进行分类管理,且发放的贷款最高分类为关注类(无关联关系的普通员工贷款除外)。从严、审慎把握关联业务的变化,充分评估对贷款质量造成的影响,并及时调整风险分类。

3. 控制手段

人控。

4. 评价方式

抽样测试、符合性测试。

（二）还款方式

1. 评价要点

是否按规定确定关联业务的还款方式？

2. 评价标准

综合考虑关联业务的预期现金流、投资回收期等情况，合理确定还款方式，并在借款合同"还款"中予以约定。

3. 控制手段

人控。

4. 评价方式

抽样测试、符合性测试。

（三）担保方式

1. 评价要点

（1）对关联方发放的贷款是否采取担保方式，担保实力如何？

（2）贷款担保合同期限是否可以与贷款期限一致？

2. 评价标准

（1）向关联方发放的贷款应采取担保方式，担保代偿能力充足。

（2）贷款担保合同期限可以与贷款期限一致。

3. 控制手段

人控。

4. 评价方式

抽样测试、符合性测试。

（四）授信审批

1. 评价要点

授信审批是否符合规定程序和授权控制要求？主管及以上职务的员工贷款是否经本机构负责人审批？

2. 评价标准

（1）关联方贷款纳入客户综合授信管理，具体按本机构信贷业务授信管理办法和相关授权规定执行。向关联方提供授信发生损失的,在两年内不得再向该关联方提供授信,但为减少该授信的损失,经本机构董事会特别批准的除外。

(2)一笔关联交易被否决后,在6个月内不得就同一内容的关联交易进行审议。

(3)一般关联交易可以按照本机构内部授权程序审批,并报关联交易控制委员会备案或批准。一般关联交易也可以按照重大关联交易的程序审批。

(4)重大关联交易应当由本机构的关联交易控制委员会审查后,提交董事会批准。

(5)员工贷款由本机构总部统一管理,主管及以上职务的员工须经本机构贷款审查委员会或其他有权人审批。

3. 控制手段

人控。

4. 评价方式

抽样测试、符合性测试。

(五)签订贷款合同

1. 评价要点

是否根据授信批复,与关联方及其他相关当事人签订书面借款、担保等相关合同,落实放款前提条件,经授信审批同意后,方可发放贷款? 与借款人及其他相关当事人签订的合同中是否详细规定各方当事人的权利义务及违约责任,防止对重要条款未约定、约定不明或约定无效?

2. 评价标准

(1)在与关联方订立的合同中应约定具体的贷款金额、期限、利率、用途、支付、担保等要素和有关细节。

(2)在借款合同中与关联方约定提款条件以及贷款资金支付,接受贷款人管理和控制等条款。

(3)与关联方在借款合同中约定,如出现未按约定用途使用贷款、未按约定方式支用贷款资金、未遵守承诺事项、申贷文件信息失真等情形时,关联方应承担的违约责任和贷款人可采取的措施。

(4)要求关联方在借款合同中对与贷款相关的重要内容作出承诺。

3. 控制手段

人控。

4. 评价方式

抽样测试、符合性测试。

（六）贷款发放

1. 评价要点

使用的授信资料是否齐全？

2. 评价标准

提供真实有效的交易合同以及资金使用证明等。

3. 控制手段

人控。

4. 评价方式

抽样测试、符合性测试。

（七）贷款资金支付

1. 评价要点

贷款资金支付是否符合规定？

2. 评价标准

按照个人贷款、流动资金贷款以及固定资产（项目融资业务）贷款的资金支付要求划付贷款资金。

3. 控制手段

人机并控。

4. 评价方式

抽样测试、穿行测试、符合性测试。

七、信息与沟通

（一）贷后管理

1. 评价要点

自筹资金和其他资金来源是否按规定及时到位并投入使用？是否按规定用途使用贷款？有无挪用贷款或其他违法违规等重大问题？生产条件是否落实？

2. 评价标准

（1）贷款发放后，经办客户经理应定期对关联方的履约情况及信用状况、运营情况、宏观经济变化和市场波动情况、贷款担保的变动情况等内容进行检查与分析。客户经理对关联企业客户应开展每季不少于 1 次的贷后跟踪检查。

（2）应加强对关联方现金流的跟踪分析，对回款账户进行动态监测，应着重检查项目投产所需流动资金的落实情况。

（3）对个人关联客户应每半年开展不少于 1 次的贷后跟踪检查，及时了解贷款担保、现金流的变动情况。

3. 控制手段

人控。

4. 评价方式

抽样测试、符合性测试。

（二）风险预警

1. 评价要点

对出现可能影响贷款安全的不利情形时是否及时进行风险评估，发出预警，并及时落实相应的管理措施？

2. 评价标准

出现可能影响贷款安全的不利情形时，应重新评估贷款风险；按照相关规定申报风险预警，及时落实管理措施。

3. 控制手段

人控。

4. 评价方式

符合性测试。

（三）贷款展期

1. 评价要点

贷款展期是否符合规定？

2. 评价标准

贷款展期应符合下述规定：

（1）关联方不能按期偿还贷款的，应在贷款到期日前 30 天，向经办分支机构提出展期书面申请,并出具担保人同意继续为其担保的书面证明。经办分支机构视具体情况提出处理意见,报贷款审批人审批。对经批准同意展期的,签订展期还款协议,并同时办理必要的担保延期登记手续。

(2)贷款展期严格执行贷款管理制度对展期的有关规定。短期贷款展期累计不得超过原贷款期限,中期贷款展期累计不得超过原贷款期限的一半;长期贷款展期累计不得超过 3 年。

3. 控制手段

人控。

4. 评价方式

抽样测试、符合性测试。

(四)信息报告

1. 评价要点

是否按规定及时向有关部门和机构报告关联交易相关情况?

2. 评价标准

按规定及时向有关部门和机构报告关联交易相关情况包括以下内容:

(1)重大关联交易应当在批准之日起 10 个工作日内向本机构监事会报告,同时报告当地监管部门。

(2)与本机构董事、总部高级管理人员有关联关系的关联交易应当在批准之日起 10 个工作日内向本机构监事会报告。

(3)本机构董事会应当每年向股东代表大会就关联交易管理制度的执行情况以及关联交易情况作出专项报告。关联交易情况包括:关联方、交易类型、交易金额及标的、交易价格及定价方式、交易收益与损失、关联方在交易中所占权益的性质及比重等。

(4)按季向当地监管部门报送关联交易情况报告。

3. 控制手段

人控。

4. 评价方式

符合性测试。

(五)信息披露

1. 评价要点

(1)是否按规定及时向有关部门和机构披露关联交易的相关信息?

（2）重大关联交易和一般关联交易是否应披露？

2. 评价标准

（1）按照《商业银行信息披露办法》规定披露关联交易相关信息，并在会计报表附注中披露关联方和关联交易的下列事项：① 关联方与本机构关系的性质。② 关联自然人身份的基本情况。③ 关联法人或其他组织的名称、经济性质或类型、主营业务、法定代表人、注册地、注册资本及其变化。④ 关联方所持本机构股份或权益及其变化。⑤ 关联交易的类型。⑥ 关联交易的金额及相应比例。⑦ 关联交易未结算项目的金额及相应比例。⑧ 关联交易的定价政策。

（2）重大关联交易应当逐笔披露，一般关联交易可以合并披露。未与本机构发生关联交易的关联自然人以及未与本机构发生关联交易的关联法人或其他组织，可以不予披露。

3. 控制手段

人控。

4. 评价方式

符合性测试。

（六）违约管理

1. 评价要点

是否及时追究关联方的违约责任，实行信贷制裁，采取保全措施？

2. 评价标准

关联方出现违反合同约定情形的，应及时采取有效措施，必要时应依法追究违约责任。关联方在借款期限内，发生下列情况之一的，可按规定加罚息，并有权停止发放贷款和提前收回已发放的贷款，或采用其他保全措施：① 未按规定用途使用贷款，经要求纠正仍不改正的。② 提供虚假的计划、统计、财务会计报表等资料。③ 拒绝接受对贷款进行监督管理。④ 未征得贷款发放机构书面同意而实行承包、租赁、合资、兼并、分立、股份制改造、委托管理和申请破产等重大变更，或未还清贷款之前以项目贷款的资产为他人提供担保。⑤ 贷款担保违反担保合同或丧失担保能力，借款人又无法落实符合要求的新的担保。⑥ 卷入或即将卷入重大的诉讼或仲裁程序及其他法律纠纷，可能侵害贷款人权益。⑦ 发生其他足以影响借款人偿债能力的事件或表明借款人缺乏偿债诚意的行为。⑧ 借款人不按期还款，又未在规定期限内办理展期手续。

3. 控制手段

人控。

4. 评价方式

抽样测试。

八、监督

（一）处理处罚

1. 评价要点

是否按规定对客户经理进行处理、处罚？处理、处罚是否适当？

2. 评价标准

客户经理有下列行为之一的，根据情节轻重进行通报批评、警告、严重警告、记过、记大过、解除劳动合同等处分。

（1）受理不符合条件的关联业务申请并发放贷款的。

（2）与借款人串通，违法违规发放关联业务的。

（3）超越、变相超越权限或不按规定流程审批关联业务的。

（4）未按规定进行贷款资金支付管理与控制的。

（5）向关联方发放信用贷款或向关联方发放担保贷款的条件优于其他非关联方同类业务条件的。

3. 控制手段

人控。

4. 评价方式

符合性测试。

（二）档案管理

1. 评价要点

贷款发放机构是否按关联方建立贷款档案？

2. 评价标准

完整记录贷款项目的建设全过程、贷款使用情况和生产经营财务状况，并分别按受托支付和自主支付要求建立相应的贷款资金支付台账，逐笔记录贷款资金流向。

3. 控制手段

人控。

4. 评价方式

抽样测试、符合性测试。

（三）绩效监测程序

1. 评价要点

是否建立和执行内部控制绩效监测程序？

2. 评价标准

建立和执行了内部控制绩效监测程序。

3. 控制手段

人控。

4. 评价方式

符合性测试。

（四）监控制度

1. 评价要点

是否建立和实施风险管理部门监控制度、审计部门审计监督制度？

2. 评价标准

（1）建立和实施了风险管理部门监控制度、审计部门审计监督制度。

（2）内部审计部门至少每年对本机构的关联交易进行一次专项审计，并将审计结果报董事会和监事会。

（3）不得聘用关联方控制的会计师事务所为本机构审计。

3. 控制手段

人控。

4. 评价方式

符合性测试。

（五）持续改进

1. 评价要点

是否对关联业务的内部控制进行持续改进？

2. 评价标准

依据监管和行业最新规定对关联业务的内部控制进行持续改进。

3. 控制手段

人控。

4. 评价方式

符合性测试。

九、评价依据

（一）《中华人民共和国商业银行法》（中华人民共和国主席令 2003 年第十三号）。

（二）《贷款通则》（中国人民银行令[1996]第 2 号）。

（三）《商业银行授权、授信管理暂行办法》（银发[1996]403 号）。

（四）《商业银行与内部人和股东关联交易管理办法》（中国银行业监督管理委员会令 2004 年第 3 号）。

（五）《商业银行授信工作尽职指引》（银监发[2004]51 号）。

（六）《商业银行内部控制指引》（中国银行业监督管理委员会令 2007 年第 6 号）。

（七）《商业银行信息披露办法》（中国银行业监督管理委员会令 2007 年第 7 号）。

（八）《农村银行机构公司类信贷资产风险十级分类指引（试行）》（银监办发[2009]284 号）。

第十五子系统——国际业务

一、内部控制环境

（一）国际业务内控制度及外汇管理政策熟悉程度

1. 评价要点

国际业务内控制度及外汇管理政策是否传达至所有国际业务从业人员，并为其所熟悉？

2. 评价标准

经抽样测试，员工得分在 90 分（含 90 分）以上的为良好；得分在 80 分（含 80 分）至 90 分的为一般；得分在 80 分以下的为较差。

3. 控制手段

人控。

4. 评价方式

书面知识测试。

（二）授信管理部门

1. 评价要点

是否设立独立的授信管理部门,对进口跟单信用证开证实行统一授信?

2. 评价标准

设立独立的授信管理部门,并对进口跟单信用证开证实行统一授信。

3. 控制手段

人机并控。

4. 评价方式

抽样测试、穿行测试。

（三）岗位设置

1. 评价要点

（1）国际业务岗位设置是否做到分工合理、职责明确、岗位之间是否相互制约?

（2）是否做到操作和管理部门分离、业务经办与会计账务处理分离?

2. 评价标准

（1）岗位设置做到分工合理、职责明确、相互制约。

（2）国际业务操作和管理部门分离、业务经办与会计账务处理分离。

3. 控制手段

人机并控。

4. 评价方式

抽样测试、穿行测试。

（四）职责、权限及任职资格控制

1. 评价标准

国际业务部门人员的职责、权限和任职条件是否有明确的书面规定,并执行到位?

2. 评价标准

人员的职责和任职条件得到明确的书面规定。对国际业务实行统一的授权制度人员的职责、任职条件的规定和授权制度执行到位。

3. 控制手段

人机并控。

4. 评价方式

抽样测试、穿行测试。

（五）持证上岗

1. 评价要点

（1）从事国际业务的现有人员是否做到持证上岗？

（2）无证人员是否经办国际业务。

2. 评价标准

（1）现有人员经统一考试合格，全部做到持证上岗。

（2）无证人员不得经办国际业务。

3. 控制手段

人控。

4. 评价方式

符合性测试。

（六）考核激励机制

1. 评价要点

是否按规定制定和执行授信人员考核激励和尽职问责机制？

2. 评价标准

制定国际业务人员尽职规定，建立国际业务人员考核激励和尽职问责机制。严格实施授信工作人员考核激励和尽职问责机制，并有详细记录。

3. 控制手段

人机并控。

4. 评价方式

符合性测试、穿行测试。

二、内控目标

1. 评价标准

制定切实可行的内控目标应从定性和定量两个方面来进行评估：定性评估

内容至少包括以下几方面：

（1）国际业务年度及中长期发展计划与本机构发展战略相一致。

（2）制定了科学、合理的国际业务业绩指标和盈利指标。

（3）国际业务经营管理情况的报告或报道真实、可靠。

（4）国际业务合规经营，遵循相关的法律、法规、监管部门规章、行业管理部门和本机构的内控制度。

定量评估内容至少包括以下几方面：

（1）贸易融资违约率＜0.5％。

（2）贸易融资抵（质）押率≥50％。

（3）当期到期贸易融资收回率＝100％。

（4）当期贸易融资利息收回率＝100％。

（5）贸易融资交叉对账单收回率＝100％。

（6）违规损失率小于＜0.5％。

（7）违规积分人员比率＜5％。

（8）单位累计违规积分＜5 分。

（9）违反禁止性规定人/次＝0。

（10）汇款、结售汇业务差错率＜1/10 万。

（11）年度内客户投诉数量、同类型客户投诉占比（高频度同类型投诉数量/投诉总数×100％）、重大突发声誉事件数量均为 0。

2. 控制手段

人机并控。

3. 评价方式

符合性测试。

三、事件识别

（一）业务准入

1. 评价要点

国际业务准入是否符合相关规定要求？

2. 评价标准

国际业务准入应符合下述相关规定要求：

（1）进口开证及进口信用证押汇业务：① 开证及押汇业务申请人满足贷款基本条件。② 具有进出口经营权，经营的进口商品在批准经营范围之内。③ 系"对外付汇进口单位名录"在册企业或已办妥"进口付汇备案表"。④ 必须经本机构授信且有授信额度。⑤ 进口商品应是申请人主营商品或原料，有较好的适销。⑥ 信用证项下的单据应是全套物权单据，且无影响实现物权的重大不符点。⑦ 信用证的贸易背景真实，申请人和国外出口商在本机构贸易往来正常，无不良记录。

（2）托收业务。

出口商委托本机构办理托收业务应提交《托收委托书》。《托收委托书》是出口商与本机构之间的代理契约，是委托人给本机构的指示。如出口商在本机构尚未办理过外汇业务，还须随附企业营业执照、机构代码证及进出口经营权证书。

（3）汇款业务。汇入行解付汇入款必须严格按照汇出行的支付委托书执行，收到支付委托书后不论电汇、信汇和票汇均应验对印鉴密押；汇出汇款申请书一经接受，汇款人和汇款行之间的契约关系成立，汇出行应完全遵照汇款申请书的内容办理汇款业务。

（4）出口信用证押汇业务：① 出口信用证押汇申请人必须是跟单信用证的受益人；且已在本机构开立本外币往来账户。② 申请人必须提交本机构可接受的信用证及修改件正本，以及信用证项下含运输单据在内的全套出口单据。③ 叙作出口信用证押汇的单据应符合国际惯例、符合信用证条款要求，做到单单一致、单证一致。④ 信用证项下存在影响收汇的实质性不符点，在有完全货权的前提下，必须确保押汇申请人与进口商为长期贸易伙伴，且信用证项下收付汇记录良好，付汇银行在本机构付汇记录良好。⑤ 开证行、保兑行或偿付行资信良好，所在国家地区政局稳定，没有外汇短缺或可能发生金融危机的情况。⑥ 转让信用证原则上不得办理出口押汇业务。⑦ 除优质客户外，远期信用证必须经付款行承兑后才能办理押汇业务，承兑一般以承兑报文或延期付款报文为依据；⑧ 已办理打包贷款的信用证项下单据不得再申请出口押汇，但办理出口押汇并在当日用于归还该笔信用证项下的打包贷款者除外。⑨ 必须有本机构授信额度。

（5）出口商业发票融资业务。① 企业须具有进出口经营权，信用等级在 A

级(含)以上、出口渠道稳定、收汇及时、财务状况良好,企业及其法定代表人无不良记录。② 进口商是其长期贸易伙伴,合作关系良好,付款及时,履约记录良好。③ 有真实贸易背景;出口货物已出运并已取得有关单据;企业已全面、恰当地履行销售合同规定的卖方义务。④ 合同约定卖方购买运输险(如价格条款为CIF 或 CIP)时,企业需办理约定的货物运输保险。⑤ 对于向关联公司出口的企业不得进行融资。⑥ 出口应收账款的到期日确定,且申请融资日期原则上不超过 180 天。⑦ 出口合同中无禁止转让应收账款债权的规定,应收账款不存在任何瑕疵。⑧ 在本机构开立本外币结算账户,并已发生外币结算业务。⑨ 符合本机构贷款操作规程规定的相关准入条件。⑩ 提供符合本机构规定的保证人、抵(质)押物或保证金;优质客户经支行审核风险后,报贷款审查委员会审批同意的,可免予提供担保。

(6)出口托收押汇业务:① 凡具有进出口经营权、经营的出口商品在批准经营范围之内,并已在本机构办理出口托收业务。② 出口货物为市场适销商品,贸易背景真实。③ 出口单据应包含运输单据在内。④ 进口商为申请人长期稳定的、无不良付款记录的合作伙伴。⑤ 进口商及代收行的资信良好,所在国家地区政局稳定,没有外汇短缺或可能发生金融危机的情况。⑥ 必须有本机构授信额度。⑦ D/P 远期及 D/A 项下出口托收一般不予押汇,如需叙做押汇的,须严格落实担保条件后才可办理。

(7)保理业务:① 应具备进出口业务经营权,且资信良好,有长期稳定的出口业务,与本机构合作良好。② 所涉及的商业交易适用出口保理方式。

(8)福费廷业务:① 福费廷业务审批权集中在行总部,须经国际业务部逐笔审查、审批同意后才能办理。② 福费廷业务纳入企业综合授信,并按相关规定进行管理。

(9)出口信用保险项下贸易融资业务。申请办理出口信用保险项下贸易融资业务的客户,必须具备以下条件:① 企业须具有自营出口经营权,所出口货物和出口手续符合国家有关法律、法规的规定。② 与国外进口企业有较稳定的业务往来关系。③ 企业在本机构已开立本外币结算账户且核有相关的授信额度。④ 企业在本机构无不良结算或信用记录。⑤ 有真实贸易背景;出口货物已出运并已取得有关单据;企业已全面、恰当地履行销售合同规定的卖方义务。⑥ 企业已向中国出口信用保险公司投保出口信用险,持有出口信用险有效保险单及保险公司批复的有效买方信用限额审批证明。⑦ 企业按照保险公司出具的《保险单明细表》中列明的适保范围向保险公司申报出运，并能出示由承保的保险公司确认的《出口申报单》已缴纳相应的保险费。⑧ 企业同意将出口信用保险单赔款权益转让给本机构，并与保险公司及本机构签订三方的《赔款转让协议》。⑨ 企业同意将出口信用保险索赔权转让给本机构，并与本机构签订《代理索赔协议》或《索赔权转让协议》。

（10）结售汇业务。按照外汇管理政策、行业管理部门规定及本机构内控制度为企业或个人办理结售汇业务。

3. 控制手段

人机并控。

4. 评价方式

抽样测试、符合性测试、穿行测试。

（二）进口开证及贸易融资业务用途

1. 评价要点

进口开证及贸易融资业务用途是否符合规定？

2. 评价标准

进口开证及贸易融资业务用途应符合下述规定：

（1）进口开证及押汇业务：① 进口开证或押汇业务用途未超出开证企业的经营范围。② 对生产型企业，其进口产品是申请人主营商品或生产所必需的原材料或产品备件，有较好的适销性。

（2）出口企业贸易融资业务：① 出口商品未超出申请人的经营范围。② 出口商品应是申请人生产或代理的商品。

3. 控制手段

人控。

4. 评价方式

抽样测试、符合性测试。

（三）调查报告

1. 评价要点

是否按规定出具进口开证及贸易融资业务调查报告？

2．评价标准

应按信贷管理的要求对申请人进行全面的财务和非财务因素分析，根据申请人的经营状况、财务状况、管理状况、行业特点、市场供求以及为本机构带来的综合效益，重点分析其近两年状况，并对可能发生的变化作出预测，准确评价申请人的履约能力和抗风险能力，合理确定开证额度和期限等，如实报告授信调查掌握的情况，不回避风险点，不因任何人的主观意志而改变调查结论，并按规定撰写调查报告。

3．控制手段

人控。

4．评价方式

抽样测试、符合性测试。

四、风险评估

1．评价要点

对经调查和审查认为可以准入或受理的国际业务是否及时组织相关人员进行全面的风险评估，并对进口信用证开证或贸易融资业务并要形成风险评估报告？

2．评价标准

风险评估应以风险为导向，将信用风险和操作风险等作为评估核心，进行全面充分的分析评估。

具体规定如下：

1）进口开证或押汇业务。

（1）开证申请人是否重合同、守信用。在以往的业务活动中无不良记录。

（2）开证申请人生产经营正常，到期能支付开证款项，密切关注开证申请人的信用风险。

（3）按规定流程办理进口开证业务，手续齐全，切实防范操作风险。

2）出口信用证押汇业务

（1）开证行信用风险，即开证行无理拒付、因自身经营管理不善或外部原因引发财务危机造成支付困难等。

（2）企业信用风险，即由于出口企业涉嫌贸易欺诈导致进口国当地法院出具止付令带来的无法正常收汇风险。

（3）开证行所在国家或地区风险,即由于战争、内乱、经济或金融危机、贸易保护政策等原因导致开证行不能正常履行其义务。

（4）操作风险,主要指银行业务人员在信用证真实性和条款审查及对信用证项下单据进行审核时可能出现的技术性风险。

3）汇款业务

（1）汇出行与汇款人的契约风险:① 可能由于约定不明,引起汇出行与汇款人之间的纠纷。② 可能由于事项记载不明确,延长汇款业务的操作时间,增加银行成本。

（2）汇出行与汇入行的偿付风险:① 无法实现头寸的拨付,汇入行拒绝解付汇款。② 汇款路线曲折,增加中转环节,延误汇款时间。③ 加大汇款成本,增加费用负担。④ 拨付指令不准确、不完整会直接导致汇入行无法解付款项,或偿付不能,增加汇款周期,甚至造成一定的资金损失。

4）结售汇业务

（1）从市场风险来看,受理的结售汇业务存在汇率风险。

（2）从道德风险来看,受理的结售汇业务由于经办人员道德因素存在道德风险。

（3）从政策风险来看,受理的结售汇业务由于违反外汇政策因素存在政策风险。

3. 控制手段

人控。

4. 评价方式

抽样测试、符合性测试。

五、风险回应

（一）国际业务审查

1. 评价要点

是否按规定进行国际业务审查?

2. 评价标准

进行国际业务审查包括下述规定:

1）进口开证及贸易融资业务

支行(营业部)应按信贷管理的要求对申请人进行全面的财务和非财务因素分析,严格审查其生产经营等基本情况,并确认申请人符合国家外汇管理局规定的经办进口开证及贸易融资业务的资格等,审查应客观公正,充分、准确地揭示业务风险,提出降低风险的对策。

2）托收业务

(1) 跟单托收:国际单证主管岗收到出口商交来的《托收委托书》和出口单据时,应审查如下内容:①《托收委托书》上委托人的名称、地址正确无误,并与发票、汇票等单据的出单人一致。②《托收委托书》上付款人与汇票上的付款人及商业发票上的买方相一致。③《托收委托书》上记载的汇票期限、币种和金额与汇票、发票等有关单据相一致。④《托收委托书》上有明确的交单条件。⑤《托收委托书》上所列单据的种类和份数与所提交的单据相一致。

(2) 光票托收:托收行接受委托人的委托前后,要对票据做形式审查。同时要审核委托人的委托书内容与所交票据无冲突,托收行严格按委托书内容制作托收指示。

3. 控制手段

人机并控。

4. 评价方式

抽样测试、符合性测试、穿行测试。

(二) 信用证开证或贸易融资业务额度

1. 评价要点

信用证开证或贸易融资业务额度是否合理?

2. 评价标准

信用证开证或贸易融资业务额度应符合下述规定:

(1) 进口开证或进口信用证押汇业务。进口商申请开证或办理进口信用证押汇业务时,银行应确定申请人是否有足够的授信额度,不得超出授信额度开立信用证或办理进口信用证押汇业务,没有开证额度的进口商申请开立信用证时要收取100％的保证金,同时办理进口信用证押汇金额不超过国外来单索汇金额。

(2) 出口信用证押汇、出口票据融资、出口托收押汇业务。应根据实际情况确定出口信用证押汇的融资比例,一般不超过所提交单据或发票金额的90％。

（3）出口信用保险项下贸易融资业务。应根据实际情况确定出口信用保险项下贸易融资比例，出口信用保险项下贸易融资金额一般不超过发票金额的80%，且不超过保单赔付金额的90%，优良客户可放大该比例。

（4）保理业务。核定单笔进口保理额度或可循环使用的信用额度，并在进口保理商核定的保理额度内向出口商提供不超过发票金额80%的融资。

3. 控制手段

人机并控。

4. 评价方式

抽样测试、符合性测试、穿行测试。

（三）进口开证及贸易融资业务期限

1. 评价要点

进口开证及贸易融资业务期限确定是否合理？

2. 评价标准

1）进口开证业务

应根据进出口双方签订的合同及其实际情况确定即期信用证的有效期，一般有效期在不迟于装运期21天。

2）进口信用证押汇业务

应根据申请人的资格及其实际情况合理确定进口信用证押汇期限，原则上不超过3个月。

3）出口信用证押汇业务

应根据申请人的资信及其实际情况合理确定进口信用证押汇期限，出口信用证押汇的期限一般不超过120天（含120天），最长不超过160天（含160天）。

4）出口发票融资业务

应根据出口应收账款的到期日确定，且申请融资日期原则上不超过180天。

5）出口托收押汇业务

应根据申请人的资信、还款能力等确定出口托收押汇业务期限，原则上不超过120天。

6）福费廷融资业务

福费廷融资业务的融资期限为融资日起至承兑到期（付款）日加3～7个工作日的宽限期。

7) 出口保理业务

出口保理业务的融资期限从发放融资之日起至应收账款到期日止。

8) 出口信用保险项下融资业务

(1) 融资期限为赊账(付款)期限加 2 个月,一般不得超过 180 天,优良客户可适当放宽期限,但不得超过 1 年。

(2) 发生出口信用保险范围内损失且经保险公司同意时,可以展期一次,展期期限不得超过 60 天。

3. 控制手段

人机并控。

4. 评价方式

抽样测试、符合性测试、穿行测试。

(四) 汇款、结售汇业务受理原则及要求

1. 评价要点

汇款、结售汇业务是否遵循其受理原则及相关要求?

2. 评价标准

汇款、结售汇业务应遵循下述受理原则及相关要求:

(1) 汇入汇款:① 经常项目的收汇,可根据不同的资金性质(服务贸易项下需凭有效商业单据),直接入企业账户。② 资本项目的收汇,经办机构必须凭有效凭证,或凭外汇局的核准件办理入账手续。③ 若收汇资金为跨境贸易人民币收汇,原则上该企业须是出口货物贸易人民币结算试点企业。

(2) 汇出汇款:① 境内机构的付汇业务,必须区分经常项目与资本项目,经常项目的付汇,须凭有效凭证和有效商业单据,或凭外汇局的核准件办理。② 外商投资企业办理付汇时,一般情况下应当先使用其经常项目外汇账户中的外汇对外支付,不足部分办理售汇。

(3) 结汇业务:① 没有规定或未经核准可以保留外汇的经常项目外汇收入必须办理结汇。② 没有规定或未经核准结汇的资本项目外汇收入不得办理结汇。③ 无法证明属于经常项目的外汇收入,应按照资本项目外汇结汇的有关规定办理。

(4) 售汇业务:① 经常项目项下的售汇,须凭有效凭证和有效商业单据或凭外汇局的核准件办理。外商投资企业办理售付汇业务时,一般情况下应当先使用其经常项目外汇账户中的外汇对外支付,不足部分办理售汇。② 办理售、付业务的申请人应当按照《国际收支统计申报办法》及《贸易进口付汇核销监管暂行办法》等办理进口付汇核销和对外付款申报手续。凡未被列入"对外付汇进口单位名录"的进口单位,银行需要凭进口付汇备案表为其办理进口付汇。③ 银行须严格遵守国家法律、法规的规定,认真审查售付汇业务申请人提交的有效凭证和商业单据。对凭以售、付汇的有效凭证和商业单据须进行合规性和表面一致性的审核,合格者予以售、付汇。④ 从外汇账户中付汇或售汇对外支付,应当根据有关结算方式或者合同规定的日期办理,不得提前对外付款;除用于还本付息的外汇和信用证保证金外,不得提前售汇。

（5）个人结售汇业务。年度总额（5 万美元）内的结汇和购汇,凭本人有效身份证件在经办机构办理,超过年度总额经常项目下凭本人有效身份证件和有交易额的相关证件等材料办理,资本项目项下按资本项目个人外汇管理有关规定办理。

个人年度总额内购汇、结汇,可以委托其直系亲属代为办理。个人委托其直系亲属代为办理年度总额内购汇、结汇的,应分别提供委托人和受托人的有效身份证明件、委托人的授权书、直系亲属关系证明。超过年度总额的购汇、结汇以及境外个人购汇,可以凭双方有效身份证件、授权书及相关证明材料委托他人办理。

3. 控制手段

人机并控。

4. 评价方式

抽样测试、符合性测试。

（五）汇款及结售汇超限额审批

1. 评价要点

汇款、结售汇业务超限额是否经过审批?

2. 评价标准

按照国家外汇管理局的有关政策,对超过规定限额的汇款或结售汇业务,须经国家外汇管理局批准或核准。

3. 控制手段

人机并控。

4. 评价方式

抽样测试、符合性测试。

六、内部控制活动

（一）内控制度建设

1. 评价要点

是否制定完善的内控制度，并持续对国际业务的内控制度进行完善和改进？

2. 评价标准

对国际业务每一业务品种均制定了规范的管理办法和操作规程。并根据法律、法规、监管和行业的最新规定和国际惯例，对国际业务的内控制度进行改进和完善。

3. 控制手段

人控。

4. 评价方式

符合性测试。

（二）担保

1. 评价要点

对进口开证及贸易融资业务是否按规定提供担保？

2. 评价标准

进口开证敞口部分及贸易融资企业应按规定提供足额、有效担保，并办理相关保险，切实防范信用风险和市场风险等。

3. 控制手段

人机并控。

4. 评价方式

抽样测试、符合性测试。

（三）国际业务审批

1. 评价要点

国际业务是否按规定审批？

2. 评价标准

国际业务应按如下规定进行审批：

1）进口开证及贸易融资业务审批

按规定权限、流程及相关要求对进口开证及贸易融资业务进行审批，无超权限或越权审批。

2）托收业务办理

（1）本机构经办人员在办理跟单托收业务时应审核单据的表面一致性。

（2）代收行的选择。如出口商提交的《托收委托书》明确指定了代收行，本机构应按照其指定执行；出口商未指定代收行的，应选择本机构代理行或有利于付款人付款和本机构收款的银行为代收行。

（3）缮制《托收指示》（Collection Instruction）面函。《托收指示》是本机构委托代收行按本机构托收指示及规则行事的书面文件，出口商提交的《托收委托书》是缮制《托收指示》的依据。因此《托收指示》的内容必须与《托收委托书》一致，正确缮制《托收指示》。

（4）《托收指示》面函由经办人员缮制完成后，应由复核人员复核，由国际单证主管岗将《托收指示》与正本单据一并寄出。

3）汇款业务办理

（1）汇出汇款：① 汇款人填写汇出汇款申请书。汇款申请书必须注明汇款方式、汇款金额、汇款人名称、收款人名称等。② 汇款人申请向国外汇款时，在向汇出行提交汇款申请书的同时，还须提交结汇、售汇及付汇管理办法及相关法律、法规规定的有效凭证。③ 汇出行在收到汇款申请人提交的相关凭证后，应按规定对有效凭证的有关项目进行合规性和表面一致性的审核。

（2）汇入汇款。① 汇款通知的审核：Ⅰ. 对密押或印鉴的核对；Ⅱ. 对汇款通知中头寸偿付条款的审查；Ⅲ. 对汇款通知上的有关项目的审查。② 汇入汇款的解付：Ⅰ. 汇入行在收妥头寸的情况下办理解付，应坚持"随到随解"的原则；Ⅱ. 汇入行办理汇款解付应坚持"谁款谁收"的原则；Ⅲ. 如汇入汇款货币与收款人账户货币不同，应按付款指示入账；Ⅳ. 汇入汇款电汇凭加押电报及 SWIFT MT100 或 MT202 电文、信汇凭信汇委托书正本、票汇凭正本汇票解付。

4）结售汇业务办理

（1）经常项目下结售汇业务：① 经常项目结算账户资金结汇。企业向经办机构提交填写完整加盖企业预留印鉴的《结汇申请书》，经办机构收到《结汇申请书》后，先核对申请书的印章，核对一致后进行结汇业务的处理。② 待核查账户资金结汇。企业向经办机构提交填写完整并加盖预留印鉴章或公章的《出口收汇说明》、海关 IC 卡；经办机构收到《出口收汇说明》及海关 IC 卡后，先核对印章，然后使用企业提供的海关 IC 卡在联网核查系统中根据《出口收汇说明》核减对应的出口可收汇额后办理结汇。③ 企业按规定不需办理货物报关项下的出口收汇进入待核查账户后结汇或划转经常项目外汇账户，需提交《出口收汇说明》、海关 IC 卡和盖有银行业务公章的涉外收入申报单正本和邮寄货物清单。同时经办机构登录联网核查系统，记录对应的涉外收入申报单号和收汇金额后办理结汇。④ 服务贸易项下资金。经办机构收到境内机构的收汇资金如为服务贸易项下的资金，经办机构可凭企业提交的合同、发票等相关单证办理结汇或原币入账。⑤ 售汇对外直接支付，经办机构审核有效凭证和有效商业单据后直接办理。具体审核资料与付汇资料相同。⑥ 提前售汇。境内机构向经办机构申请提前购汇，经办机构在收到境内机构提交的《购汇申请书》并审核有效凭证和有效商业单据后办理，并将售汇后的外汇资金存入保证金账户，保证专款专用。具体审核材料与付汇材料相同。服务贸易项下不允许提前购汇。

（2）资本项目下结售汇业务：① 开立资本金账户的外商投资企业在按规定提供资料的情况下，可直接向经办机构申请资本金账户结汇。② 外商投资企业外汇资本金按规定结汇。

（3）个人结售汇业务办理。个人年度总额内的结汇和购汇，凭本人有效身份证件或委托其直系亲属在提供委托人和受托人的有效身份证明件、委托人的授权书、直系亲属关系证明的情况下在经办机构办理，超过年度总额经常项目下凭本人有效身份证件和有交易额的相关证件等材料或委托他人在提供双方有效身份证件、授权书及相关证明材料情况下办理，资本项目项下按资本项目个人外汇管理有关规定办理。

3. 控制手段
人机并控。

4. 评价方式
抽样测试、符合性测试。

七、信息与沟通

（一）授信后管理

1. 评价要点

对于进口开证及贸易融资业务，客户经理是否对开证及贸易融资企业进行跟踪检查？

2. 评价标准

客户经理对开证及贸易融资企业的跟踪检查包括以下要点：

（1）申请人经营状况、财务状况、现金流量变动情况及预测趋势。

（2）客户是否按申请用途使用信用证或贸易融资。

（3）开证或贸易融资业务项下贸易合同执行情况。

（4）申请人开证付款来源落实情况及向被代理人预收货款情况；申请人贸易融资还款来源落实情况。

（5）客户在信用证或贸易融资使用期内的重大经营决策和经济活动。

（6）贸易型企业对押汇项下货物的销售情况及买家向其付款情况；生产型企业对押汇项下货物的生产和整体销售回笼情况。

（7）出口托收押汇业务应及时向代收行催收托收款项，对催收联系结果、往来函电应保留完整，以便日后查询。

（8）担保人的担保能力或各项保证、抵（质）押物的变化情况等。

3. 控制手段

人控。

4. 评价方式

抽样测试、符合性测试。

（二）风险预警

1. 评价要点

对出现可能影响国际业务的不利情形时是否及时进行风险评估，发出预警，及时落实管理措施？

2. 评价标准

风险评估的要点如下：

（1）全面掌握进口开证及贸易融资业务的风险程度、垫款形成原因和损失情况，对发生的逾期，国际业务部和所属支行（营业部）应按规定共同做好对申请人和保证人的催收工作或提起诉讼。

（2）严格监控未结信用证余额，确保了资金的及时清算和到期债务的及时清偿，对清算和到期债务偿还不及时的，应采取相应措施。

（3）若信用证遭开证行拒付，国际业务部应及时通知所属支行（营业部），要求申请人及时归还押汇款项，在未归还该笔款项前，国际业务部一般不得对该企业办理新的出口信用证押汇业务。

（4）在信用证单据遭拒付或发生其他任何有可能影响本合同项下申请人还款能力的事件时，国际业务部应提前收回押汇款项及利息、费用等，并可直接从申请人任何账户及其他出口收款中扣收。

（5）因单据有不符点，或开证行所在地出现动荡、爆发战争、发生金融危机、开证行倒闭、单据在邮寄中遗失或延误、电讯失误及其他不可抗力等非融资行本身过错导致国外银行拒绝付款、承兑或迟付、扣付，以及遇到开证行拒绝付款、承兑或迟付、扣付，国际业务部应立即向申请人追索全部或不足部分本息、费用和一切损失。

（6）若发票到期日未收汇，国际业务部应在 5 个工作日内书面通知出口商及支行。至发票到期日后 30 天仍无法收回的，应扣收出口商账户收回融资款项，并计收罚息。

（7）福费廷业务项下若发生由欺诈或法院止付引起的风险或银行垫款，应及时联系客户予以追索。

（8）出口信保融资到期未能按时收汇，国际业务部应及时向国外银行或买家催收，同时通知所属支行（营业部）及时向客户催收和追索。

（9）信保融资项下的索赔。若企业赊账到期日未能按时收汇，国际业务部应在第二个工作日及时通知支行（营业部），支行（营业部）必须在赊账到期后 3 天内督促企业在保单规定的时限（买方拖欠货款的须在 2 个月内，其他情况的为 10 个工作日内）向保险公司发出《出口信用保险可能损失通知书》。同时，在发生买方拖欠货款或拒付时，支行（营业部）应及时督促企业在提交《出口信用保险可能损失通知书》后 15 天内填报《出口信用保险索赔申请书》及《索赔单证明细表》，向保险公司办理索赔手续。

（10）对托收业务，出现审单、寄单失误，国际单证主管岗应立即向行总部国际业务部总经理汇报，能通过技术处理进行弥补的，应及时处理；不能通过技术处理进行弥补的，行总部国际业务部总经理应立即向行长室汇报，并联系客户进行处理。

（11）在办理汇款业务的审查过程中，发现可疑汇票的兑付或汇票的解付时，应加强防范，不得将票据随意退还给持票人，要及时向签发银行、承兑银行或汇出银行查询和向有关部门反映。

（12）本机构综合结售汇头寸超出外汇局核定的头寸限额，或发现在业务操作上违反外汇政策，或对可能存在的汇率风险，是否及时发出预警，并采取有效措施。

（三）汇款业务国际制裁信息

1. 评价要点

经办机构是否及时掌握国际制裁信息，防范违反相关国际组织或国家经济制裁令的风险？

2. 评价标准

经办机构应及时收集联合国安理会及美国等国家对一些国家实行经济制裁的最新情况，并应重点加强对所有涉及受制裁国家、组织及个人的业务单据、账户行、汇款路线和电文内容的审核，避免业务纠纷和资金损失。

3. 控制手段

人机并控。

4. 评价方式

抽样测试、符合性测试。

（四）结售汇业务统计报告

1. 评价要点

是否按规定进行结售汇业务统计报告？

2. 评价标准

结售汇业务统计报告应符合下述规定：

（1）统计报告应遵循真实、准确、及时、谨慎的原则。

（2）本机构应及时向外汇局上报以下报表：①《综合结售汇头寸日报表》。

②《银行结售汇统计旬报》。③《银行结售汇统计月报(结汇)》、《银行结售汇统计月报(售汇)》。④《大额结售汇备案表》。

3. 控制手段

人机并控。

4. 评价方式

抽样测试、符合性测试。

(五)违约管理

1. 评价要点

是否及时追究开办国际业务申请人的违约责任,并采取相关措施?

2. 评价标准

1)进口开办及贸易融资业务

(1)申请人到期未偿付开证行或不按本合同约定的期限归还融资本金的,融资行有权对逾期贷款从逾期之日起在本合同约定的融资执行利率基础上按规定上浮幅度计收罚息,直至本息清偿为止。逾期期间,不得对该企业办理新的开证或贸易融资业务。

(2)申请人违反本合同项下义务,融资行有权要求申请人限期纠正违约行为,有权停止发放融资、提前收回已发放融资本息或采取其他资产保全措施,有权要求申请人立即偿还申请人与融资行签订的其他借款合同项下的贷款本息。

(3)本合同项下融资的任一担保人违反担保合同约定义务,经融资行指出仍不改正的,或担保能力明显减弱、丧失的,融资行有权对申请人采取停止发放融资、提前收回已发放融资或其他资产保全措施。

(4)申请人或担保人违反本合同项下义务而给融资行造成经济损失的,应当承担相应的责任。

(5)因申请人违约致使开证行或融资行采取诉讼或仲裁方式实现债权的,申请人应当承担融资行为此支付的律师费、差旅费及其他实现债权的一切费用。

(6)国际业务部负责出口商融资业务向外催收工作,若发票到期日未收汇,应在 5 个工作日内书面通知出口商及支行。至发票到期日后 30 天仍无法收回的,应扣收出口商账户收回融资款项,并计收罚息。

（7）本机构自行买入方式下福弗廷业务,若信用证项下款项未能及时收汇,应及时向开证行(保兑行)或承兑行进行查询催收。如其无理拒付,应依照国际惯例据理力争,并要求对方支付延迟付款利息等。

（8）在企业不向保险公司索赔的情况下,国际业务部应根据《代理索赔协议》或《索赔权转让协议》及《赔款转让协议》立即向保险公司办理索赔手续,不得待融资到期后再行索赔。

2）托收业务

（1）经办人员应经常查阅跟单托收业务档案或系统电子记录,对逾期未收汇或未承兑的业务要及时与出口商联系,在出口商要求时,向代收行进行催收或查询。

（2）在收到代收行发来的拒付通知或拒绝承兑通知后,本机构应及时通知委托人。委托人如要求本机构对外处理的,本机构应要求其提供书面的单据处理指示,并根据书面处理指示及时通知代收行。

3. 控制手段

人控。

4. 评价方式

抽样测试。

八、监督

（一）处理处罚

1. 评价要点

违规办理国际业务处理处罚是否适当?

2. 评价标准

国际业务经办人员有下列行为之一的,根据情节轻重进行通报批评、警告、记过、记大过等处分:

（1）受理不符合条件的国际业务申请并予以办理国际业务的。

（2）与申请人串通,违法违规办理国际业务。

（3）超越、变相超越权限或不按规定流程审批国际业务的。

（4）未落实国际业务条件而办理国际业务的。

（5）对国际业务造成不良资产和损失,对相关责任人按贷款管理责任追究制度处理。

（6）因本机构技术性等操作失误造成客户损失的，应追究相关责任人的责任。

3. 控制手段

人控。

4. 评价方式

抽样测试、符合性测试。

（二）国际业务档案

1. 评价要点

国际业务部、支行（营业部）是否按规定建立相关业务的档案？

2. 评价标准

按规定建立国际业务档案，纸质档案保管期为业务终了后 5 年，电子凭证和数据永久保留。

3. 控制手段

人控。

4. 评价方式

抽样测试、符合性测试。

（三）绩效监测程序

1. 评价要点

是否建立内部控制绩效监测程序？

2. 评价标准

建立和执行内部控制绩效监测程序。

3. 控制手段

人控。

4. 评价方式

符合性测试。

（四）监控制度

1. 评价要点

是否建立风险管理部门监控制度、审计部门审计监督制度？

2. 评价标准

建立和实施风险管理部门监控制度、审计部门审计监督制度。

3. 控制手段

人控。

4. 评价方式

符合性测试。

九、评价依据

（一）外汇管理政策。

（二）UCP600。

（三）《流动资金贷款管理暂行办法》（银监会[2010]第 1 号）。

（四）《托收统一规则》（国际商会第 522 号）。

（五）《中国银行业保理业务规范》（中国银行业协会 2010 年 4 月 7 日）。

第十六子系统——银行卡业务

一、内部控制环境

（一）银行卡业务政策熟悉程度

1. 评价要点

银行卡业务政策是否传达至银行卡业务人员并为其所熟悉？

2. 评价标准

经抽样测试，员工得分在 90 分（含 90 分）以上的为良好；得分在 80 分（含 80 分）至 90 分的为一般；得分在 80 分以下的为较差。

3. 控制手段

人控。

4. 评价方式

书面知识测试。

（二）业务管理部门

1. 评价要点

（1）是否单独设立信用卡业务管理部门，对信用卡业务进行统一管理？

（2）是否设立借记卡业务管理部门，对借记卡业务进行统一管理？

2. 评价标准

设立独立的银行卡风险管理部门，设置内部操作流程。

对不同客户对象、不同种类的银行卡（个人卡、单位卡、联名卡、公务卡等）进行统一管理。

3. 控制手段

人机并控。

4. 评价方式

抽样测试、穿行测试。

（三）岗位设置

1. 评价要点

岗位设置是否做到分工合理、职责明确、相互制约？

2. 评价标准

不同岗位设置做到分工合理、职责明确、相互制约。

3. 控制手段

人机并控。

4. 评价方式

抽样测试、穿行测试

（四）职责、权限控制

1. 评价要点

各岗位职责、权限和人员任职条件是否得到明确的书面规定，并按规定进行岗位培训？

2. 评价标准

银行卡业务人员的职责、权限和人员任职条件得到明确的书面规定，规定执行到位，并且按规定进行岗位培训。

3. 控制手段

人机并控。

4. 评价方式

抽样测试、穿行测试。

（五）持证上岗

1. 评价要点

银行卡业务人员是否做到持证上岗？

2. 评价标准

银行卡业务人员经统一考试合格，全部做到持证上岗（包括对部分高级管理人员）。无证人员不应参与银行卡营销和调查、审查和审批决策及其他管理工作。

3. 控制手段

人控。

4. 评价方式

符合性测试。

（六）考核激励机制

1. 评价要点

是否按规定制定和执行银行卡人员考核激励和尽职问责机制？

2. 评价标准

制定银行卡业务人员尽职规定、考核激励和尽职问责机制。严格实施银行卡工作人员考核激励和尽职问责机制，并有详细记录。

3. 控制手段

人机并控。

4. 评价方式

符合性测试、穿行测试。

二、内控目标

1. 评价标准

（1）同一账户透支余额个人卡不得超过 5 万元（含等值外币），单位卡不得超过发卡银行对该单位综合授信额度的 3%。无综合授信额度的单位透支余额不得超过 10 万元（合等值外币）。

（2）外币卡的透支额度不得超过持卡人保证金（含储蓄存单质押金额）的 80%。

（3）180 天（含 180 天，下同）以上的月均透支余额不得超过月均总透支余额的 15％。贷记卡的首月最低还款额不得低于其当月透支余额的 10％。

（4）银行卡违约率≤5％（违约率＝违约数÷动户数×100％；违约数指逾期天数大于 90 天的户数；动户数指实际发卡后发生过消费或取现交易的持卡人户数）。

（5）确保特约商户的银行卡受理终端使用范围、装机地址、装机编号与已签订的协议一致。

2. 控制手段

人机并控。

3. 评价方式

符合性测试。

三、事件识别

（一）银行卡申领

1. 评价要点

银行卡申领是否符合规定？

2. 评价标准

银行卡申领应符合下述规定：

（1）个人信用卡。主卡申领人须年满 18 周岁的个人，副卡申领人须年满 16 周岁且经主卡申领人或主卡持卡人同意；户籍或工作单位在发卡机构所在地，有合法收入；有效身份证件的原件和复印件以及其他有关资信证明资料；保证人的身份证件及有关资信材料。

（2）单位信用卡。申领单位信用卡应具备以下事项：具有开户许可证和相关开户资料；办公地点和银行基本存款账户在发卡机构所在地；持卡人必须是具有完全民事行为能力的个人；指定持卡人身份证件复印件；授信额度证明材料；保证人的身份证件及有关资信材料。

（3）个人申领银行借记卡（储值卡除外），应当向发卡银行提供公安部门规定的本人有效身份证件。

3. 控制手段

人控。

4. 评价方式

抽样测试。

（二）卡片管理

1. 评价要点

银行卡卡片管理是否符合规定？

2. 评价标准

（1）空白卡的保管领用、打卡实行专人管理和领销登记制度。

（2）打卡员保存空白卡，作废卡，收回过期卡按规定打洞、剪角，制卡打号与编制密码分开，双人分管。

（3）银行卡卡片作为重要空白凭证管理，做到交接有记录，全部纳入表外科目核算，做到账账、账实相符。

3. 控制手段

人机并控。

4. 评价方式

抽样测试。

（三）账户管理

1. 评价要点

银行卡账户使用是否合规？

2. 评价标准

（1）银行卡及其账户只限经发卡银行批准的持卡人本人使用，不得出租和转借。

（2）单位人民币卡账户的资金一律从其基本存款账户转账存入，不得存取现金，不得将销货收入存入单位卡账户。

（3）单位外币卡账户的资金应从其单位的外汇账户转账存入，不得在境内存取外币现钞；应按照中国人民银行境内外汇账户管理的有关规定开立和使用。

（4）个人人民币卡账户的资金以其持有的现金存入或以其工资性款项、属于个人的合法的劳务报酬、投资回报等收入转账存入。

（5）个人外币卡账户的资金以其个人持有的外币现钞存入或从其外汇账户（含外钞账户）转账存入，转账及存款均按国家外汇管理局《个人外汇管理办法》办理。

（6）持卡人在还清全部交易款项，透支本息和有关费用后，可申请办理销户。销户时,单位人民币卡账户的资金应当转入其基本存款账户,单位外币卡账户的资金应当转回相应的外汇账户,不得提取现金。

3. 控制手段

人机并控。

4. 评价方式

抽样测试。

(四)特约商户管理

1. 评价要点

特约商户的管理是否符合规定?

2. 评价标准

特约商户的管理应符合下述规定:

(1)收单银行应当根据特约商户的业务性质、业务特征、营业情况,对特约商户设定动态营业额上限。

(2)收单银行、收单业务服务机构合作应当与特约商户签订收单业务合同,至少应当明确以下事项:收单业务营销主体;收单业务管理主体各方的权利义务关系;各方的法律责任和经济责任;移动受理终端相关法律责任和经济责任、无卡交易相关法律责任和经济责任;协助调查处理的责任和内容;保密条款;数据安全条款等。

3. 控制手段

人机并控。

4. 评价方式

抽样测试。

四、风险评估

(一)持卡人资信评估

1. 评价要点

是否定期对持卡人的资信情况进行重新评估?

2. 评价标准

发卡银行应当对信用卡持卡人的资信状况进行定期复查,充分核实并完整记录申请人有效身份、财务状况、消费和信贷记录等信息,并确认申请人拥有固定工作、稳定的收入来源或可靠的还款保障,并应当根据资信状况的变化调整其信用额度。

3. 控制手段

人机并控。

4. 评价方式

抽样测试。

（二）安全评估

1. 评价要点

是否进行独立的安全评估?

2. 评价标准

应当由内部专门机构或委托其他专业机构进行独立的安全评估。安全评估应当包括董事会或总行（总公司）高级管理层对信用卡业务风险管理体系建设和相关规章制度的审定情况、各业务环节信息资料的保护措施设置情况、持续监测记录和追踪预警异常业务行为（含入侵事故或系统漏洞）的流程设计、外挂系统或外部接入系统的安全措施设置、评估期等方面的内容。

3. 控制手段

人控或机控。

4. 评价方式

符合性测试。

（三）特约商户评估

1. 评价要点

是否按规定对特约商户的风险进行综合评估和分类管理?

2. 评价标准

收单银行应当对特约商户的风险进行综合评估和分类管理,及时掌握其经营范围、场所、法定代表人或负责人、银行卡受理终端装机地址和使用范围等重要信息的变更情况,不断完善交易监控机制。对通过邮寄、电话、电视和网络等方式销售商品或服务的特约商户,收单银行应当采取特殊的风险控制措施,加强交易情况监测,增加现场核查频度。

3．控制手段

人控。

4．评价方式

符合性测试。

五、风险回应

（一）资信审核

1．评价要点

是否严格按照规定对信用卡申请人进行资信审核？

2．评价标准

对信用卡申请人进行资信审核应做到以下几点：

（1）对信用卡申请人开展动态调查，充分核实相关信息，并确认申请人拥有固定工作、稳定的收入来源或可靠的还款保障。

（2）不存在为无稳定职业、无稳定收入、无固定住所、无合法担保人员发放信用卡，不存在因审核不严导致违法分子利用假证件骗领借用卡，形成经营风险。

（3）根据总体风险管理要求确定信用卡申请材料的必填（选）要素，对信用卡申请材料出现漏填（选）必填信息或必选选项、他人代办（单位代办商务差旅卡和商务采购卡、主卡持卡人代办附属卡除外）、他人代签名、申请材料未签名等情况的，不得核发信用卡。

（4）对信用卡申请材料出现疑点信息、漏填审核意见、各级审核人员未签名（签章、输入工作代码）或系统审核记录缺失等情况的，不得核发信用卡。

3．控制手段

人控。

4．评价方式

抽样测试。

（二）额度管理

1．评价要点

额度管理是否符合规定？

2. 评价标准

额度管理应符合如下规定：

（1）建立授信审批制度，明确对不同级别内部工作人员的授信权限和授信限额。

（2）对信用卡持卡人的资信状况进行定期复查，并根据资信状况的变化调整其信用额度。

（3）客户要求临时调高额度的，应符合相关管理规定。

3. 控制手段

人控。

4. 评价方式

抽样测试。

（三）挂失止付

1. 评价要点

是否建立挂失止付制度并及时编发止付名单？

2. 评价标准

发卡银行应当提供 24 小时挂失服务，通过营业网点、客户服务电话或电子银行等渠道及时受理持卡人挂失申请并采取相应的风险管控措施。发卡银行应当加强对止付名单的管理，及时接收和发送止付名单。

3. 控制手段

人控。

4. 评价方式

符合性测试。

六、内部控制活动

（一）内控制度建设

1. 评价要点

是否制定完善的内控制度，并持续对银行卡业务的内控制度进行完善和改进？

2. 评价标准

对银行卡业务每一业务品种均制定了规范的管理办法和操作规程。根据法律、法规、监管和行业的最新规定以及国际惯例,对国际业务的内控制度进行改进和完善。

3. 控制手段

人控。

4. 评价方式

符合性测试。

(二)风险分类

1. 评价要点

是否按规定对银行卡业务风险进行分类管理?

2. 评价标准

对银行卡业务风险进行分类管理的规定如下:

(1)持卡人因使用诈骗方式申领、使用信用卡造成的风险资产,一经确认,应当直接列入可疑类或损失类。

(2)因内部作案或内外勾结作案造成的风险资产应当直接列入可疑类或损失类。

(3)因系统故障、操作失误造成的风险资产应当直接列入可疑类或损失类。

(4)签订个性化分期还款协议后尚未偿还的风险资产应当直接列入次级类或可疑类。

3. 控制手段

人机并控。

4. 评价方式

抽样测试。

(三)还款方式

1. 评价要点

是否按规定确定信用卡还款方式?

2. 评价标准

持卡人应在到期还款日前偿还全部应还款额或最低还款额。

(1)持卡人主动还款。所有联网营业网点均应受理贷记卡的人民币主动还款。

（2）约定账户还款。持卡人选择约定账户还款方式的,应指定一个账户作为约定还款账户,并指定扣款方式(按全部应还款额扣款或按最低还款额扣款)。

（3）还款顺序。持卡人先偿还上期的欠款,后偿还本期欠款。还款的顺序均为费用、利息、取现(含转账)、消费等透支款项(同等条件下,按透支时间先后顺序)。

（4）溢缴款处理。持卡人还款金额超过欠款金额的部分作为溢缴款,溢缴款不计付存款利息,但相应增加持卡人主卡的卡片可用额度。

3. 控制手段

人控或机控。

4. 评价方式

抽样测试。

（四）担保

1. 评价要点

是否对担保情况进行核实?

2. 评价标准

对担保情况进行定期核实,确保担保合法有效。随时掌握担保人资信情况、抵押品状况。

3. 控制手段

人控。

4. 评价方式

抽样测试。

（五）特约商户(含 POS 机具)管理

1. 评价要点

是否按规定开展对特约商户(含 POS 机具)管理?

2. 评价标准

对特约商户(含 POS 机具)管理的规定如下:

（1）对特约商户(含 POS 机具)交易量突增、频繁出现大额交易、整数金额交易、交易额与经营状况明显不符、争议款项过高、退款交易过多、退款额过高或收到发卡银行风险提示等情况,收单银行应当及时采取有效措施,降低出现收单业务损失的风险。

（2）对确认已出现虚假申请、信用卡套现、测录客户数据资料、泄露账户和交易信息、恶意倒闭等欺诈行为的特约商户，收单银行应当及时采取撤除受理终端、妥善留存交易记录等相关证据并提交公安机关处理、列入黑名单、录入银行卡风险信息系统、与相关银行卡组织共享风险信息等有效的风险控制措施。

（3）对特约商户提出的新增、更换、维护受理终端的要求，收单银行应当履行必要的核实程序，发现特约商户有移机使用、出租、出借或超出其经营范围使用受理终端的情况，应当立即采取撤除受理终端、妥善留存交易记录、相关证据有效的风险管理等措施。

（4）收单银行应当加强对收单业务移动受理终端的管理，确保不同的终端设备使用不同的终端主密钥并定期更换。

（5）收单银行应当采用严格的技术手段对收单业务移动受理终端的使用进行监控，并不定期进行回访，确保收单业务移动受理终端未超出签约范围跨地区使用。

（6）收单银行应当确保对收单业务受理终端所有打印凭条上的信用卡号码进行部分屏蔽，转账交易的转入卡号、预授权交易预留卡号和 IC 卡脱机交易除外。

（7）收单银行和收单服务机构应当确保业务系统只能存储用于交易清分、资金结算、差错处理所必需的最基本的账户信息，不得以任何形式存储信用卡磁道信息、卡片验证码、个人标识码等信息。

3. **控制手段**

人控。

4. **评价方式**

抽样测试。

（六）系统控制

1. **评价要点**

是否对贷记卡持卡人的透支行为建立有效的监控机制？

2. **评价标准**

业务系统具有实时监督、超额控制和异常交易止付等功能，系统能有效控制恶意透支行为。

3. 控制手段

机控。

4. 评价方式

符合性测试。

七、信息与沟通

（一）报告制度

1. 评价要点

是否建立信用卡业务重大安全事故和风险事件报告制度？

2. 评价标准

商业银行应当建立信用卡业务重大安全事故和风险事件报告制度，与中国银监会及其派出机构保持经常性沟通；出现重大安全事故和风险事件后 24 小时内应当向中国银监会及其相关派出机构报告，并随时关注事态发展，及时报送后续情况。

3. 控制手段

人控。

4. 评价方式

符合性测试。

（二）数据报送

1. 评价要点

是否按照有关规定向中国银监会报送信用卡业务统计数据和管理信息？

2. 评价标准

商业银行开办信用卡业务应当按照有关规定向中国银监会报送信用卡业务统计数据和管理信息。

3. 控制手段

人控。

4. 评价方式

符合性测试。

（三）信息查询服务

1. 评价要点

信息查询服务是否符合规定？

2. 评价标准

发卡银行应当提供信息查询服务，通过银行网站、用卡手册、电子银行等多种渠道向持卡人公示信用卡产品和服务、使用说明、章程、领用合同（协议）、收费项目和标准、风险提示等信息。

3. 控制手段

人控。

4. 评价方式

抽样测试、穿行测试。

（四）对账服务

1. 评价要点

对账是否符合规定？

2. 评价标准

对账应符合如下规定：

（1）发卡银行应当提供对账服务，对账单应当至少包括交易日期、交易金额、交易币种、交易商户名称或代码、本期还款金额、本期最低还款金额、到期还款日、注意事项、发卡银行服务电话等要素。

（2）对账服务的具体形式由发卡银行和持卡人自行约定。

（3）发卡银行向持卡人提供对账单及其他服务凭证时，应当对信用卡卡号进行部分屏蔽，不得显示完整的卡号信息。银行柜台办理业务打印的凭证除外。

3. 控制手段

人控。

4. 评价方式

抽样测试。

（五）投诉处理服务

1. 评价要点

投诉处理服务是否符合规定？

2. 评价标准

发卡银行应当提供投诉处理服务，根据信用卡产品（服务）特点和复杂程度建立统一、高效的投诉处理工作程序,明确投诉处理的管理部门,公开披露投诉处理渠道。

3. 控制手段

人控。

4. 评价方式

符合性测试。

(六)催收管理

1. 评价要点

是否按规定进行催收?

2. 评价标准

催收的规定如下:

(1)发卡银行应当建立信用卡欠款催收管理制度,规范信用卡催收策略、权限、流程和方式,有效控制业务风险。

(2)发卡银行不得对催收人员采用单一以欠款回收金额提成的考核方式。

(3)发卡银行应当及时就即将到期的透支金额、还款日期等信息提醒持卡人。持卡人提供不实信息、变更联系方式未通知发卡银行等情况除外。

(4)发卡银行应当对债务人本人及其担保人进行催收,不得对与债务无关的第三人进行催收,不得采用暴力、胁迫、恐吓或辱骂等不当催收行为。对催收过程应当进行录音,录音资料至少保存 2 年备查。

(5)发卡银行收到持卡人对信用卡催收提出的异议,应当及时对相关信用卡账户进行备注,并开展核实处理工作。

3. 控制手段

人机并控。

4. 评价方式

抽样测试或穿行测试。

(七)违约管理

1. 评价要点

(1)是否及时追究持卡人的违约责任,实行经济(收费)制裁?

(2)是否采取保全措施?

2. 评价标准

（1）对于持卡人的违约责任，应及时按规定收取相关费用作为经济制裁。

（2）采取保全措施。发现主卡持卡人失踪、死亡、丧失还款能力或连续 4 个月不偿还最低还款额的，发卡机构须对其名下所有卡片止付，并采取相应的债务追索措施；采用担保方式办卡的，发卡机构可要求其保证人履行保证责任或用其质物冲抵欠款。必要时还应提请司法机关追究持卡人的法律责任。

3. 控制手段

人控或机控。

4. 评价方式

抽样测试。

八、监督

（一）处理处罚

1. 评价要点

违规问题的处理处罚是否适当？

2. 评价标准

主管人员和相关责任人员有下列行为之一的，根据情节轻重给予经济处罚或进行通报批评、警告、严重警告、记过、记大过、开除等处分：

（1）违反规定对不符合发卡条件的个人或单位办理银行卡的。

（2）未按规定对信用卡申请人进行资信审查授予信用额度并造成损失的。

（3）违反规定授权批准持卡人超过规定金额透支的。

（4）在持卡人发生透支后未按规定及时采取追索措施的。

（5）违反规定利用信用卡给持卡人协议透支或帮助单位和个人利用信用卡套取现金。

（6）违反规定使用和保管各种银行卡业务重要空白凭证，以及各类卡片和待发出的密码信封等以及发卡审批、透支催收、呆账核销、收单业务等材料的。

（7）对不得混岗操作的岗位安排混岗操作的，银行卡打卡、授权、会计人员及其他重要岗位工作人员自行混岗的。

（8）违反规定给持卡人开具保证金存单或者其他定期存单的。

（9）违反规定对应核销的银行卡呆账、坏账和应列支的其他损失，不核销、长期挂账的。

（10）违规核销银行卡呆账、坏账和其他损失的。

（11）违反规定将有关批准银行卡透支呆账、坏账核销和其他损失列支的文件向持卡人和担保人披露的。

（12）未按规定对持卡人进行卡片升级、额度调整、换卡、销卡、挂失、冻结、止付等重要业务操作。

（13）未在设定的权限内办理相关银行卡业务。

（14）发现商户存在银联所列的虚假申请、侧录、套现、恶意倒闭、违规移机等风险情况，未按规定进行处置的，对于有协助、纵容、参与商户套现等违规行为的。

3. 控制手段

人控。

4. 评价方式

抽样测试。

（二）档案管理

1. 评价要点

是否按规定建立银行卡业务档案？

2. 评价标准

（1）申请书填写合规，资料保存齐全。

（2）资料保存符合规定，及时更新资料，交接做到有记录。

（3）建立调阅制度，不存在资料信息外泄。

（4）发卡机构对同意发卡的申请资料应归档管理，并永久保存。未批准发卡的申请资料应至少存档3个月，经发卡机构贷记卡业务部门负责人（及）以上管理人员批准后，指定2人以上共同销毁。

3. 控制手段

人控或机控。

4. 评价方式

抽样测试。

（三）监控制度

1. 评价要点

是否建立风险管理部门监控制度、审计部门审计监控制度？

2. 评价标准

应建立风险管理部门监控制度、审计部门审计监控制度，具体规定如下：

（1）绩效考评应包括银行卡业务风险控制的内容。

（2）建立银行卡业务内部风险控制绩效监测程序。

（3）监测数据和结果应得到记录。监测结果的信息应得到有效传递和利用。

（4）对违规、险情、事故的发现、报告、处置和纠正与预防措施已有成文规定。

（5）对银行卡业务各环节出现的问题（违规、险情和事故)经过适当程序确认，并责成相关工作人员及时进行纠正。

（6）对银行卡业务违规造成的风险和损失逐笔进行责任认定，并按规定对有关责任人进行处理。

3. 控制手段

人控。

4. 评价方式

符合性测试。

（四）检查制度

1. 评价要点

是否建立信用卡业务和库存定期检查制度和定期开展审计？

2. 评价标准

建立业务和库存定期检查制度；并定期开展相关业务的审计。

3. 控制手段

人控。

4. 评价方式

符合性测试。

九、评价依据

《商业银行信用卡业务监督管理办法》(中国银监会令 2011 年第 2 号)。

第十七子系统——投行业务

一、内部控制环境

（一）投行业务风险管理政策与程序

1. 评价要点

是否建立了投行业务风险管理政策和程序？

2. 评价标准

商业银行应当制定适用于整个银行机构的、正式的书面风险管理政策和程序，包括市场风险、流程性风险。商业银行应当根据本机构市场风险状况和外部市场的变化情况，及时修订和完善市场风险和流动性风险管理政策和程序。

3. 评价手段

人控。

4. 评价标准

符合性测试。

（二）管理政策熟悉程度

1. 评价要点

投行业务政策是否传达至投行工作人员并为其所熟悉？

2. 评价标准

经抽象测试，员工得分在 90 分（含 90 分）以上的为良好；得分在 80 分（含 80 分）至 90 分的为一般；得分在 80 分以下的为较差。

3. 控制手段

人控。

4. 评价方式

书面知识测试。

（三）部门设置

1. 评价要点

部门分工是否明确？

2. 评价标准

根据各类投行业务风险控制的要求,明确各部门的职责。

3. 控制手段

人机并控。

4. 评价方式

抽样测试、穿行测试。

（四）岗位设置

1. 评价要点

岗位设置是否做到分工合理、职责明确？是否建立岗位之间相互监督制约机制,做到前、中、后台分离？是否做到代客交易与自营交易分离？

2. 评价标准

岗位设置做到分工合理、职责明确;建立岗位之间相互监督制约机制并做到前、中、后台分离;代客交易与自营交易分离。

3. 评价手段

人机并控。

4. 评价方式

抽样测试、穿行性测试。

（五）职责、权限控制

1. 评价要点

投资银行部门职责及部门人员的职责、权限和任职条件是否有明确的书面规定,并执行到位？

2. 评价标准

投资银行部门人员的职责、任职条件得到明确的书面规定。人员的职责、任职条件的规定和授权制度执行到位。

3. 控制手段

人机并控。

4. 评价方式

抽样测试、穿行性测试。

（六）人员管理

1. 评价要点

操作人员是否经过培训,并具备相应的资格证书。

2. 评价标准

操作人员应经过专业培训,且具备资金交易员资格证书。

3. 评价手段

人机并控。

4. 评价方式

符合性测试。

(七)考核激励机制

1. 评价要点

是否按规定制定和执行交易员考核激励和尽职问责机制?

2. 评价标准

制定了投行业务相关的考核办法。对每个岗位制定了相应的考核办法。根据考核办法计算薪酬。

3.评价手段

人控。

4. 评价方式

符合性测试。

二、内控目标

1. 评价标准

(1)核心一级资本充足率。核心资本净额÷(风险加权资产+12.5倍的市场风险资本)×100%≥5%。

(2)资本充足率。资本净额÷(风险加权资产+12.5倍的市场风险资本)×100%≥8%。

(3)杠杆率。一级资本÷调整后表内外资产余额≥4%。

(4)流动性比例。流动性资产÷流动性负债×100%≥25%。

(5)净稳定融资比例。可用的稳定比率÷业务所需的稳定资金×100%≥100%。

(6)流动性缺口率。流动性缺口÷90天内到期表内资产×100%,控制在0%～10%。

(7)核心负债依存度。核心负债÷总负债×100%,控制在60%～75%。

（8）同业负债集中度。单一机构拆入资金÷本机构各项存款×100% ≤1%。

（9）利率风险敏感度。利率上升 200 个基点对银行净值影响÷资本净额× 100%≤5%。

（10）投资潜在损失率。（各项投资市场价值－各项投资账面余额）÷资本 净额×100%，控制在 0.1% 以内。

2. 控制手段

人控。

3. 评价方式

符合性测试。

三、事件识别

（一）业务准入

1. 评价要点

投行相关业务开展是否符合市场准入要求？

2. 评价标准

投行相关业务开展应符合如下市场准入要求。

1）债券交易

（1）债券交易品种包括回购和现券买卖两种，回购是交易双方进行的以债券为权利质押的一种短期资金融通业务。债券是指经中国人民银行批准可用于在全国银行间债券市场进行交易的政府债券、中央银行债券和金融债券等记账式债券。

（2）进入全国银行间债券市场，应签署债券回购主协议。

（3）参与者应在中央结算公司开立债券托管账户，并将持有的债券托管于其账户。

2）同业拆借

（1）同业拆借的交易双方必须是经中国人民银行批准进入全国银行间同业拆借市场的金融机构。

（2）同业拆借交易必须在全国统一的同业拆借网络中进行。

（3）总行统一办理，分支机构不得办理。

（4）拆借的客户必须是本机构的同业授信客户，拆借的金额必须小于等于授信金额。

3）转贴

（1）首次与本机构发生票据业务的金融机构，须向本机构提交金融业务许可证复印件、经年检合规的公司营业执照复印件、单位代码证书及法人身份证复印件、法人代表授权书或介绍信、经办人身份证复印件。

（2）转贴的来源有两种，支行向总行申请转贴或其他金融机构向本机构申请转贴。转贴时应提供资料有：支行提交的"承兑汇票行内转贴现申请书"（或其他金融机构提交的转贴现合同）；银行承兑汇票原件、相对应的查询查复书（盖业务公章，查询日应早于贴现日）、转贴现凭证、贴现凭证第一联复印件。

（3）商业汇票转贴现分买断与回购两种形式。买断式转贴现指卖出方将未到期的已帖现商业汇票以约定的价格向买入方背书转入，票据到期后由买入方直接向承兑人收款，而回购式转贴现于转贴现期限届满再回购原转出票据。

4）再贴

向人民银行办理再贴现，应向人民银行提供下列资料：

（1）人民银行再贴现申请表一览表，单笔 300 万元及以上另填制大额再贴现申请表，并在申请表上首盖行内公章。

（2）人民银行上海分行银行承兑汇票再贴现业务查询书，并在下首盖本机构公章。

（3）再贴现凭证。

（4）银行承兑汇票原件及复印件。

（5）贴现凭证第一联复印件（盖贴现支行结算章）。

（6）银行承兑汇票查询查复书复印件。

5）信贷资产转入、回购

（1）信贷资产转让、回购业务的交易对象仅限于金融同业机构。

（2）可转让、回购的信贷资产仅限于金融机构向非金融企业授信形成的信贷资产，并为正常类信贷资产。

3. 评价手段

人控。

4. 评价方法

符合性测试。

（二）市场行情调查

1. 评价要点

交易人员是否通过正常途径了解市场行情，操作是否规范？

2. 评价标准

交易人员了解市场行情的途径如下：

1）债券交易

（1）债券交易以询价方式进行，自主谈判，逐笔成交。

（2）债券投标、债券承销时由交易员填报债券投标审批表，经部门讨论确认投标方案。

2）同业拆借

前台交易人员负责信用拆借的询价、报价、成交。

3）转贴入

投资银行部根据市场行情、市场信息寻找交易对手，向市场询价、报卖。

3. 评价手段

人机并控。

4. 评价方式

符合性测试、抽样测试。

四、风险评估

（一）同业授信客户风险评估

1. 评价要点

是否对同业授信客户，根据各类指标进行风险评估，对授信客户的流动性、安全性、效益性进行综合测评，从定量和定性两方面进行充分分析？

2. 评价标准

定量分析着重分析不同类别客户的主要评价指标，主要指标：存贷比、核心负债比率、资本充足率、不良资产率、资产收益率、资本收益率。

定性分析应着重分析同业客户的内部风险控制和经营管理水平，以及客户的同业竞争能力和抵押经营环境变化的能力。

3. 评价手段

人控。

4. 评价方式

符合性测试。

（二）对市场风险进行评估

1. 评价要点

是否按规定对市场风险进行评估？风险评估的方法是否有效？

2. 评价标准

对市场进行风险评估的规定如下：

（1）对银行账户和交易账户中不同类别的市场风险选择适当的、普遍接受的计量方法，基于合理的假设前提和参数，计量承担的所有市场风险。

（2）商业银行可以采取不同的方法或模型计量银行账户和交易账户中不同类别的市场风险。

（3）商业银行应当对交易账户头寸按市值每日至少重估一次价值，市值重估应严格执行独立性原则。

（4）交易中台应当按照市场价格计算交易头寸的市值和浮动盈亏情况，对资金交易产品的市场风险、头寸市值变动进行实时监控。

3. 评价手段

人控。

4. 评价方式

符合性测试。

五、风险回应

（一）业务审查

1. 评价要点

是否按规定进行风险监控和业务审查？

2. 评价标准

风险监控和业务审查的规定如下：

（1）交易中台应当核对前台交易的授权交易限额、交易对手的授信额度和交易价格。

（2）票据经办人员对转贴申请资料的齐全性、票据的要式性和文义性是否符合有关法律、法规和规章制度的规定进行初审。

3. 控制手段

人控。

4. 评价方式

抽象测试、符合性测试。

（二）限额管理

1. 评价要点

是否对市场风险实施限额管理？

2. 评价标准

对市场风险实施限额管理的规定如下：

（1）商业银行应当对市场风险实施限额管理，制定对各类和各级限额的内部审批程序和操作规程，根据业务性质、规模、复杂程度和风险承受能力设定、定期审查和更新限额。

（2）市场风险限额包括交易限额、风险限额及止损限额等。

（3）核定短期融资券、企业债、中期票据等信用产品投资额度。

（4）同业拆借资金余额不得超过中国人民银行核定的限额。

（5）进行买断式回购，任何一家市场参与者单只券种的待返售债券余额应小于该只债券流通量的 20%，任何一家市场参与者待返售债券总余额应小于其在中央国债登记结算有限责任公司（以下简称中央结算公司）托管的自营债券总量的 200%。

3. 评价手段

人控。

4. 评价方法

符合性测试。

（三）期限管理

1. 评价要点

期限管理是否合理？

2. 评价标准

期限管理的规定如下：

（1）买断式回购的期限由交易双方确定，但最长不得超过91天。交易双方不得以任何方式延长回购期限。

（2）信贷资产回购业务的到期日不得超过该信贷资产相关合同约定的到期日。

（3）回购式转贴现的回购日最迟为汇票到期日前7天。

（4）同业拆入资金的最长期限为1年。

（5）同业拆出资金的最长期限为半年，且不得超过对手方由中国人民银行规定的拆入资金最长期限。

（6）同业拆借到期后不得展期。

3. 控制手段

人机并控。

4. 控制方式

符合性测试。

六、内部控制措施

（一）授信管理

1. 评价要点

是否制定同业授信管理办法、是否对信用类产品进行同业授信，授信管理是否到位？

2. 评价标准

（1）总行应对单一境内、外法人金融机构核定本机构承担其最高信用风险控制额度及额度使用。

（2）同业授信包括但不限于下列业务品种：债券投资及回购、信贷资产转让及回购、票据转贴现及回购、同业拆借、存放同业、透支、贷款、担保、代理、外汇交易和金融衍生产品交易等国家金融监管部门品种的各类授信业务。

（3）对信用拆出机构的授信总额不得超出人民银行规定的该机构的信用拆入限额。

（4）信贷资产转让、回购业务通过信贷资产转让业务转让本机构的信贷资产视同本机构自营贷款,纳入借款人在本机构的授信额度及信贷余额。

(5)投资银行部为同业授信的申报部门,负责对拟授信客户进行调查分析,授信管理部负责审查,贷款审批委员会集体决策。

3. 控制手段

人机并控。

4. 评价方式

符合性测试、抽样测试。

(二)授权、审批管理

1. 评价要点

是否制定各项投行业务的审批权限? 执行是否到位?

2. 评价标准

制定的各项投行业务审批权限如下:

(1)债券的业务种类和投资品种必须经行长室书面批准。

(2)资金业务新产品的开发和经营应当经过行长室授权批准。

(3)债券投标、债券承销的投标方案报行长室审批同意后,业务部门进行才可投标。

(4)制定每个投行业务的操作流程和审批权限。

(5)按操作流程和审批权限报相关人员或单位进行审批。

资金交易员在自营信用产品时,应严格根据权限办理,对于短期融资券等高风险品种,均应事前报交易中台或部门负责人批准后买卖。

3. 控制手段

人机并控。

4. 评价方式

符合性测试、抽样测试。

(三)交易合同管理

1. 评价要点

是否与交易对方签订交易合同? 合同是否详细规定各方当事人的权利及违纪责任,防止对重要条款未约定、约定不明或约定无效?

2. 评价标准

签订交易合同的规定如下:

1) 债券

（1）进行债券交易，应订立书面形式的合同。合同应对交易日期、交易方向、债券品种、债券数量、交易价格或利率、账户与结算方式、交割金额和交割时间等要素作出明确的约定，其书面形式包括同业中心交易系统生成的成交单、电报、电传、传真、合同书和信件等。

（2）债券回购主协议和上述书面形式的回购合同构成回购交易的完整合同。

（3）以债券为质押进行回购交易，应办理登记；回购合同在办理质押登记后生效。

（4）债券投标、债券承销投标结束后，根据中标情况，与分销客户签订分销合同。

2) 同业拆借

金融机构进行同业拆借交易，应逐笔订立交易合同。交易合同的内容应当具体明确，详细约定同业拆借双方的权利和义务。合同应包括以下内容：

（1）同业拆借交易双方的名称、住所及法定代表人的姓名。

（2）同业拆借成交日期。

（3）同业拆借交易金额。

（4）同业拆借交易期限。

（5）同业拆借利率、利率计算规则和利息支付规则。

（6）违约责任。

（7）中国人民银行要求载明的其他事项。

（8）交易合同可采用全国银行间同业拆借中心电子交易系统生成的成交单，或者采取合同书、信件和数据电文等书面形式。

3) 信贷资产转让、回购

信贷资产转让业务项下，转让方应当与信贷资产的借款方重新签订协议，确认变更后的债权债务关系，自主保管信贷资产正本合同、信贷档案资料、借据等法律文本。

3. 控制手段

人机并控。

4. 评价方式

符合性测试、抽样测试。

（四）资金清算

1. 评价要点

资金清算是否符合规定？

2. 评价标准

资金清算的规定如下：

（1）商业银行应通过其准备金存款账户和人民银行资金划拨清算系统进行债券交易的资金结算。

（2）债券交易结算方式包括券款对付、见款付券、见券付款和纯券过户四种。具体方式由交易双方协商选择。

（3）交易双方应按合同约定及时发送债券和资金的交割指令，在约定交割日有用于交割的足额债券和资金，不得买空或卖空。

（4）买断式回购以净价交易，全价结算。

（5）买断式回购的首期交易净价、到期交易净价和回购债券数量由交易双方确定，但到期交易净价加债券在回购期间的新增应计利息应大于首期交易净价。

（6）买断式回购首期结算金额与回购债券面额的比例应符合中国人民银行的有关规定。

（7）进行买断式回购，交易双方可以按照交易对手的信用状况协商设定保证金或保证券。设定保证券时，回购期间保证券应在交易双方中的提供方托管账户冻结。

（8）债券投标、债券承销与分销商签订合同后，清算员根据分销合同收取债券缴款资金，按时划拨债券。

（9）业务部门后台人员负责成交确认和汇款凭证的填写。清算中心负责资金清算，对业务部门提交的"汇款凭证"（必须有制单人、核单人、审单人签字）和成交单上的结算金额需进行双人复核，无误后办理划款。

（10）会计部门收到商业汇票还需对票据的要式性和文义性进行审查，并复核利息。审核无误后登记表外质押物有价证券科目。

3. 评价手段

人机并控。

4. 评价方式

符合性测试、抽样测试。

（五）金融资产分类管理

1. 评价要点

债券是否按金融资产四分类的要求进行分类，会计核算是否准确？

2. 评价标准

债券的分类和会计核算要求如下：

（1）所有买入的债券分类必须符合全行总体规划，且经过适当的审批。

（2）债券分类应该与债券交易的法律形式和经济实体相符。债券资产的划分应该保持连续性，重分类应该规范。重分类必须经过管理层审批。后台记账人员必须根据分类认定表、成交单进行账务处理。

（3）持有至到期投资应该按实际利率法计量。

（4）交易性金融资产的交易费应该计入当期损益；其他类计入债券成本。

（5）每日日终应该对交易性债券进行估值，资产负债表日，将公允价值变动计入当期损益。

（6）划分为贷款及应收款项、可供出售金融资产、持有至到期投资的债券应该计提相应的减值准备。

（7）可供出售金融资产每月末按公允价值进行估值，并根据估值与账面净值差额部分调整资本公积。

3. 评价手段

人机并控。

4. 评价方式

符合性测试、抽样测试。

（六）有价证券及抵（质）押物的保管

1. 评价要点

是否按有价证券及抵（质）押物保管要求进行保管，并定期核对账实是否相符？

2. 评价标准

有价证券及抵（质）押物保管的规定如下：

1）债券交易

（1）回购期间，交易双方不得动用质押的债券。

（2）参与者不得从事借券、租券等融券业务。

2）票据转贴贴入

（1）商业汇票原件由会计部门负责保管，每月至少一次核对保管的票据，做到账实相符。

（2）对需回购的票据，原则上应有转出行业务人员、转入行业务人员共同封包签字后交转入的会计部门保管。如本机构派人送票，需办理出票审批手续。如对方派人前来取票，需由本机构业务部门经办人员陪同向会计部门领取。

3）信贷资产转让

（1）信贷资产转让，有转出方依法通知相关债务人，取得借款人、担保人同意并取得书面回执。

（2）如保证人不同意的，转出方应和借款人协商，应更换保证人或提供新的抵（质）押物。

（3）拟转让的信贷资产有抵（质）押物的，应当完成抵（质）押物变更登记手续或将质物移交占有、交付，确保提保物权有效转移。

2. 评价手段

人控。

3. 评价方式

符合性测试、抽样测试。

七、信息与沟通

（一）投行业务后期管理

1. 评价要点

资金用途是否合规？后期管理是否跟上？风险提示是否及时？

2. 评价标准

1）债券交易

（1）参与者进行债券交易不得在合同约定的价款或利息之外收取未经批准的其他费用。

（2）债券回购主要用于弥补短期头寸不足和融出临时性资金结余，不得将回购资金用于发放贷款。

2）拆借

不得利用拆入资金发放固定资产贷款、买卖房地产、购买股票或给企业买卖股票和房地产的行为。

3）转贴

（1）会计部门在票据到期前，应在法定提示付款期内办理委托收款手续。

（2）对收款期限内尚未收到的委划票款，会计部门必须在该票据期限届满的次日向承兑行及管辖行和当地人民银行发出承兑汇票逾期付款通知书。

（3）如果贴现票据到期不获付款，会计部门应及时通知业务部门，对于未收回部分，应按《票据法》规定行使追索权。

4）信贷资产转让

（1）本机构转入的信贷资产按信贷资产管理要求进行贷后管理。

（2）正回购方仍是信贷资产的债权人，继续负责贷后检查、管理及督促债务人按时还本付息等事项。

3．控制手段

人控。

4．评价方式

符合性测试、抽样测试。

（二）信息披露

1．评价要点

是否按要求进行披露？

2．评价标准

信息披露的标准如下：

（1）进入同业拆借市场的金融机构承担向同业拆借市场披露信息的义务。金融机构的董事或法定代表人应当保证所披露的信息真实、准确、完整、及时。

（2）金融机构应每季定期以书面形式向人民银行当地分支行报告其在全国银行间债券市场的活动情况。

（3）有关风险情况的报告应当定期、及时向董事会、高级管理层和其他管理人员提供。不同层次和种类的报告应当遵循规定的发送范围、程序和频率。

3．控制手段

人控。

4. 控制方式

符合性测试。

（三）风险预案

1. 评价要点

是否建立风险应对措施，是否按监管部门要求向其汇报？

2. 评价标准

风险应对措施包括如下内容：

（1）商业银行应当对市场风险有重大影响的情形制定应急处理方案。

（2）商业银行应当将压力测试的结果作为制定市场风险应急处理方案的重要依据，并定期对应急处理方案进行审查和测试，不断更新和完善应急处理方案。

（3）商业银行应当按照规定向银监会报送与市场风险有关的财务会计、统计报表和其他报告。委托社会中介机构对其市场风险的性质、水平及市场风险管理体系进行审计的，还应当提交外部审计报告。

3. 评价手段

人机并控。

4. 评价方式

穿行测试、符合性测试、抽样测试。

八、监督

（一）处理处罚

1. 评价要点

是否建立了处理处罚办法？处理是否适当？

2. 评价标准

建立了处理处罚办法。按办法进行处理处罚。商业汇票保管未执行本机构重要有价证券管理规定，造成票据遗失，被盗窃，按照有价证券管理规定处罚。商业汇票被盗窃，会计部门结算人员长期未去委托收款，造成较大损失的，按照资金结算管理规定处罚。

3. 评价手段

人控。

4. 评价方式

符合性测试。

（二）档案管理

1. 评价要点

业务部门是否建立各类投行业务的档案？档案立卷、装订、保管是否规范？

2. 评价标准

金融机构应当依法妥善保存其所有交易记录和与交易记录有关的文件、账目、原始凭证、报表、电话录音等资料。完善票据交接登记制度、保管制度、出入库登记制度，在交付保管前避免空白背书，确保票据安全。

3. 控制手段

人控。

4. 评价方式

符合性测试。

（三）绩效监测程序

1. 评价要点

是否建立内部控制绩效监测程序？

2. 评价标准

建立和执行内部控制绩效监测程序。

3. 控制手段

人控。

4. 评价方式

符合性测试。

（四）监控制度

1. 评价要点

是否对投资银行业务的操作合规性和风险控制情况实施有效的监督？

2. 评价标准

对投资银行业务监督的要点如下：

（1）商业银行的内部审计部门应当定期（至少每年一次）对市场风险管理体

系各个组成部分和环节的准确、可靠、充分和有效性进行独立的审查和评价。

（2）商业银行在引入对市场风险水平有重大影响的新产品和新业务、市场风险管理体系出现重大变动或者存在严重缺陷的情况下，应当扩大市场风险内部审计的范围和增加内部审计频率。

（3）内部审计力量不足的商业银行，应当委托社会中介机构对其市场风险的性质、水平及市场风险管理体系进行审计。

3. 评价手段

人控。

4. 评价方式

符合性测试。

九、评价依据

（一）《商业银行市场风险管理指引》（中国银行业监督管理委员会第 30 次主席会议通过）。

（二）《商业银行流动性风险管理指引》（银监发［2009］87 号）。

（三）《全国银行间债券市场债券交易管理办法》（中国人民银行令［2000］第 2 号）。

（四）《全国银行间债券市场债券买断式回购业务管理规定》（中国人民银行令［2004］第 1 号）。

（五）《全国银行间债券市场债券远期交易管理规定》（中国人民银行公告［2005］第 9 号）。

（六）《同业拆借管理办法》（中国人民银行令［2007］第 3 号）。

第十八子系统——存款业务

一、内部控制环境

（一）存款业务政策、制度熟悉程度

1. 评价要点

存款业务政策、制度是否传达至存款业务人员并为其所熟悉？

2. 评价标准

经抽样测试,员工得分在 90 分(含 90 分)以上的为良好;得分在 80 分(含 80 分)至 90 分的为一般;得分在 80 分以下的为较差。

3. 控制手段

人控。

4. 评价方式

书面知识测试。

(二) 存款业务管理部门

1. 评价要点

(1) 是否设立存款业务管理部门(岗位)?

(2) 对不同币种、不同客户对象、不同种类的存款业务是否进行统一管理?

2. 评价标准

(1) 设立存款管理部门(岗位),设置内部操作流程。

(2) 对不同币种、不同客户对象、不同种类的存款进行统一管理。

3. 控制手段

人机并控。

4. 评价方式

抽样测试、穿行测试。

(三) 岗位设置

1. 评价要点

存款业务岗位及设置是否做到分工合理、职责明确、相互制约? 是否设置了反洗钱业务岗位?

2. 评价标准

存款业务岗位设置分工合理、职责明确。存款业务关键岗位工作人员实行定期或不定期的人员轮换和强制休假制度。设置反洗钱业务岗位。

3. 控制手段

人机并控。

4. 评价方式

抽样测试、穿行测试。

（四）职责、权限及任职资格控制

1. 评价要点

存款业务人员及反洗钱业务岗位人员的职责、权限和人员任职条件是否得到明确的书面规定？

2. 评价标准

有关存款业务（国际业务）操作人员的职责、权限和人员适任条件有明确的书面规定，并执行到位。存款业务（国际业务）操作人员能按审批人员授权范围的职责、权限规定执行操作。能明确反洗钱业务岗位人员的职责及要求。

3. 控制手段

人机并控。

4. 评价方式

抽样测试、穿行测试。

（五）持证上岗

1. 评价要点

存款业务人员是否做到持证上岗？

2. 评价标准

（1）现有存款业务人员经有权部门统一考试合格，全部做到持证上岗。

（2）无证人员对参与存款业务操作和授权情况。

3. 控制手段

人控。

4. 评价方式

符合性测试。

（六）考核激励机制

1. 评价要点

是否按规定制定和执行存款业务考核激励机制？

2. 评价标准

（1）制定和执行存款业务考核激励机制的书面材料。

（2）严格实施存款业务人员考核激励，并对考核结果有详细记录。

（3）要建立有效的激励机制，调动支农联络员的工作积极性。

3．控制手段

人机并控。

4．评价方式

符合性测试、穿行测试。

二、内控目标

1．评价标准

（1）存款业务年度及中长期综合发展计划与本机构发展战略相一致。

（2）制定了切实可行的存款业务业绩指标。

（3）存贷款比例：各项贷款总额÷各项存款总额×100%，控制在60%～75%。

（4）备付金率：（库存现金＋存放央行款项＋存放央行清算汇票款＋存放同业）÷人民币各项存款期末余额×100%，控制在≥5%。

（5）客户存款集中度：最大十户存款总额÷各项存款×100%，控制在5%～10%。

（6）同业负债集中度：单一机构拆入资金÷本银行各项存款，控制在≤1%。

（7）存款对账单收回率为100%。

（8）客户投诉事件处置。规划期内及时处置客户投诉事件，处置率为100%。

2．控制手段

人机并控。

3．评价方式

符合性测试。

三、事件识别

（一）存款账户开立

1．评价要点

（1）存款开户准入是否符合规定要求？开户资料和手续是否完备？开户审批制度是否健全？协定存款业务是否符合相关规定？

（2）储户及个人结算开立账户是否符合实名制规定？户名和身份证号码是否真实？

2. 评价标准

（1）申请开立"基本存款账户"应出具下列文件资料：① 企业法人，应出具企业法人营业执照正本。② 非法人企业，应出具企业营业执照正本。③ 机关和实行预算管理的事业单位，应出具政府人事部门或编制委员会的批文或登记证书和财政部门同意其开户的证明；非预算管理的事业单位，应出具政府人事部门或编制委员会的批文或登记证书。④ 军队、武警团级（含）以上单位以及分散执勤的支（分）队，应出具军队军级以上单位财务部门、武警总队财务部门的开户证明。⑤ 社会团体，应出具社会团体登记证书，宗教组织还应出具宗教事务管理的批文或证明。⑥ 民办非企业组织，应出具民办非企业登记证书。⑦ 外地常设机构，应出具其驻在地政府主管部门的批文。⑧ 外国驻华机构，应出具国家有关主管部门的批文或证明；外资企业驻华代表处、办事处应出具国家登记机关颁发的登记证。⑨ 个体工商户，应出具个体工商户营业执照正本。⑩ 居民委员会、村民委员会、社区委员会，应出具其主管部门的批文或证明。⑪ 独立核算的附属机构，应出具其主管部门的基本存款账户开户登记和批文。⑫ 其他组织，应出具政府主管部门的批文或证明。除上述原件外还应出具组织代码证（除个体工商户、军队、武警部队）；法人代表身份证原件和复印件；开户企业为从事生产、经营活动纳税人的还应出具税务部门的税务登记证。

（2）申请开立"一般存款户"应出具下列文件资料：① 出具开立基本存款账户规定的证明文件。② 基本存款户开户许可证。③ 存款人因向银行借款需要，应出具借款合同。④ 存款人因其他结算需要，应出具有关证明。

（3）申请开立"专用存款账户"应出具下列文件资料：① 出具开立基本存款账户规定的证明文件。② 基本存款账户开户许可证。③ 基本建设资金、更新改造资金、政策性房地产开发资金、住房基金、社会保障基金，应出具主管部门批文。④ 财政预算外资金，应出具财政部门的证明。⑤ 粮、棉、油收购资金，应出具主管部门批文。⑥ 单位银行卡备用金，应按照中国人民银行批准的银行卡章程的规定出具有关证明和资料。⑦ 证券交易结算资金，应出具证券公司或证券管理部门的证明。⑧ 期货交易保证金，应出具期货公司或期货管理部门的证明。⑨ 金融机构存放同业资金，应出具证明。⑩ 收入汇缴资金和业务支出资金,应出具基本存款账户存款人有关的证明。⑪ 党、团、工会设在单位的组织机构经费,应出具该单位或有关部门的批文或证明。⑫ 其他规定需要专项管理和使用的资金,应出具有关法规、规章或政府部门的有关文件。

(4) 申请开立"临时存款账户"应出具下列证明文件:① 临时机构,应出具其驻地主管部门同意设立临时机构的批文。② 异地建筑施工及安装单位,应出具其营业执照正本或其隶属单位的营业执照正本,以及施工及安装地建设主管部门核发的许可证或建筑施工及安装合同,并出具其基本存款账户开户许可证。③ 异地从事临时经营活动的单位,应出具其营业执照正本以及临时经营工商行政管理部门的批文并出具其基本存款账户开户许可证。④ 注册验资资金,应出具工商行政管理部门核发的企业名称预先核准通过书或有关部门的批文。

(5) 开立单位结算账户,自核准或备案之日起 3 个工作日后,方可办理付款业务,但注册验资的临时存款账户(验资户)转为基本存款账户和因借款转存开立的一般账户除外。

(6) 外汇账户的开立和使用情况应符合外汇管理的规定。

(7) 储蓄存款及个人结算账户开户时应提供身份证件。

(8) 客户申请开立单位定期存款,应填写"定期存款开户申请书"(由"开户申请书"代),转出活期存款账户未在本机构开户的,还应提供营业执照、组织机构代码证、基本存款账户开户许可证等证明原件及其复印件,并预留印鉴。

(9) 金融机构开办协定存款业务须经中国人民银行批准,并遵守经人民银行核准的协定存款章程。协定存款利率按中国人民银行公布的执行。

3. 控制手段

人控。

4. 评价方式

抽样测试。

(二) 存取款业务

1. 评价要点

存取款业务是否符合规定要求?

2. 评价标准

存取款业务应符合下述规定:

（1）当单笔存（或取）款的金额达到或超过人民币 5 万元（含）或者外币等值 1 万美元（含）时，应提供户主的有效身份证件或者身份证明文件。

（2）个人购汇提现或从外汇储蓄账户取现，单笔或当日累计在规定金额以上的，需向当地外管局报备。

（3）一般存款账户不得支取现金。

（4）专用账户收入专户不得支取现金。

（5）存款人尚未清偿其开户银行债务的，不得申请撤销该账户。

3. 控制手段

人控。

4. 评价方式

抽样测试。

（三）存款业务的查询、冻结和扣划

1. 评价要点

存款账户查询、冻结和扣划是否符合规定要求？

2. 评价标准

存款账户查询、冻结和扣划应符合下述规定：

（1）查询、冻结、扣划存款通知书与解除冻结、扣划存款通知书均应由有权机关执法人员依法送达，各机构不得接受有权机关执法人员以外的人员代为送达上述通知书。

（2）协助有权机关查询的资料应限于存款资料，包括被查询单位或个人开户、存款情况以及与存款有关的会计凭证、账簿、对账单等资料。

（3）协助有权机关查询、冻结、扣划业务应建立登记制。

3. 控制手段

人控。

4. 评价方式

抽样测试。

（四）存款挂失业务

1. 评价要点

存款业务挂失是否符合规定要求？

2. 评价标准

客户在开户机构申请凭证或支取方式的书面挂失的,应填写"挂失申请书"一式三联,同时提交存款人身份证件;代理他人挂失的,同时提供代理人和存款人的身份证件。

3. 控制手段

人控。

4. 评价方式

抽样测试。

四、风险评估

1. 评价要点

对存款业务是否进行风险评估,并以合规风险、操作风险等为核心,从定性和定量两个方面进行分析评估?

2. 评价标准

定性评估内容至少包括以下几方面:

(1) 存款业务的风险评估程序和方法有效并具有可操作性。

(2) 对存款业务的风险后果及发生的可能性等进行评估,并出具评估报告。

(3) 个人在金融机构开立个人存款账户时,必须严格执行实名制规定。

(4) 加强对空白重要凭证和印鉴的管理,杜绝内部员工盗用空白凭证或印鉴诈取客户资金。

(5) 出现可能影响存款安全的不利情形时,应重新评估存款风险,以应对流动性等风险。

定量评估内容至少包括以下几方面:

(1) 存贷比例符合银监监管要求。

(2) 完成各项存款新增计划。

3. 控制手段

人控。

4. 评价方式

符合性测试。

五、风险回应

（一）存款利率

1. 评价要点

存款利率是否准确？

2. 评价标准

存款利率的确定应符合下述要求：

（1）根据存款利率政策规定，风险收益与市场利率匹配原则，合理确定存款利率。

（2）单位定期（活期）存款使用国家规定的利率。

（3）单位协定存款按"一个账户、一个余额、两个结息积数、两种利率"的方式管理。

3. 控制手段

人控。

4. 评价方式

抽样测试。

（二）存款利息

1. 评价要点

存款利息的计算是否准确？

2. 评价标准

利息支出的计算正确、利息支出记录在正确的会计期间。计算机计息程序完善，如错账冲正、串户调整，计算机调整的计息积数合理、正确。无人为进行计息积数及利息调整记录。

3. 控制手段

人机并控。

4. 评价方式

抽样测试。

（三）联网核查

1. 评价要点

是否按规定要求对存款业务开展公民信息联网核查？

2. 评价标准

在为客户办理业务时,必须按照存款实名制、"了解客户"原则及银行结算账户管理等有关规定,要求客户出示居民身份证等有效身份证件,并核查身份证的真实性。银行机构在核查身份证真实性时,可以采取联网核查公民身份信息系统、居民身份证阅读机具鉴别等方式加以核实。

3. 控制手段

人控。

4. 评价方式

抽样测试。

六、内部控制活动

（一）内控制度建设

1. 评价要点

（1）是否制定了成文的存款业务、支农联络员管理制度及反洗钱内部控制制度?

（2）是否根据有关法律、法规变动,经营环境发生的重大变化和执行中的实际情况定期更新?

2. 评价标准

（1）制定了成文的存款业务内控制度。要加强对支农联络员的工作考核,加强检查、监督,规范支农联络员的履职行为,防止支农联络员不履行职责或乱作为。金融机构应当按照反洗钱法规定建立健全反洗钱内部控制制度,金融机构的负责人应当对反洗钱内部控制制度的有效实施负责。

（2）根据有关法律、法规变动,经营环境发生的重大变化和执行中的实际情况定期更新存款业务制度。存款操作程序要覆盖所有业务过程,并符合法律、法规和监管要求。

3. 控制手段

人控。

4. 评价方式

抽样测试。

（二）存取款业务办理

1. 评价要点

存款业务的操作流程是否符合规定？

2. 评价标准

存款业务的操作流程应符合下述规定：

（1）当单笔存（或取）款的金额达到或超过人民币 5 万元（含）或者外币等值 1 万美元（含）时，原则上应同时核对存款人（或取款人）和户主的有效身份证件或者身份证明文件，并登记存款人（或取款人）、户主的姓名、联系方式以及身份证件或者身份证明文件的种类、号码。

（2）5 万元（含）以上的现金收付业务应经其他柜员复核并在凭证上盖章确认。

（3）个人购汇提现或从外汇储蓄账户取现，单笔或当日累计在规定金额以上的，需向当地外管局报备。柜员应根据当日客户累计取现发生金额，按不同的现金审批级别和所需资料进行大额现金审批。

（4）一般存款账户不得支取现金。

（5）专用账户收入专户不得支取现金。

（6）客户申请开立单位定期存款，应填写"定期存款开户申请书"（由"开户申请书"代），转出活期存款账户未在本机构开户的，还应提供营业执照、组织机构代码证、基本存款账户开户许可证等证明原件及其复印件，并预留印鉴。

（7）对存款和柜面业务办理、管理活动进行审批与授权，明确各级管理责任。

（8）对重要业务实行双签制度及授权执行情况。

（9）现金、重要空白凭证等管理符合实物限制、双重保管和定期盘存的要求。

3. 控制手段

人控。

4. 评价方式

抽样测试。

（三）存款账户销户

1. 评价要点

存款账户的销户是否符合规定？

2. 评价标准

存款账户的销户应符合下述规定：

（1）客户申请办理个人银行结算账户存折销户的，同时还应提交存折；支票户销户的，同时还应交回原购买尚未使用的支票等重要空白凭证，无法交回的，应提交未交回凭证的证明。

（2）存款人尚未清偿其开户银行债务的，不得申请撤销该账户。

（3）存款人撤销银行结算账户，应提交书面撤销账户申请，交回未使用的各种重要空白票据及结算凭证、开户许可证和留存的印鉴卡，并提供账户余额数，银行核对无误后方可办理销户手续。存款人未按规定交回各种重要空白票据及结算凭证的，应出具有关证明，造成损失的，由其自行承担。

（4）单位结算账户存款人申请销户的，应填写"撤销单位结算账户申请书"；提交开户许可证原件，交回印鉴卡及未使用的各种重要空白票据和结算凭证，未能交回的，提交经登报申明后的遗失证明。

（5）卡折并存的存款户，存折挂失的，卡可继续使用；卡挂失的，存折可继续使用；存折与卡同时挂失的，应作两次挂失。

3. 控制手段

人机并控。

4. 评价方式

抽样测试。

（四）存款业务的查询、冻结和扣划

1. 评价要点

存款账户查询、冻结和扣划是否符合规定？

2. 评价标准

存款账户查询、冻结和扣划应符合下述规定：

（1）协助查询、冻结和扣划存款工作应当遵循"依法合规、不损害存款人合法权益"的原则。

（2）查询、冻结、扣划存款通知书与解除冻结、扣划存款通知书均应由有权机关执法人员依法送达，各机构不得接受有权机关执法人员以外的人员代为送达上述通知书。

（3）协助有权机关查询的资料应限于存款资料，包括被查询单位或个人开户、存款情况以及与存款有关的会计凭证、账簿、对账单等资料。对上述资料，应当如实提供，有权机关根据需要可以抄录、复制、照相，但不得带走原件。

（4）协助有权机关查询、冻结、扣划业务应建立登记制。

3. **控制手段**

人控。

4. **评价方式**

抽样测试。

（五）挂失业务办理

1. **评价要点**

存款挂失业务办理是否符合规定？

2. **评价标准**

存款挂失业务办理应符合下述规定：

（1）客户在开户机构或其联网机构申请凭证（存折、卡、存单、开户证实书等）或支取方式办理口头挂失的，应填写"挂失申请书"一式三联，提供账号、卡号、存款金额等信息。

（2）客户在开户机构申请凭证或支取方式的书面挂失的，应填写"挂失申请书"一式三联，同时提交存款人身份证件；代理他人挂失的，同时提供代理人和存款人的身份证件。根据书面挂失收费标准，向柜员交付现金。

（3）正式挂失后约定期限内，客户因找回已挂失凭证或密码要求解除挂失的，应提交身份证件和原挂失申请书回单，无法提供原挂失申请书回单的，应出具证明，并重新填写挂失申请书第二联。

（4）凭证的挂失申请可由存款人本人或委托他人办理，但解除挂失或挂失期满办理补开或销户手续，必须由存款人本人办理。密码的挂失、解挂和补留比照凭证的挂失、解挂、补开处理。

（5）经审查打印信息与客户申请信息无误后，将第一、第二联挂失申请书交客户签字确认。

（6）一份存款证明书可涉及多个账户，但这些账户必须属于同一个客户（相同客户内码和名称）。

3. 控制手段

人控。

4. 评价方式

抽样测试。

（六）应急预案

1. 评价要点

是否建立应急预案，并定期进行演练？

2. 评价标准

建立并保持应急预案和程序，以识别存款业务可能发生的意外事件或紧急事件。事故或意外事件发生之后应及时进行评审，应急准备与可能发生的意外或紧急事件的性质相适应。

3. 控制手段

人控。

4. 评价方式

符合性测试。

七、信息与沟通

（一）信息的交流、沟通

1. 评价要点

对存款业务的文件、制度规定以及对信息了解的及时性和掌握程度如何？

2. 评价标准

制定存款和柜面业务相关信息的识别、收集、处理、交流和沟通的程序和制度。管理层能及时、全面地获得存款和柜面业务内部控制状况的信息，相关员工能充分了解存款和柜面业务的有关信息。险情、事故发生时，相关信息能得到及时报告和有效沟通。

3. 控制手段

人控。

4. 评价方式

抽样测试。

（二）账户核对

1. 评价要点

是否定期进行账户核对？

2. 评价标准

账户核对：

（1）同业往来（含人民银行、同业存款）、系统内往来应每月明细核对和余额核对，并换人复查。

（2）存折户应坚持在办理业务的当时账折核对相符；支票存款账户、保证金账户、单位定期存款账户、外币存款专户按季、单位贷款账户按季、个人贷款账户按年送发"余额对账单"与客户对账，在对账单产生次月内完成对账。

（3）存放同业款项采用双向对账的方式。

（4）对账人员不得与原记账人员、相关的客户经理混岗，对账后对账人员应在对账单回执、未达账清单等书面对账资料上签章。

（5）存在未达账的，会计主管应对未达账业务进行核实并签章确认。

（6）所有对账单收回率应为100%。

3. 控制手段

人机并控。

4. 评价方式

抽样测试、符合性测试。

（三）风险预警

1. 评价要点

对出现可能影响存款安全的不利情形时是否及时进行风险评估，发出预警，及时落实管理措施？

2. 评价标准

存款风险预警的规定如下：

（1）全面掌握和了解存款业务客户动向，对新客户开户后立即有大额资金收付发生。

（2）已转入不动户的账户或长期未发生业务，发生大额资金收付业务。

（3）临时存款账户未及时清理。

（4）为吸收存款，擅自提高（或变相提高）存款利率。

（5）存款单位支取定期存款未转入其基本存款账户或定期存款账户中提取现金。

（6）按照风险预警管理办法及其他相关规定申报风险预警，及时落实管理措施。

3. 控制手段

人控。

4. 评价方式

抽样测试。

八、监督

（一）监督机制

1. 评价要点

是否建立存款业务监督机制？

2. 评价标准

建立存款业务监督机制主要包括如下内容：

（1）绩效考评应包括存款业务风险控制的内容。

（2）建立存款业务内部风险控制绩效监测程序。

（3）对存款和柜面业务，应建立业务部门检查制度、风险管理部门监控制度、审计部门审计监督制度。

（4）监测数据和结果应得到记录。监测结果的信息应得到有效传递和利用。

（5）对违规、险情、事故的发现、报告、处置和纠正与预防措施已有成文规定。

（6）对存款业务各环节出现的问题（违规、险情和事故）经过适当程序确认，并责成相关工作人员及时进行纠正。

（7）对存款和柜面业务违规造成的风险和损失逐笔进行责任认定，并按规定对有关责任人进行处理。

（8）按中国银监会要求制定了《存款风险滚动式检查制度》，存款风险滚动式检查每年达到 2 次以上,每次周期长于 6 个月。且实现全面覆盖的要求。

(9) 按人民银行要求每年对反洗钱开展专项审计。

3. 控制手段

人控。

4. 评价方式

符合性测试。

(二) 存款档案

1. 评价要点

存款开户机构是否按存款人建立开户、销户档案资料?

2. 评价标准

(1) 存款开户机构对存款人建立了完整的开户、销户档案资料。

(2) 存款开户机构对存款人档案资料在规定时间内及时归档。

3. 控制手段

人控。

4. 评价方式

抽样测试。

(三) 处理处罚

1. 评价要点

处理处罚是否适当?

2. 评价标准

办理存款业务的临柜人员有下列行为之一的,根据情节轻重进行通报批评、警告、严重警告、记过、记大过、解除劳动合同等处分:

(1) 违反省联社发布的《信贷会计"二十四条禁令"》。

(2) 违反中国银监会制定的防范操作风险的"十三条"规定。

(3) 对超越授权权限或者变相提高或降低本外币存款利率的。

(4) 违反规定开立、变更、撤销账户的。

(5) 内部工作人员代理客户开户,或代理客户提供资料信息的。

(6) 违反柜面服务管理规定,导致客户投诉并造成严重后果的。

(7) 违反规定对外出具存款证明书、询证函等特殊业务的。

（8）违反规定办理由他人代存款人办理存款挂失销户、挂失补单（折）手续的。

（9）违反规定办理死亡人存款的过户或者支付的，给予主管人员和相关责任人员经济处罚。

（10）造成严重后果的，给予警告至记过处分。

（11）违反规定办理所有权有争议的存款过户或者支付的，给予主管人员和相关责任人员经济处罚；造成严重后果的，给予警告至记大过处分。

（12）签发虚假存单、个人存款证明及其他存款证明的。

（13）违反个人存款实名制规定办理个人储蓄开户手续，或开户审查不严造成严重后果的，给予主管人员和相关责任人员经济处罚或者警告至记大过处分。

3. 控制手段

人控。

4. 评价方式

符合性测试。

九、评价依据

（一）《中华人民共和国商业银行法》（全国人大常委会 2004 年 2 月 1 日）。

（二）《人民币银行结算账户管理办法》（中国人民银行令 2003 年第 5 号）。

（三）《商业银行内部控制指引》（[2007]6 号令）。

（四）《中华人民共和国反洗钱法》（2006 年 10 月 31 日第十届全国人民代表大会常务委员会第二十四次会议通过）。

（五）现金管理暂行条例实施细则（银发[1988]288 号）。

（六）中国银行业监督管理委员会关于给予违反利率管理规定行为行政处罚有关问题的批复（银监办发[2004]144 号）。

（七）中国银行业监督管理委员会办公厅关于坚决纠正股份制商业银行虚增存款等不良行为的通知（银监办发[2005]320 号）。

（八）中国银行业监督管理委员会办公厅关于金融机构应否协助公安机关扣划存款问题的批复（银监办发[2006]127 号）。

（九）中国银监会办公厅关于规范市场竞争、严禁高息揽存的通知（银监办发[2010]248 号）。

（十）中国银监会关于印发《银行业金融机构建立存款风险滚动式检查制度的指导意见》的通知（银监发［2009］85 号）。

（十一）个人存款实名制规定（颁布单位：中华人民共和国国务院）（实施时间：2000 年 4 月 1 日）。

（十二）关于《个人存款账户实名制规定》实施后有关问题的处置意见的通知（银发［2000］第 126 号）。

（十三）关于《个人存款账户实名制规定》施行中有关问题处理意见》的补充通知（银发［2001］102 号）。

（十四）中国银行业监督管理委员会关于存款实名制有效证件中临时身份证问题的批复（银监复［2005］250 号）。

（十五）关于执行《储蓄管理条例》的若干规定（银发［1993］7 号）。

（十六）关于查询、冻结、扣划企业事业单位、机关、团体银行存款的通知（银发［1993］356 号）。

（十七）关于发布《金融机构协助查询、冻结、扣划工作管理规定》的通知（银发［2002］1 号）。

（十八）关于印发《人民币单位存款管理办法》的通知（银发［1997］485）。

（十九）《金融机构反洗钱规定》（中国人民银行令 2006 第 1 号）。

（二十）《关于贯彻执行人民银行　公安部有关做好联网核查公民身份信息工作要求的通知》（杭银发［2008］212 号）。

第十九子系统——柜面业务

一、内部控制环境

（一）柜面业务政策熟悉程度

1. 评价要点

柜面业务政策（规范）是否传达至柜面业务工作人员并为其所熟悉？

2. 评价标准

经抽样测试，员工得分在 90 分（含 90 分）以上的为良好；得分在 80 分（含 80 分）至 90 分的为一般；得分在 80 分以下的为较差。

3. 控制手段

人控。

4. 评价方式

书面知识测试。

（二）会计管理部门

1. 评价要点

是否建立柜面业务的系统化管理体制，对各种柜面业务进行统一管理？

2. 评价标准

建立系统化的会计管理体制，设置内部操作流程。对各种柜面业务进行统一管理。

3. 控制手段

人控。

4. 评价方式

符合性测试。

（三）岗位设置

1. 评价要点

（1）柜面业务岗位设置是否做到分工合理、职责明确？

（2）是否执行"责任分离、相互制约"的原则？

（3）是否严格做到"印、押、证"管理岗位分离？

2. 评价标准

（1）柜面业务岗位设置做到分工合理、职责明确。

（2）各柜面岗位设置责任分离、相互制约。

（3）做到印、押、证三分管三分用。

3. 控制手段

人机并控。

4. 评价方式

抽样测试、符合性测试。

（四）职责、权限控制

1. 评价要点

柜面人员的职责、权限和任职条件是否得到明确的书面规定？

2. 评价标准

(1) 柜面人员的职责、权限和人员任职条件得到明确的书面规定。

(2) 柜面人员的职责、权限和人员任职条件的规定执行到位。

3. 控制手段

人机并控。

4. 评价方式

抽样测试、穿行性测试。

（五）持证上岗

1. 评价要点

(1) 现有会计（柜面）人员是否做到持证上岗？

(2) 无证人员是否未经批准擅自上岗？

2. 评价标准

(1) 现有会计人员经统一考试合格，全部做到持证上岗。

(2) 无证人员是否未经批准不能擅自上岗。

3. 控制手段

人控。

4. 评价方式

符合性测试。

（六）考核激励机制

1. 评价要点

是否按规定制定和执行柜面人员考核激励和尽职问责机制？

2. 评价标准

制定柜面人员尽职规定，建立柜面人员考核激励和尽职问责机制。严格实施柜面工作人员考核激励和尽职问责机制，并有详细记录。

3. 控制手段

人机并控。

4. 评价方式

符合性测试、穿行测试。

二、内控目标

1. 评价标准

（1）转账结算差错率。转账结算差错金额÷转账结算总额<0.1‰。

（2）现金结算差错率。现金结算差错金额÷现金结算总额<0.3‰。① 一类差错比率，一类差错笔数÷业务总笔数<0.01‰。② 二类差错比率，二类差错笔数÷业务总笔数<0.1‰。③ 三类差错比率，三类差错笔数÷业务总笔数<0.5‰。

（3）违规积分人员比率。分支机构违规积分人数÷分支机构会计柜面及会计管理人员人数×100%<10%。

（4）单位累计违规积分。分支机构违规积分累加分数<20。

（5）无违反禁止性规定人次。

（6）违规损失率。结算类违规损失金额÷规划期营业收入×100%<0.01%。

（7）声誉风险容忍度指标。客户投诉数量、同类型客户投诉占比、重大突发声誉事件数量。

2. 控制手段

人机并控。

3. 评价方式

符合性测试、抽样测试。

三、事件识别

（一）参数维护

1. 评价要点

机构信息维护是否经有权人审批？维护打印凭证信息是否与申请内容相一致？

2. 评价标准

参数表日常维护必须坚持分级审批、双人操作、授权管理。参数维护须以有关文件、制度规定、同级业务部门或下级行（社）的申请等合法有效信息为依据。维护打印凭证信息应与申请内容一致。

3. 控制手段

人机并控。

4. 评价方式

符合性测试、穿行测试。

(二) 参数维护人员控制

1. 评价要点

参数维护人员是否保持相对稳定？是否存在申请人与维护人员为同一人情况？

2. 评价标准

参数管理遵循"依法合规、统一管理、集中维护、监督控制"的原则，对参数申请审批、维护授权、监督检查进行全过程管理控制。

3. 控制手段

人机并控。

4. 评价方式

穿行测试、抽样测试。

(三) 机构额度管理

1. 评价要点

机构额度设置与财会部门书面公布内容是否相符？

2. 评价标准

会计管理部门根据实际情况，确定辖内机构的各类额度，并以书面形式向所有辖内机构公布，同时在系统中进行维护。变更机构额度的，均应以书面形式向有关辖内机构公布。会计管理部门应对辖内各机构的机构额度进行定期检查，严禁擅自更改机构额度。

3. 控制手段

人机并控。

4. 评价方式

符合性测试、穿行测试。

(四) 柜员号设置

1. 评价要点

(1) 柜员号设置是否"一人一号"？

(2) 是否存在使用他人柜员号、柜员卡现象？

2. 评价标准

（1）柜员号是柜员在综合业务系统中的标识号，一个柜员只能有唯一的柜员号，且实行终身制管理。

（2）柜员签到时，必须使用自己的柜员卡、柜员号和密码进行签到，不得借用别人的卡、号或密码进行签到。柜员的密码要做到"不定期无序化更换、一人一码、密码责任制"原则，严禁将自身密码授予他人使用，出现操作密码共享公开等现象。

3. 控制手段

人机并控。

4. 评价方式

符合性测试、穿行测试、抽样测试。

（五）柜员号删除

1. 评价要点

人员离职或调动是否及时在综合业务系统中进行相应操作？删除柜员是否及时收回柜员卡并作废、指纹取消等？

2. 评价标准

柜员调离本机构或退休（退养）等原因，无需继续操作系统的，应将该柜员作删除处理。删除柜员应由清算中心办理。调离、退休、退养人员存在责任贷款的，不得删除柜员，但同时也不得为其设置可操作业务的岗位。柜员卡无法使用的，同时应将废卡上交清算中心。柜员基本信息作删除的，应同时取消指纹信息。

3. 控制手段

人控。

4. 评价方式

符合性测试。

（六）柜员登录方式控制

1. 评价要点

（1）除信息查询柜员外，其他柜员登录是否采取指纹（或密码加柜员卡）的方式登录？

（2）柜员登录方式变更是否经本人申请、是否经有权人审批？

2. 评价标准

(1) 除仅限信息查询的柜员外,其他人员不得单独采用密码方式登录综合业务系统,特殊情况无法使用柜员卡或指纹无效时除外。

(2) 柜员需更改指纹登录方式为其他方式的,应由清算中心为该柜员修改基本信息,同时取消指纹信息。

3. 控制手段

人控。

4. 评价方式

抽样测试。

(七) 柜员指纹采集

1. 评价要点

柜员指纹采集是否按规定集中清算中心预留、取消,是否经有权人审批? 是否由柜员本人到清算中心办理指纹预留?

2. 评价标准

会计管理部门审查核实申请机构要求预留指纹的"非账务凭证"交清算中心。同时通知需预留指纹的柜员,到清算中心作现场预留,预留指纹时柜员应提交身份证件,由清算中心核实其身份。

3. 控制手段

人机并控。

4. 评价方式

符合性测试、抽样测试。

(八) 柜员额度管理

1. 评价要点

(1)柜员额度设置是否合理,是否有超出额度范围的情况发生?

(2)机构柜员日终现金余额是否超额度,对于连续或长期存在超额度的,是否查明原因?

2. 评价标准

(1) 应按内部控制的要求,根据实际需要合理设置柜员的无授权交易额度、授权额度和库存限额。授权额度实行分级管理。各地应根据当地实际交易金额,分别确定经办柜员、主办和主管柜员的授权额度。会计主管应合理确定辖内机构柜员各种交易限额、授权限额以及日终库存现金等。各单位对柜员的限额设定应通报各网点机构,与核心系统柜员额度设置内容的核对每月不少于一次。若有不符,应查实原因并及时调整。

(2) 对外营业终了柜员现金额度之和超过设定的机构现金限额的,应调出现金。因故无法调出的,必须经上级机构的有权授权人员的授权方可签退系统,上级机构授权柜员必须审查机构现金超限额的合理性。

3. 控制手段

人机并控。

4. 评价方式

符合性测试、穿行测试。

四、风险评估

(一)柜员岗位设置

1. 评价要点

柜员岗位子岗位设置是否合理,不相容岗位是否做到分离?是否对各个岗位建立明确、清晰的岗位职责说明书,岗位编号是否与岗位职责相对应?

2. 评价标准

会计岗位设置应当实行责任分离、相互制约的原则,严禁一人兼任非相容的岗位或独自完成会计全过程的业务操作。

3. 控制手段

人机并控。

4. 评价方式

符合性测试、抽样测试。

(二)亲属回避及轮岗休假制度

1. 评价要点

(1)是否按规定执行亲属回避制度?

(2)是否对柜面业务关键岗位工作人员实行定期或不定期的人员轮换和强

制休假制度,并按规定办好交接?

2. 评价标准

(1) 会计人员的任用应坚持回避制度。需要回避的直接亲属为:夫妻关系、直系血亲关系、三代以内旁系血亲以及配偶亲关系。

(2) 在同一机构(部门)的同一重要岗位上连续工作满 3 年,原则上都要进行岗位轮换。岗位轮换员工必须进行书面工作交接,并在规定的工作日内完成交接。重要岗位员工每年按照不低于 20% 的比例安排强制休假。强制休假时间一次不少于 5 天。

3. 控制手段

人控。

4. 评价方式

符合性测试、抽样测试。

(三) 现金调拨

1. 评价要点

现金调拨是否规范,是否由押运人员领送或双人领送? 是否按规定办理交接? 是否先及时核对后,再办理入账入库手续?

2. 评价标准

现金实物调拨可采用封包或不封包传递方式。采用封包传递方式的,使用一次性锁片上锁,并在锁扣处黏贴盖有经办人私章的黏纸封锁,双方交接以包作为交接实物办理交接手续,按规定手续提交现金调拨回单联;采用不封包方式的,双方交接以现金作为交接实物,接入方对调入现金及时清点无误后,按规定手续提交现金调拨回单联。

3. 控制手段

人机并控。

4. 评价方式

符合性测试、抽样测试。

(四) 出纳长短款处理

1. 评价要点

出纳长短款是否按规定处理,是否存在溢(空)库、以长补短等现象?

2. 评价标准

对已查明的长款,应及时退还原主;对已查清的短款,应及时设法收回。对确实无法处理的错款,必须在认真调查的基础上,分别不同的性质区别对待,按规定的审批手续正确处理。

3. 控制手段

人控。

4. 评价方式

符合性测试、抽样测试。

(五)假币收缴

1. 评价要点

假币收缴人员是否取得反假币上岗证?是否按规定收缴假币?是否存在流出假币的现象?

2. 评价标准

柜员在办理现金业务过程中发现假币的,由该营业机构2名以上(含2名)已获《反假货币上岗资格证》的柜员当面予以收缴。收缴的假币,不得再交予持有人。

3. 控制手段

人控。

4. 评价方式

抽样测试。

(六)印章刻制和启用

1. 评价要点

(1) 业务印章刻制是否规范?

(2) 业务印章的启用是否规范?

2. 评价标准

(1) 各类银行汇票(本票)专用章由业务主管银行统一刻制颁发;假币章由人民银行统一设计,由法人机构统一刻制;其他业务印章规格由省联社统一设计,由法人机构统一按规定式样刻制下发,分支机构不得自行刻制。

(2) 分支机构会计主管人员对新领入业务印章、印模必须在启用前登记"会计业务印章(印模)、压、押保管登记簿",预留印模,注明领用日期、启用日期、领用保管人、使用单位等内容,并由领用保管人签收签章。

3. 控制手段

人控。

4. 评价方式

抽样测试。

(七) 印章保管

1. 评价要点

(1) 印章是否专人保管、专人使用?

(2) 印、证是否分管分用,预留他行印鉴章是否分开保管?

2. 评价标准

(1) 会计业务印章使用保管人在营业期间必须做到"专人使用、专人保管、专人负责"的办法。

(2) 本票专用章、汇票专用章与银行本票、银行汇票、商业汇票的重要空白凭证必须实行印证分管,银行本票和汇票的印模卡按重要物品进行登记保管;整套预留银行印鉴不得由同一人员保管。

3. 控制手段

人控。

4. 评价方式

抽样测试。

(八) 印章使用控制

1. 评价要点

(1) 是否将印章带离营业场所?

(2) 是否在重要空白凭证或有价单证上预先加盖业务章?

(3) 是否错用、串用、过期使用业务印章?

2. 评价标准

(1) 严禁印章保管人私自将印章交由他人使用或将印章带离业务场所。

(2) 重要空白凭证或有价单证上预先加盖业务章。

(3) 各种会计业务印章应严格按照规定的范围使用,不得混用、错用。

3. 控制手段

人控。

4. 评价方式

抽样测试。

（九）印章停用、销毁

1. 评价要点

已停用作废的业务印章是否及时逐级上交、及时销毁？

2. 评价标准

临时停用（或暂未启用、备用）的会计专用印章，应指定双人封存并入库（或保险箱柜）保管，同时在"业务印章（印模）、押（压）使用保管登记簿"注明停用日期（或暂时保管）日期，启用时应注明启用日期。会计专用印章损坏需重新更换时，应逐级上缴销毁，同时登记《印章（印模）、押（压）使用保管登记簿》。

3. 控制手段

人控。

4. 评价方式

抽样测试。

（十）印鉴卡使用

1. 评价要点

（1）印鉴卡是否指定专人负责，专人保管使用？

（2）是否存在违规复印印鉴卡，预留印鉴卡要素是否填写齐全、完整，是否加盖单位公章等？

2. 评价标准

（1）柜员保管的印鉴卡应按业务印章的保管要求进行管理，柜员临时离岗时，要将印鉴卡装箱上锁，下班后要将印鉴卡放入保险柜（箱）保管。柜员交接时要严格按照规定与接收人员办理交接手续，逐份清点印鉴卡，并登记《柜员交接登记簿》。

（2）严格印鉴卡保管和支票申购环节的管理，严禁非银行会计人员接触印鉴卡，不得复印印鉴卡。

3. 控制手段

人控。

4．评价方式

抽样测试。

（十一）印鉴卡变更和挂失

1．评价要点

（1）印鉴卡变更是否收回原印鉴卡，并经有权人审批后办理？

（2）印鉴卡挂失手续是否规范？

2．评价标准

（1）开户单位更换印鉴时，必须填写"更换印鉴申请书"，在左边加盖原印鉴，右边加盖新印鉴，并交回原印鉴卡（客户无法交回原印鉴卡的应出具书面证明，下同）。经信用社会计负责人或网点负责人批准后，方可办理更换印鉴手续。

（2）开户单位印鉴遗失或被盗的，要出具"印鉴挂失申请书"、开户许可证、营业执照等相关证明文件，交回原印鉴卡。印鉴挂失 10 日后，将全套原印鉴卡收妥并按规定进行保管。

3．控制手段

人控。

4．评价方式

抽样测试。

五、风险回应

（一）监控

1．评价要点

（1）是否在监控正常开启、录制的情况下办理业务？

（2）监控是否清晰、连续和完整？

（3）监控保存期限是否符合规定？

2．评价标准

（1）实现综合柜员制的，柜员办理现金业务必须在有效监控和客户视线以内，做到当面点清。

（2）现金出纳柜台和实行综合柜员制的，必须安装一对一的实时声像电视监控,能监视业务操作交易、客户面部特征和现金票面交接整个情况,图像回放应能清晰显示。

(3) 所有监控录像资料按规定必须保存 30 天以上,管理人员不得无故缩短保存期或擅自删除录像。

3. 控制手段

人控。

4. 评价方式

抽样测试。

(二) 柜员离岗

1. 评价要点

(1) 柜员营业期间临时离岗,脱离本人视线范围的,是否退出系统或锁屏处理,将现金、重要空白凭证、印章、印鉴卡、传票等重要物品上锁保管?

(2) 营业终了现金、重要空白凭证、印章等重要物品是否入库(箱)保管,是否将印鉴卡入保险柜(箱)保管?

2. 评价标准

(1) 严禁柜员临时离岗不进行系统签退或锁屏,不将现金、印章、凭证入柜(箱)上锁保管。

(2) 营业时间临时离岗,应将凭证放入抽屉或箱内加锁保管,每日中午停止营业时间和营业终了,入库保管。

3. 控制手段

人控。

4. 评价方式

抽样测试。

(三) 柜员交接

1. 评价要点

柜员轮岗、强制休假、调动等交接手续是否严密,是否在有效监控内办理,是否有相关人员监交?

2. 评价标准

柜员交接符合下述规定:

（1）认真做好交接班工作。现金、重要凭证等交接应在有效监控范围内办理，并有第三人进行监交，交接人员应对交接内容及实物进行仔细核对。在未办好全部交接手续前，移交人员不得离开交接现场。

（2）柜员调动前，应先作移交处理，柜员调动移交的，应由会计主管或其授权的会计人员办理监交手续。

（3）岗位轮换员工必须进行书面工作交接，并在规定的工作日内完成交接，对所管的印、押、证、钱、物、账、据等办理移交时，所在单位要派员监交，移交情况及有关资料存档备查。

（4）接到强制休假通知的员工，应于休假前的最后一个工作日办理工作交接手续。强制休假结束后，按相同程序办理工作交接手续。对印、押、证、钱、物、账、据等，所在单位必须派员监交。

3. 控制手段

人机并控。

4. 评价方式

符合性测试、穿行测试、抽样测试。

（四）柜员本地授权

1. 评价要点

授权柜员是否实地核对交易实物、记账凭证或其他业务操作依据、经办柜员屏幕输入信息一致？

2. 评价标准

严禁授权（复核）人员在未审核确认现金数额、业务和凭证的真实性、完整性、正确性的情况下，为柜员办理大额存款业务、支付业务和特殊业务的授权（复核）。

3. 控制手段

人机并控。

4. 评价方式

符合性测试、抽样测试。

（五）柜员远程授权

1. 评价要点

远程授权交易是否留存远程授权申请书等相关资料，授权内容是否与纸质内容相一致？远程授权时是否进行电话确认？

2. 评价标准

经本地授权柜员授权后仍未能完成交易的,应填写"远程授权申请书",随同交易凭证等资料,一并递交或传真至上级机构远程授权柜员。远程授权柜员收到"远程授权申请书"和其他资料,启动"受理远程授权"交易查询远程授权申请信息,并作电话确认,必要时调阅录像监控信息。

3. 控制手段

人机并控。

4. 评价方式

符合性测试、抽样测试。

六、内部控制活动

（一）金库管理

1. 评价要点

（1）管库人员是否坚持"同开库、同进库、同在库、同出库、同锁库"的五同规定？

（2）金库钥匙是否分管、分用,是否存在交叉使用？

2. 评价标准

（1）配备 2 名工作责任心强、诚实可靠的正式职工负责管库工作。管库员要明确分工,出入库时必须同进同出,出入库的款项、实物实行双人办理,相互复核,共同负责。

（2）库房、保险柜必须装备两把锁。机械锁正钥匙与组合锁密码由两名管库员分别掌管,不准随意委托他人代管。

3. 控制手段

人机并控。

4. 评价方式

符合性测试、抽样测试。

（二）库内实物控制

1. 评价要点

库内保管的现金、有价证券等是否据实记载？是否存在擅自外借代保管物品、白条抵库?

2. 评价标准

凡入库保管的现金、金银、外币及有价证券等,都必须有账记载,出入库时应填制出入库票,做到账款、账实相符,责任分明,严禁以白条抵库。

3. 控制手段

人机并控。

4. 评价方式

抽样测试。

(三)查库

1. 评价要点

查库次数是否符合规定? 查库有否采取突击形式?

2. 评价标准

查库应符合如下规定:

(1)法人机构分管行长应对中心金库现金凭证每年至少检查一次。法人机构会计管理部门应对中心金库、凭证总库每季至少检查一次。

(2)分支机构负责人或其授权的分管领导对分支机构本级和辖内至少一个分理处(储蓄所)的一个柜员,现金凭证库每月至少检查一次。

(3)分支机构会计检查辅导人员、中心金库负责人、清算中心负责人、银行卡、国际业务部应对管辖的所有网点现金凭证库每月至少检查一次。

(4)分支机构会计主管对管辖的所有网点现金凭证库每月至少检查一次。

(5)分支机构负责人或授权分管领导或会计主管对管辖的所有网点每季至少检查一次抵(质)押品、业务印章、支付密码器等重要实物。清算中心、银行卡中心、国际业务部负责人每季至少检查一次本中心的业务印章、支付密码器等重要实物。

(6)分支机构会计主管以及法人机构组织的相关人员对现金、重要单证、抵(质)押品、印章、压数机等重要实物外的其他实物如固定资产、低值易耗品等每年至少检查一次。

(7)柜员连续上班超过5天的,报分支机构负责人批准,由会计主管对其保管的重要空白凭证、现金进行盘库检查。

3. 控制手段

人控。

4. 评价方式

抽样测试。

（四）贷款错账冲正

1. 评价要点

错账冲正凭证填制是否与操作人员分离；错账冲正凭证是否经有权人审批？

2. 评价标准

（1）柜员收到错账冲正凭证和其他相关依据，审核错账冲正凭证是否为有权人员填写。

（2）涉及贷款错账冲正的，信贷部门应将"贷款隔日冲正通知书"提交会计部门审核。

3. 控制手段

人控。

4. 评价方式

符合性测试、抽样测试。

七、信息与沟通

（一）文件控制

1. 评价要点

涉及柜面业务的内部控制文件是否充分？是否与上级文件相冲突？

2. 评价标准

商业银行应当依据企业会计准则和国家统一的会计制度，制定并实施本机构的会计规范和管理制度。

3. 控制手段

人控。

4. 评价方式

符合性测试、抽样测试。

（二）风险预警

1. 评价要点

对出现可能影响柜面安全不利的情形时，是否及时进行风险评估、发出预警，及时落实管理措施？

2. 评价标准

应当建立有效的应急制度，在各个重要部位、营业网点等发生供电中断、火灾、抢劫等紧急情况时，应急措施应当及时、有效，确保各类数据信息的安全和完整。应当根据不同的工作岗位及其性质，赋予其相应的职责和权限，各个岗位应当有正式、成文的岗位职责说明和清晰的报告关系。

3. 控制手段

人机并控。

4. 评价方式

穿行测试、符合性测试。

（三）非资金交易业务流程控制

1. 评价要点

非资金交易业务流程控制是否存在缺陷？办理满页换折、破损换折业务时是否打印凭证和传票，是否收回满页及破损存折封面作为存档附件？

2. 评价标准

非资金交易业务流程控制不存在缺陷。办理满页换折、破损换折业务时打印凭证和传票，收回满页及破损存折封面作为存档附件。

3. 控制手段

人机并控。

4. 评价方式

穿行测试、符合性测试。

（四）柜台 IT 系统

1. 评价要点

存折存单打印机是否能识别打印介质？储户密码输入及认证业务操作时，计算机系统是否向储户发出提示？

2. 评价标准

存折存单打印机要能识别打印介质，密码输入及认证业务操作时，计算机系统向储户发出提示。

3. 控制手段

人机并控。

4. 评价方式

穿行测试、抽样测试。

（五）柜面操作风险控制

1. 评价要点

账户开设、资料审核、信息复核、印鉴使用等柜面业务操作是否能一手清？

2. 评价标准

业务流程柜员操作不能一手清。即一名柜员不能完成资料审核、账户开设、信息复核、印鉴使用等多个环节，而无事中审核或双人样验等"四眼原则"。

3. 控制手段

人机并控。

4. 评价方式

符合性测试、穿行测试。

八、监督

（一）处理处罚

1. 评价要点

处理处罚是否适当？

2. 评价标准

柜面人员有下列行为之一的，根据情节轻重进行通报批评、警告、严重警告、记过、记大过、解除劳动合同等处分：

（1）不按规定办理重要空白凭证、有价单证请领使用手续，没有做到班清日结的；对于重要空白凭证、有价单证不按规定进行表外科目核算的；对作废的重要空白凭证、有价单证不按规定处理的；违反重要空白凭证和有价单证印制、领缴、使用、保管、销毁规定的其他行为。

（2）违反规定保管、使用会计印章、IC卡、密码、柜员卡、单位预留印鉴卡和电子验印系统的；造成单位预留印鉴卡丢失、被串换、被盗用或者其他严重后果的。

（3）安排记账人员与复核人员混岗操作的；会计人员与审计人员混岗操作的；印、证二岗工作人员混岗操作的；会计业务经办人员与事后监督人员、会计资料保管人员混岗操作的；内部账务和重要的非账务类业务（使用非账务凭证）传票制单人员与操作员混岗操作的。

（4）违反规定开立、变更、撤销账户的；协助他人借用、盗用、出租、转让账户的；在开户过程中，对身份核查不严，开户手续不合规，资料缺失或失效的；开户单位资料交接不符合规定，客户资料领取未登记的；内部工作人员代理客户开户，或代理客户提供资料信息的；账户开户未及时报人行批准或报备不及时的。

（5）需复核或授权的业务，复核或授权流于形式。

3．控制手段

人控。

4．评价方式

符合性测试。

（二）档案管理

1．评价要点

会计管理部门是否按柜面业务种类建立柜面业务档案？

2．评价标准

会计管理部门对柜面业务资料的交接、整理、借阅、保管、销毁等环节应作出规定并遵照执行。柜面业务档案应完整合规。柜面业务档案应指定专人负责管理，其中出纳人员不得兼管会计档案。

3．控制手段

人控。

4．评价方式

符合性测试、抽样测试。

（三）绩效监测程序

1．评价要点

是否建立柜面业务内部控制绩效监测程序？

2．评价标准

建立和执行了柜面业务内部控制绩效监测程序。

3. 控制手段

人控。

4. 评价方式

符合性测试。

（四）监控制度

1. 评价要点

对柜面业务是否建立风险管理部门监控制度、审计部门审计监督制度？

2. 评价标准

对柜面业务建立和实施了风险管理部门监控制度、审计部门审计监督制度。

3. 控制手段

人控。

4. 评价方式

符合性测试。

九、评价依据

《商业银行内部控制指引》（银监会［2007］第6号）。

第二十子系统——中间及代收代付

一、内部控制环境

（一）中间业务政策熟悉程度

1. 评价要点

中间及代收代付业务政策是否传达至相关从业人员并为其所熟悉？

2. 评价标准

经抽样测试，员工得分在90分（含90分）以上的为良好；得分在80分（含80分）至90分的为一般；得分在80分以下的为较差。

3. 控制手段

人控。

4. 评价方式

书面知识测试。

（二）中间业务管理部门

1. 评价要点

是否设立专职的中间业务管理部门，对不同币种、不同客户对象、不同种类的中间业务进行统一管理？

2. 评价标准

设立专职部门和专职人员对中间业务进行管理，设置内部操作流程；对不同币种、不同客户对象、不同种类的中间业务进行管理；设置内部操作流程。

3. 控制手段

人机并控。

4. 评价方式

抽样测试、穿行测试。

（三）岗位设置

1. 评价要点

中间业务岗位设置是否做到分工合理、职责明确、相互制约？

2. 评价标准

中间业务岗位设置做到分工合理、职责明确、相互制约。

3. 控制手段

人机并控。

4. 评价方式

抽样测试、穿行测试。

（四）机构准入资质

1. 评价要点

开展中间业务是否取得有关主管部门核准的机构资质？

2. 评价标准

开展中间业务应当取得有关主管部门核准。开展代理保险业务，须取得保险兼业代理资格。代理证券投资基金销售或其他证券类业务，须获得基金销售代理资格或证券监管部门的资格认证。

3. 控制手段

人机并控。

4. 评价方式

抽样测试、穿行测试。

(五)职责、权限控制

1. 评价要点

中间业务从业人员的职责、权限和专业胜任条件是否得到明确的书面规定?

2. 评价标准

从事中间业务的人员职责、权限和专业胜任条件得到明确的书面规定,并执行到位。

3. 控制手段

人机并控。

4. 评价方式

抽样测试、穿行测试。

(六)持证上岗

1. 评价要点

现有从事中间业务的人员是否做到持证上岗?

2. 评价标准

(1)从事代理保险业务的人员经中国保监会统一考试合格,取得《保险代理人资格证书》。

(2)从事理财业务的人员做到持证上岗。

(3)对从事其他中间业务的人员的要求按本机构内部规定执行。

3. 控制手段

人控。

4. 评价方式

符合性测试。

(七)考核激励机制

1. 评价要点

是否制定并执行从事中间业务人员考核激励和尽职问责机制?

2. 评价标准

制定从事中间业务人员尽职规定,建立从事中间业务人员考核激励和尽职问责机制。严格实施从事中间业务人员考核激励和尽职问责机制,并有详细记录。

3. 控制手段

人机并控。

4. 评价方式

符合性测试、穿行测试。

二、控制目标

1. 评价标准

(1)运营目标:包括中间业务业绩指标和盈利指标。

(2)遵循目标:中间业务的合规程度指标。

2. 控制手段

人机并控。

3. 评价方式

符合性测试。

三、事件识别

(一)中间业务准入

1. 评价要点

中间业务准入是否符合规定要求?

2. 评价标准

根据开办中间业务的风险和复杂程度,实施审批制和报告制。

3. 控制手段

人控。

4. 评价方式

抽样测试。

(二)同业公平竞争

1. 评价要点

是否杜绝恶性竞争、垄断市场的不正当竞争行为?

2. 评价标准

对国家有统一收费或定价标准的中间业务,按国家统一标准收费。

3. 控制手段

人控。

4. 评价方式

抽样测试。

四、风险评估

1. 评价要点

对拟开办的中间业务进行风险评估,并形成风险评估报告。

2. 评价标准

(1)符合金融市场发展的客观需要。

(2)不损害客户的经济利益。

(3)有利于完善银行的服务功能,有利于提高银行的盈利能力。

(4)制定了相应的业务规章制度和操作规程。

(5)具备合格的管理人员和业务人员。

(6)具备适合开展业务的支持系统。

3. 控制手段

人控。

4. 评价方式

符合性测试。

五、风险回应

(一)中间业务准入

1. 评价要点

是否按规定进行准入审批?

2. 评价标准

中间业务准入应符合下述规定:

(1)中国保监会对经核准取得保险兼业代理资格的单位颁发《保险兼业代

理许可证》。

（2）《保险兼业代理许可证》有效期限为 3 年，保险兼业代理人应在有效期满前 2 个月申请办理换证事宜。

（3）保险兼业代理人应将《保险兼业代理许可证》和《保险兼业代理委托书》放置于营业场所的明显位置。

（4）开办保管箱业务，应当在场地、设备和处理软件等方面符合国家安全标准。

3．控制手段

人控。

4．评价方式

抽样测试。

（二）代理双方权利义务

1．评价要点

开展代理业务是否签订了委托代理协议，并明确了双方各项权利义务？

2．评价标准

开展代理业务必须签订明确双方各项权利和义务关系的委托代理协议或合同。

3．控制手段

人控。

4．评价方式

抽样测试。

（三）风险责任划分

1．评价要点

各类中间业务的风险责任关系是否明确界定？

2．评价标准

代理方不得承担所代理业务的固有风险，委托方不得借代理之名或以代理为条件向代理机构转移或让渡相关风险。

3．控制手段

人控。

4．评价方式

抽样测试。

六、内部控制活动

(一) 风险管理

1. 评价要点

是否对中间业务采取了风险管理措施?

2. 评价标准

对中间业务应采取如下风险管理措施:

(1) 本机构内部授权制度应明确各级分支机构对不同类别中间业务的授权权限,应明确各级分支机构可以从事的中间业务范围。

(2) 加强对中间业务风险的控制和管理,并应依据有关法律、法规和监管规章,建立和实施有效的风险管理制度和措施。

(3) 建立监控和报告各类中间业务的信息管理系统,及时、准确、全面反映各项中间业务的开展情况及风险状况,并及时向监管当局报告业务经营情况和存在的问题。

(4) 应注重对中间业务中或有资产、或有负债业务的风险控制和管理,对或有资产业务实行统一的资本金管理;应注重对交易类业务的头寸管理和风险限额控制;应对具有信用风险的或有资产业务实行统一授信管理。

3. 控制手段

人控。

4. 评价方式

符合性测试。

(二) 合规性审查

1. 评价要点

以本机构为主体签订的合同文本是否经合规性审查?

2. 评价标准

以本机构为主体签订的合同文本应符合下述规定:

(1) 主体资格是否符合法律规定。

(2) 合同条款的约定是否符合法律规定。

(3) 双方的权利义务是否对等。

（4）合同条款中是否存在违法内容。

3. 控制手段

人控。

4. 评价方式

符合性测试。

（三）代理资金专户管理

1. 评价要点

是否设立专户核算代理资金？是否完善代理资金的拨付、回收、核对等手续？

2. 评价标准

办理代理业务应当设立专户核算代理资金，完善代理资金的拨付、回收、核对等手续。对代理资金支付进行审查和管理，按照代理协议的约定办理资金划转手续，遵循银行不垫款的原则，不介入委托人与其他人的交易纠纷。核算和确认各项收入，应坚持收支两条线。

3. 控制手段

人机并控。

4. 评价方式

符合性测试。

七、信息交流与沟通

（一）沟通与交流机制

1. 评价要点

是否建立了中间业务的信息交流与沟通机制？

2. 评价标准

制定了中间业务相关信息的识别、收集、处理、交流和沟通的程序和制度。

3. 控制手段

人控。

4. 评价方式

符合性测试。

（二）风险预警

1. 评价要点

对出现可能影响中间业务安全的不利情形是否及时进行风险评估，发出预警,及时落实管理措施?

2. 评价标准

(1)管理层能及时、全面地获得中间业务内部控制状况预警信息。

(2)相关员工能充分了解中间业务的有关预警信息。

3. 控制手段

人控。

4. 评价方式

符合性测试。

八、监督

(一)处理处罚

1. 评价要点

处理处罚是否适当?

2. 评价标准

在办理中间业务过程中,有下列行为的,根据情节轻重对主管人员和相关责任人员进行通报批评、警告、严重警告、记过、记大过、解除劳动合同等处分:

(1)未经有关部门批准开办委托代理业务的。

(2)违规或越权向委托人作出承诺的。

(3)超越委托代理协议规定范围开展业务的。

(4)未按委托代理业务规程操作的。

(5)违反委托代理双方约定的。

(6)办理代收、代付、代理清算业务时,截留、压延、挪用、占用资金的。

(7)代发工资业务中,违反委托代理协议和业务管理办法操作,发生延误和差错时未及时处理的。

(8)在保险公司提供的保险单条款之外,与投保人另外约定其他条款或擅自变更保单原条款内容、提高或降低保险费率的。

(9)与被保险人或其他第三方恶意串通或隐瞒重大事项欺骗保险公司的。

(10)利用职业便利或使用不正当手段强迫、引诱或限制投保人、被保险人投保或转换保险人的。

（11）其他严重违反中间业务规定的行为。

3. 控制手段

人控。

4. 评价方式

符合性测试。

（二）中间业务档案

1. 评价要点

是否按中间业务的品种建立档案?

2. 评价标准

建立了完整的会计、统计和业务档案,妥善保管,确保原始记录、合同契约和各种资料的真实、完整。

3. 控制手段

人控。

4. 评价方式

抽样测试。

（三）绩效监测程序

1. 评价要点

是否建立中间业务内部控制绩效监测程序?

2. 评价标准

建立和执行了内部控制绩效监测程序。

3. 控制手段

人控。

4. 评价方式

符合性测试。

（四）监控制度

1. 评价要点

是否建立和实施风险管理部门监控制度、审计部门审计监督制度?

2. 评价标准

建立和实施了风险管理部门监控制度、审计部门审计监督制度。

3. 控制手段

人控。

4. 评价方式

符合性测试。

（五）持续改进

1. 评价要点

是否持续对中间业务的内部控制进行了改进？

2. 评价标准

依据监管和行业管理部门最新规定持续对中间业务的内部控制进行了改进。

3. 控制手段

人控。

4. 评价方式

符合性测试。

九、评价依据

（一）《保险兼业代理管理暂行办法》（保监发［2000］144 号）。

（二）《关于调整银行市场准入管理方式和程序的决定》（中国银行业监督管理委员会令 2003 年第 1 号）。

（三）《商业银行服务价格管理暂行办法》（中国银行业监督管理委员会、发改委令 2003 年第 3 号）。

（四）《商业银行个人理财业务管理暂行办法》（中国银行业监督管理委员会令［2005］第 2 号 ）。

（五）《商业银行个人理财业务风险管理指引》（银监发［2005］63 号）。

（六）《关于规范银行代理保险业务的通知》（保监发［2006］70 号）。

（七）《中国银监会关于银行业金融机构在农村地区开展代理业务的意见》（银监发［2006］91 号）。

（八）《商业银行开办代客境外理财业务管理暂行办法》（银发［2006］121 号）。

（九）《商业银行内部控制指引》（中国银行业监督管理委员会令 2007 年第 6 号）。

（十）《农村中小金融机构行政许可事项实施办法》（中国银行业监督管理委

员会令 2008 年第 3 号)。

(十一)《银行与信托公司业务合作指引》(银监发[2008]83 号)。

(十二)《中国银监会关于〈进一步规范银信合作有关事项〉的通知》(银监发[2009]111 号)。

(十三)《中国银监会关于印发〈银行业个人理财业务突发事件应急预案〉的通知》(银监发[2009]155 号)。

(十四)《中国银监会关于规范银信理财合作业务有关事项的通知》(银监发[2010]72 号)。

(十五)《中国银监会关于〈进一步加强商业银行理财业务风险管理有关问题〉的通知》(银监发[2010]91 号)。

(十六)《商业银行理财产品销售管理办法》(中国银行业监督管理委员会令 2011 年第 5 号)。

(十七)《中国银监会关于〈进一步规范银信理财合作业务〉的通知》(银监发[2011]7 号)。

(十八)《关于银行业金融机构免除部分服务收费的通知》(银监发[2011]22 号)。

(十九)《关于规范人身保险业务经营有关问题的通知》(保监发[2011]36 号)。

(二十)《关于进一步加强商业银行代理保险业务合规销售与风险管理的通知》(银监发[2011]90 号)。

(二十一)《中国银监会办公厅关于银证业务准入有关问题的意见》(银监办发[2005]258 号)。

(二十二)《中国银监会办公厅关于〈商业银行开展个人理财业务风险提示〉的通知》(银监办发[2006]157 号)。

(二十三)《中国银监会办公厅关于〈调整商业银行代客境外理财业务境外投资有关规定〉的通知》(银监办发[2007]97 号)。

(二十四)《中国银监会办公厅关于〈调整商业银行代客境外理财业务境外投资范围〉的通知》(银监办发[2007]114 号)。

(二十五)《中国银监会办公厅关于〈调整商业银行个人理财业务管理有关规定〉的通知》(银监办发[2007]241 号)。

（二十六）《中国银监会办公厅关于〈进一步规范商业银行个人理财业务有关问题〉的通知》（银监办发［2008］47 号）。

（二十七）《中国银监会办公厅关于〈商业银行开展代客境外理财业务有关问题〉的通知》（银监办发［2008］164 号）。

（二十八）《中国银监会办公厅关于〈进一步加强商业银行代客境外理财业务风险管理〉的通知》（银监办发〔2008〕259 号）。

（二十九）《中国银监会办公厅关于〈商业银行服务收费有关问题〉的通知》（银监办发［2008］264 号）。

（三十）《中国银监会办公厅关于〈商业银行开展代理销售基金和保险产品相关业务风险提示〉的通知》（银监办发［2008］274 号）。

（三十一）《中国银监会办公厅关于〈进一步加强信托公司银信合作理财业务风险管理〉的通知》（银监办发［2008］297 号）。

（三十二）《中国银监会关于〈进一步规范商业银行个人理财业务投资管理有关问题〉的通知》（银监发［2009］65 号）。

（三十三）《中国银监会办公厅关于〈进一步规范商业银行个人理财业务报告管理有关问题〉的通知》（银监办发［2009］172 号）。

（三十四）《中国银监会办公厅关于〈加强商业银行服务费管理工作〉的通知》（银监办发［2010］243 号）。

（三十五）《转发〈关于规范银行代理保险业务〉的通知》（浙信联办［2006］140 号）。

第二十一子系统——电子银行业务

一、内部控制环境

（一）对电子银行管理制度的熟悉程度

1. 评价要点

本单位工作人员对电子银行管理制度是否熟悉？

2. 评价标准

经抽样测试，员工得分在 90 分（含 90 分）以上的为良好；得分在 80 分（含 80

分)至 90 分的为一般;得分在 80 分以下的为较差。

3. 控制手段

人控。

4. 评价方式

书面知识测试。

（二）电子银行管理部门

1. 评价要点

是否设立电子银行管理部门（岗位），并明确相应岗位人员职责？

2. 评价标准

建立合理明确的电子银行管理部门（岗位），设置内部操作流程。应明确董事会和高级管理层在电子银行安全和风险管理体系中的职责和责任的合理性，并配备了符合资质要求的管理人员和技术人员，明确各自的岗位职责。

3. 控制手段

人机并控。

4. 评价方式

抽样测试、穿行测试。

（三）岗位设置

1. 评价要点

电子银行的管理、运营等各个环节的岗位主要权限、职责和相互监督方式是否职责明确、相互制约？

2. 评价标准

电子银行应用系统、验证系统、业务处理系统和数据库管理系统应有效隔离。电子银行管理的关键岗位和关键人员应实行轮岗、强制性休假制度和严格的内部监督管理制度。应严格控制重要技术参数接触权限，建立相应的技术参数调整与变更机制。

3. 控制手段

人机并控。

4. 评价方式

抽样测试、穿行测试。

（四）职责及权限控制

1. 评价标准

电子银行部门人员的职责、权限和任职条件是否有明确的书面规定，并执行到位？

2. 评价标准

人员的职责、任职条件得到明确的书面规定。人员的职责、任职条件的规定和授权制度执行到位。

3. 控制手段

人机并控。

4. 评价方式

抽样测试、穿行测试。

二、内控目标

1. 评价标准

1）定性指标

（1）高级管理层能够对与电子银行业务有关的风险进行有效的管理和监督。包括建立具体的责任制度、策略和控制措施等。

（2）拥有正确的政策和程序，确保能够正确地对电子银行用户或系统的身份和授权情况进行认证，能够阻止非授权的用户和系统的进入。

（3）使用各种技术来建立不可否认性机制，确保电子银行交易的保密性和完整性。促进交易不可否认性和明确电子银行交易责任的认证方法。

（4）使用适当的授权控制和进入特权制度，确保电子银行系统、数据库和应用程序中采取适当的措施，以保证有效地分解职责。

（5）拥有保护电子银行交易、记录和信息等数据的完整性，并对所有电子银行交易进行明确的审计跟踪。

2）定量指标

（1）网银业务差错率。网银业务差错金额÷网银业务总额＜0.01‰。

（2）违规积分人员比率。网银业务违规积分人数÷分支机构会计柜面及会计管理人员人数×100%＜5%。

（3）单位累计违规积分。网银业务违规积分累加分数＜5。

（4）无违反禁止性规定人次。

（5）违规损失率。网银业务违规损失金额为0。

（6）年度内客户投诉数量不超过2起。

（7）同类型客户投诉占比（高频度同类型投诉数量÷投诉总数×100%）、重大突发声誉事件数量均为0。

2. 控制手段

人机并控。

3. 评价方式

符合性测试、抽样测试。

三、事件识别

（一）业务的受理

1. 评价要点

（1）客户提供的网上银行业务申请资料及各项要素是否完整、真实？

（2）是否经客户签字确认？

2. 评价标准

（1）单位客户应出具组织机构代码证、营业执照、法定代表人身份证件、客户代表身份证件和单位授权书等证明资料，填写《企业网上银行签约申请（变更）表》后加盖单位公章及预留银行印鉴。并保证内容的真实性、资料的完整和要素齐全。

（2）个人客户应填写《个人网上银行签约申请（变更）表》，并提供申请人本人有效身份证件和所需签约的银行卡或存折。签约业务必须由客户本人办理，他人不得代为办理。并保证内容的真实性、资料的完整和要素齐全。

3. 控制手段

人机并控。

4. 评价方式

抽样测试。

（二）尽职调查

1. 评价要点

高级管理层是否建立全面和持续的尽职调查制度和监管程序，来管理银行在电子银行业务方面的业务外包和其他对第三方的依赖?

2. 评价标准

高级管理层监控业务外包和对第三方的依赖,应该特别注意确保:

(1) 充分了解对其电子银行系统或业务进行业务外包或签订合伙协议会带来哪些风险。

(2) 在签订任何电子银行服务合同之前,必须对第三方服务供应商或合伙人的业务能力和财务状况进行适当的尽职调查。

(3) 在业务外包或合伙关系中,所有合同各方的责任必须非常明确。例如,应该明确规定向服务供应商提供信息的责任和向服务供应商收集信息的责任。

(4) 银行所有业务外包的电子银行系统和业务应该符合银行自己制定的风险管理、安全和隐私权保护政策的标准。

(5) 对业务外包进行定期独立的内部或外部审计,审计的范围至少要等于该业务由本机构自己处理的情况下的范围。

(6) 制订电子银行业务外包的适当应急计划。

3. 控制手段

人控。

4. 评价方式

抽样测试。

四、风险评估

1. 评价要点

电子银行安全评估至少应包括以下内容:安全策略、内控制度建设、风险管理状况、系统安全性、电子银行业务运行连续性计划、电子银行业务运行应急计划。

2. 评价标准

(1) 电子银行的安全策略制定的流程合理。包括系统设计、开发、测试、验收、运行、维护、备份、应急和客户信息安全等。

(2) 电子银行风险管理合理。包括董事会和高级管理层的认知能力与相关政策制定执行、管理机构职责设置的合理性及对相关风险的管控能力、管理人员配备与培训情况、业务外包管理制度建设与管理等。

(3) 电子银行系统安全性合理。包括物理安全、数据通讯安全、应用系统安全、密钥管理、客户信息认证与保密、入侵监测机制和报告反应机制等。

（4）电子银行业务运行连续性计划合理。包括业务连续运营的设备和系统能力、业务连续运营的制度安排和执行等。

（5）电子银行业务运行应急计划合理。包括电子银行应急制度建设与执行、应急设施设备配备、定期检测与演练、应对意外事故或外部攻击的能力。

3．控制手段

人控。

4．评价方式

抽样测试。

五、风险回应

（一）审查

1．评价要点

对网上银行业务资料的完整性、真实性是否进行审查？

2．评价标准

对网上银行业务资料的完整性、真实性的审查应符合下述规定：

1）企业网上银行

（1）《企业网上银行注册申请表》填写的内容是否真实、完整，填写的企业营业执照、组织机构代码的号码、法定代表人（负责人）及关键内容是否与该客户在本机构开户时的证件类型、号码及关键内容一致，必要时应要求客户提供营业执照、组织机构代码的原件或复印件进行审核。

（2）重点审核客户申请注册的网上银行账户是否为本企业的账户。

（3）申请表的签章栏是否已按要求加盖申请单位的预留印鉴、单位公章，并由法定代表人或授权代理人签章；核对预留印鉴是否相符。

（4）关键栏目有否涂改，如有涂改须加盖单位公章。

（5）审核企业经办人的身份证件，并留存身份证件复印件。

（6）申请表上有该企业客户对应的客户经理签名。

2）个人网上银行

（1）申请表填写的内容是否准确、完整。

（2）核实申请人本人的身份证件申请表须由客户本人签字。

（3）核实客户所持的身份证件及号码是否与申请注册账户的证件一致，并要求客户出示所需注册的账户（卡、折）。

3. 控制手段

人机并控。

4. 评价方式

抽样测试。

（二）密码管理

1. 评价要点

能否有效地对电子银行密码进行管理？

2. 评价标准

对电子银行密码进行管理应符合下述规定：

1）网上银行

加强用户身份验证管理。双重身份认证由基本身份认证和附加身份认证组成。基本身份认证是指网上银行用户知晓并使用，预先注册在银行的本人用户名及口令/密码；附加身份认证是指网上银行用户持有、保管并使用可实现其他身份认证方式的信息（物理介质或电子设备等）。附加身份认证信息应不易被复制、修改和破解。

2）电话银行

（1）客服中心电话银行系统等的操作用户必须妥善保管自己的密码，第一次登录系统后必须立即更改密码，以后至少2个月更改一次自己的密码。

（2）工作人员应当为在客户服务过程中知悉的客户信息保密，严禁向任何个人、单位泄露客户信息。

3）ATM机

（1）行式ATM机，每台机具由所在营业网点确定兼职管理人员两名，ATM机保险柜的钥匙、密码必须双人分管，并入保管箱（库）保管。离行式ATM机，每台机具保险柜的钥匙、密码亦双人分管，并入保险箱保管。

（2）ATM机钥匙和密码保管必须登记《会计人员交接登记簿》。各台ATM机的钥匙和密码保管、使用和交接情况做详细登记、签章。

（3）ATM机的钥匙由管理人员保管其中一把，另一把及ATM机的密码要做备份分别装入信封，按出纳制度规定经双人加封签章，在行式入库保管、离行式入保险箱保管,无故不得启用,并做好交接、变更登记。

(4) ATM机上柜钥匙可兼管,但不得随身携带。ATM机备用钥匙如发生遗失,必须查明事故原因,追查责任,并立即报告有关部门。

(5) ATM机保险柜密码使用者要妥善保管,不得泄密,上锁时须打乱密码。密码副本不得与保险柜钥匙混放,且除密码编制者或经业务主管批准的接替者外,其他人员一律不得拆封。密码经管人员如临时变更或工作调动,接替人员必须及时更换保险柜密码。

(6) 行式ATM机保险柜密码每3个月需更改一次,离行式ATM机保险柜密码每6个月需更改一次,更改密码要严格按照操作规定,在保险柜门打开的状态下,连续测试更改后的密码5次无误后方可关闭保险柜门,并用信封封存密码入库或入保险箱保管。

3. 控制手段

人机并控。

4. 评价方式

抽样测试。

(三) 认证

1. 评价要点

确认某一特定通讯、交易或进入请求是否合法?

2. 评价标准

新客户身份是否符合相关电子银行政策、本机构(社)相关规定、基本条件;能够正确地对个人、代理人或系统的身份和授权情况进行认证,并且能够阻止非授权的个人和系统的进入;建立不可否认性机制,以确保电子银行交易的保密性和完整性。

3. 控制手段

人机并控。

4. 评价方式

抽样测试。

(四) 职责的分解

1. 评价要点

在电子银行系统、数据库和应用程序中银行是否采取适当的措施,以保证有效地分解职责?

2. 评价标准

根据相关内部控制制度,明确电子银行管理、运营等各个环节的主要权限、职责和相互监督方式,有效隔离电子银行应用系统、验证系统、业务处理系统和数据库管理系统之间的风险。

3. 控制手段

人控。

4. 评价方式

抽样测试。

（五）数据和交易的完整性

1. 评价要点

电子银行交易、记录和信息等数据是否准确、完整和可靠?

2. 评价标准

电子银行业务数据和交易的完整性应符合下述规定:

（1）电子银行业务在交易的整个过程中,数据被篡改的可能性极小。

（2）电子银行业务记录的储存、进入和修改,数据被篡改的可能性极小。

（3）电子银行交易和记录程序在设计时,应该杜绝未经授权的修改逃避监控。

（4）拥有包括监控和修改步骤在内的足够修改控制政策,以避免电子银行系统受到任何可能损害其控制措施或数据可靠性的有意或无意的修改。

（5）通过交易处理、监控和记录职能,可以发现对电子银行交易或记录的任何篡改。

3. 控制手段

人机并控。

4. 评价方式

抽样测试。

六、内部控制活动

（一）内控制度建设

1. 评价要点

电子银行业务管理制度是否科学性和适宜性?

2. 评价标准

电子银行业务管理制度的科学性和适宜性体现在以下几个方面：

（1）电子银行管理制度符合法律、法规、监管要求和行业管理规定。

（2）全面覆盖电子银行业务系统，合理的内部控制流程，明确的电子银行业务管理责任。

（3）有效地识别、评估、监测和控制电子银行的业务风险。

（4）管理制度的及时更新，贯彻落实、执行。

3. 控制手段

人控。

4. 评价方式

符合性测试。

（二）审批

1. 评价要点

对电子银行安全控制程序的主要方面，董事会和高级管理层是否进行审批？

2. 评价标准

为了确保对电子银行业务进行适当的安全控制，董事会和高级管理层需要确定银行拥有包括策略和步骤在内的全面的安全程序，以处理可能的内部和外部安全威胁，及对突发事件进行防范和作出回应。

有效的电子银行安全程序的主要内容包括：

（1）明确管理层/员工在检查公司安全政策的制订和维护方面的责任。

（2）充足的物理控制以防止非授权的物理进入计算机环境。

（3）充足的逻辑控制和监控程序，以防止非授权的内部和外部用户进入电子银行的应用系统和数据库。

（4）安全措施和控制措施的定期检查和测试，包括对当前业界安全发展情况持续跟踪，软件的适当升级，以及服务打包和其他必要措施的采用。

3. 控制手段

人控。

4. 评价方式

抽样测试。

（三）证书载体的保管环节

1. 评价要点

是否将空白证书载体及成品证书载体作为网上银行的重要物品管理，其领入、付出是否建立了登记制度，登记记录是否完整、准确并定期检查？

2. 评价标准

网上银行证书载体的保管应符合下述规定：

（1）领用物品的编号一致，领用日期衔接，证书载体保管合规。

（2）成品证书载体实物数量与登记的未出库数量一致，审查证书密码的封装安全有效。

（3）审查《客户证书载体签收单》各项要素齐全。客户的签收日期与网银后台关联客户证书信息的日期进行一致。

3. 控制手段

人机并控。

4. 评价方式

抽样测试。

（四）交易控制环节

1. 评价要点

电子银行业务交易控制是否按规定办理？

2. 评价标准

电子银行业务交易控制的规定如下：

1）网上银行

（1）按照有关规定设置交易限额控制。

（2）办理支付时，客户的申请资料完整。

（3）办理代发代扣业务时，系统对代扣业务的单位账号和个人账号进行校验，代发账户的资金来源和代发账户，无通过对同一对私账户进行多笔代发而逃避现金管理的情况。

（4）办理银证转账业务时，证券机构在银行开立结算账户，并与银行签订银证转账协议。

（5）客户在电子银行办理证券资金的转入、转出时，电子银行系统校验证券资金账户密码。

2）电话银行

（1）开展电话银行转账功能风险评估和分类，依据收款账户的潜在风险高低，相应设置不同的转账额度和次数限制。对受益方不明确、资金难以追索的收款账户，应审慎或不提供电话银行转账服务。

（2）对应用银行卡卡号和密码相组合完成登录的电话银行业务，应在客户使用潜在风险较高的转账功能时，增加其他身份信息检验要求，如银行卡 CVV 码、身份证信息或其他预注册信息等。

（3）严格控制规定时间内同一卡号、账号、密码等登录信息在电话银行操作中的输入次数，避免无次数限制地允许输入错误登录信息，严格防范犯罪分子采用试探手段获取密码信息。

（4）建立电话银行异常交易监测预警机制。针对小额、多笔、连续交易行为建立有效的后台监控预警体系，防范不法分子利用电话银行功能进行小额、多笔、重复非法转账。

3）ATM 机业务

（1）加强发卡环节风险管理，严把风险源头关。在客户申请银行卡时，加强银行卡风险提示，明确银行卡被伪造的风险，并由客户签字确认。

（2）加强 ATM 机风险联合防范，实现 ATM 机地址在银联商户管理平台的注册登记工作。加强对自助银行区域的 ATM 机巡检，检查 ATM 机键盘、摄像头、进卡口、出钞口等关键位置，规范宣传告示的张贴，防范犯罪分子伺机作案。

3. 控制手段

人机并控。

4. 评价方式

抽样测试。

（五）会计管理

1. 评价要点

会计核算是否符合有关规定？

2. 评价标准

每日日终会计核算系统与电子银行系统进行交易核对。付款人开户行按照规定标准，根据客户支付指令向客户收取结算手续费等费用。

3. 控制手段

人机并控。

4. 评价方式

抽样测试。

(六) 突发事件应急

1. 评价要点

银行是否制订突发事件反应计划,以管理、控制和尽量减少意外事件造成的各种难题?

2. 评价标准

突发事件计划包括如下几种:

(1) 突发事件反应计划,处理各种情况下各个业务和各个地方的电子银行系统和服务的恢复工作。情形分析应该考虑风险发生的可能性及其对银行的影响。外包给第三方服务供应商的电子银行系统应该是这些计划中不可或缺的部分。

(2) 及时识别突发事件或危机、评估其严重性以及控制因服务中断而造成的声誉风险的各种机制。

(3) 通讯战略,以便较好地处理因安全事故、网络攻击和电子银行系统失败而造成的外部市场和媒体问题。

(4) 清晰的处理程序,以便发生严重安全事故或业务中断事件时,能及时上报有关监管当局。

(5) 突发事件反应工作组。工作组应该有权根据情况采取紧急行动,并且在分析突发事件侦察或反应系统方面训练有素,能够对事件所造成的结果作出解释。

(6) 包括内部和业务外包操作在内的一连串明确的指令,以确保按照突发事件的大小迅速采取适当的行动。此外,应该制定逐级上报和内部通讯步骤,包括在必要时向董事会进行汇报。

3. 控制手段

人控。

4. 评价方式

抽样测试。

（七）客户信息保密

1. 评价要点

银行是否采取适当的措施,确保电子银行产品和服务方面的有关客户隐私权?

2. 评价标准

银行对客户信息保密采取的措施如下:

（1）客户隐私政策和标准符合电子银行产品和服务的一切有关隐私权方面的条例和法律。

（2）让客户了解银行的隐私权政策,以及使用电子银行产品和服务相关的隐私权问题。

（3）客户可以拒绝允许银行与第三方共享用于交叉营销目的的任何信息,包括客户的个人需要、兴趣、财务状况或银行业务活动。

（4）客户数据的使用,不能超越客户允许的范围,也不能超越客户已作出的授权范围。

（5）第三方因业务外包而获得客户数据时,应该符合出包银行有关客户数据使用的各种标准。

3. 控制手段

人控。

4. 评价方式

抽样测试。

（八）连续可用

1. 评价要点

银行是否拥有有效的能力、业务连续性和应急计划程序,以确保电子银行系统和服务的连续可用性?

2. 评价标准

根据电子商务的总体市场动力和对客户接受电子银行产品和服务的预测比率,对当前的电子银行系统能力和未来的可扩展性进行分析。对电子银行业务交易处理能力要进行评估、压力测试以及定期检查。对关键的电子银行处理和传送系统,要制定适当的业务连续和应急计划,并且定期进行测试。

3. 控制手段

人控。

4. 评价方式

抽样测试。

七、信息与沟通

（一）信息披露

1. 评价要点

电子银行披露的信息是否能使潜在的客户在进行交易前清楚地了解银行的身份和监管状况？

2. 评价标准

为了尽量减少国内外电子银行业务所带来的法律和声誉风险，银行必须在其网站上提供充足的信息，允许客户在进行电子银行业务交易之前，清楚了解银行的身份和监管状况。

银行在其网站上应该提供的信息包括：

（1）银行的名称和总行（和当地分支机构）的地点。

（2）负责监管银行总行的主要银行监管当局的名称。

（3）涉及服务问题、投诉、怀疑账户误用等情况时，客户联系银行的客户服务中心的方式。

（4）客户如何进入和使用有关的消费者投诉方案或客户投诉受理系统。

（5）诸如客户应该如何获取对于相关的国家补偿或存款保险涵盖范围以及所能提供的保护程度等信息，或者如何链接到提供此类信息的网站。

（6）其他有关的或各国要求提供的信息。

3. 控制手段

人控。

4. 评价方式

抽样测试。

（二）安全风险事件报告

1. 评价要点

是否及时上报重大安全事故和风险事件？

2. 评价标准

建立电子银行业务重大安全事故和风险事件的报告制度,并保持与监管部门的经常性沟通。对于电子银行系统被恶意攻破并已出现客户或银行损失,电子银行被病毒感染并导致机密资料外泄,以及可能会引发其他金融机构电子银行系统风险的事件,金融机构应在事件发生后 48 小时内向中国银监会报告。

3. 控制手段

人控。

4. 评价方式

符合性测试。

八、监督

（一）处理处罚

1. 评价要点

是否建立适当的处理处罚相关制度?

2. 评价标准

建立和实施相关的处理处罚制度。

3. 控制手段

人控。

4. 评价方式

符合性测试。

（二）业务档案

1. 评价要点

是否按规定建立电子银行业务档案?

2. 评价标准

建立了电子银行业务档案制度。拥有适当的措施,对交易、记录和信息等数据的准确性、完整性和可靠性,完整记录电子银行业务的全过程。

3. 控制手段

人控。

4. 评价方式

抽样测试。

（三）监控制度

1. 评价要点

是否建立风险管理部门监控制度、审计部门审计监督制度？

2. 评价标准

建立和实施风险管理部门监控制度、审计部门审计监督制度。

3. 控制手段

人控。

4. 评价方式

符合性测试。

（四）审计跟踪

1. 评价要点

对所有电子银行交易是否进行明确审计跟踪？

2. 评价标准

进行明确的审计跟踪内容主要包括：

（1）客户账户的开立、修改或注销。

（2）与财务结果相关的一切交易。

（3）对客户超过某一限度的一切授权。

（4）任何对于系统进入权力或特权的授予、修改或撤销。

3. 控制手段

人机并控。

4. 评价方式

抽样测试。

九、评价依据

（一）《电子银行业务管理办法》（中国银监会［2006］第 5 号令）。

（二）《电子银行安全评估指引》（中国银监会［2006］第 9 号令）。

（三）《电子银行业务的风险管理原则》（巴塞尔银行监管委员会,2003 年 7 月）。

（四）《中国银监会办公厅关于商业银行电话银行业务风险提示的通知》（银监办发〔2007〕242号）。

（五）《关于银行卡欺诈交易的风险提示》（中银协风提〔2010〕2号）。

第二十二子系统——会计结算

一、内部控制环境

（一）会计结算业务政策熟悉程度

1. 评价要点

会计业务规范是否已为会计人员所理解和执行？

2. 评价标准

经抽样测试，员工得分在90分（含90分）以上的为良好；得分在80分（含80分）至90分的为一般；得分在80分以下的为较差。

3. 控制手段

人控。

4. 评价方式

书面知识测试。

（二）会计结算管理部门

1. 评价要点

是否设立独立的会计结算管理部门，对不同币种的会计结算业务进行统一管理？

2. 评价标准

（1）设立独立的会计结算管理部门。

（2）实行会计工作的统一管理，严格执行会计制度和会计操作规程。

3. 控制手段

人机并控。

4. 评价方式

抽样测试、穿行测试。

（三）岗位设置

1. 评价要点

各会计岗位设置是否贯彻"责任分离、相互制约"的原则,做到分工合理、职责明确、相互制约?

2. 评价标准

（1）各会计岗位设置分工合理、不相容岗位分离和相互制约。

（2）汇票、印证二分管二分离。

（3）需进行查询查复的业务,其原录入柜员与该业务查询查复时的录入人员不得为同一人。

3. 控制手段

人机并控。

4. 评价方式

抽样测试、穿行测试。

（四）职责、权限控制

1. 评价要点

会计结算人员的职责、权限和任职条件是否得到明确的书面规定?

2. 评价标准

会计结算人员的职责、权限和任职条件得到明确的书面规定,且执行到位。

3. 控制手段

人机并控。

4. 评价方式

抽样测试;穿行测试。

（五）持证上岗

1. 评价要点

（1）现有会计结算人员是否做到持证上岗?

（2）无证人员是否未经批准擅自上岗。

2. 评价标准

（1）现有会计结算人员经有权部门统一考试合格,全部做到持证上岗。

（2）无证人员未经批准不得擅自上岗。

3. 控制手段

人控。

4. 评价方式

符合性测试。

（六）考核激励机制

1. 评价要点

是否按规定制定和执行会计结算人员考核激励和尽职问责机制？

2. 评价标准

制定会计结算人员尽职规定，建立会计结算人员考核激励和尽职问责机制。严格实施会计结算人员考核激励和尽职问责机制，并有详细记录。

3. 控制手段

人机并控。

4. 评价方式

符合性测试、穿行测试。

二、内控目标

1. 评价标准

（1）转账结算差错率。转账结算差错金额÷转账结算总额＜0.1‰。

（2）现金结算差错率。现金结算差错金额÷现金结算总额＜0.3‰。① 一类差错比率，一类差错笔数÷业务总笔数＜0.01‰。② 二类差错比率，二类差错笔数÷业务总笔数＜0.1‰。③ 三类差错比率，三类差错笔数÷业务总笔数＜0.5‰。

（3）违规积分人员比率。分支机构违规积分人数÷分支机构会计柜面及会计管理人员人数×100％＜10％。

（4）违规损失率。结算类违规损失金额÷规划期营业收入×100％＜0.01％。

（5）对账单收回率。所有对账单收回率应为100％。

（6）无签发、取得和转让没有真实交易和债权债务的票据，套取银行和他人资金。无以任何理由压票、任意退票、截留挪用客户和他行的资金、受理无理拒付、不扣或少扣滞纳金。无放弃对企事业单位和个人违反结算纪律的制裁。

（7）无违章签发、承兑、贴现票据，套取银行资金。无超额占用联行汇差资金、转嫁资金矛盾。无逃避向人民银行转汇大额汇划款项和清算大额银行汇票资金。无签发空头银行汇票、银行本票和办理空头汇款。

（8）无违反禁止性规定人次。

2. 控制手段

人机并控。

3. 评价方式

符合性测试、抽样测试。

三、事件识别

（一）新业务管理

1. 评价要点

在开办新结算业务时，是否事先制定有关的政策、制度和程序？是否对新业务的会计核算、会计管理进行辅导或培训？

2. 评价标准

商业银行应当对新业务的推出进行法律论证，确保每笔业务的合法和有效，维护银行的合法权益。对新业务的会计核算、会计管理进行辅导或培训。

3. 控制手段

人机并控。

4. 评价方式

符合性测试、抽样测试。

（二）会计结算制度

1. 评价要点

现有会计结算制度是否充分；是否与上级文件相冲突；是否能有效防止发生设置账外账、乱用会计科目、编制和报送虚假会计信息？

2. 评价标准

商业银行应当依据企业会计准则和国家统一的会计制度，制定并实施本机构的会计规范和管理制度。

3. 控制手段

人控。

4. 评价方式

符合性测试、抽样测试。

（三）内部账开销户

1. 评价要点

内部账开销户、信息修改是否按规定手续办理？

2. 评价标准

单账户内部账户，由综合业务系统进行日终处理时自动根据科目可以开户的机构开户。多账户内部账户，由清算中心在综合业务系统办理开户手续。内部账户销户的前提是余额结清。在网点开户的属客户性质的结息内部账户，有未结积数，还应先结计利息，并作余额清零的账务处理。

3. 控制手段

人机并控。

4. 评价方式

穿行测试、抽样测试。

四、风险评估

（一）支票受理

1. 评价要点

受理支票付款业务时，纸质支票或影像支票印鉴核验手续是否合规？

2. 评价标准

提入行可以采用印鉴核验方式或支付密码核验方式对支票影像信息进行付款确认。付款确认以签章为主，支票影像其他要素为辅；采用支付密码核验方式的，应与出票人签订协议约定使用支付密码作为审核支付支票金额的依据。

3. 控制手段

人机并控。

4. 评价方式

穿行测试、抽样测试。

（二）同城交换传递

1. 评价要点

同城交换提出提入凭证、清单等交接流程是否严密？电子信息是否能确保与业务原始数据一致，是否存在篡改的风险？

2. 评价标准

商业银行发卡机构应当建立和健全内部管理机制，完善重要凭证、银行卡卡片、客户密码、止付名单、技术档案等重要资料的传递与存放管理，确保交接手续的严密。

3. 控制手段

人机并控。

4. 评价方式

符合性测试、穿行测试。

（三）电子银行承兑汇票

1. 评价要点

电子银行承兑汇票当日垫付资金（到期日清算未扣垫付款项）是否及时清理？

2. 评价标准

电子银行承兑汇票当日垫付资金应及时清理。

3. 控制手段

人机并控。

4. 评价方式

符合性测试、穿行测试。

（四）清算资金调拨

1. 评价要点

清算资金调拨流程是否规范、严谨？

2. 评价标准

清算中心办理资金调拨业务时，需凭经相关部门签署意见的资金调拨通知单和一式三联汇兑凭证,审查资金调剂申请单审批手续齐全、完整;汇兑凭证要素填写与资金调剂申请单信息一致,经会计主管审批。

3. 控制手段

人控。

4. 评价方式

符合性测试、抽样测试。

五、风险回应

（一）汇票、本票退款和超期付款

1. 评价要点

办理银行汇票、本票退款和超期付款手续是否规范?

2. 评价标准

（1）属本机构签发的银行汇票,与原专夹保管的汇票卡片核对相符。

（2）申请人为单位的,应提交证明,提交的证明中注明汇票要素和退款原因;申请人为个人的,出具本人的有效身份证件,并复印留存备查。

（3）出票银行对于代理付款银行曾查询过的银行汇票,应在汇票提示付款期满后才可办理退款。银行汇票退款业务应根据出票金额全额退回,转账银行汇票款项只能转入原申请人账户;"现金"银行汇票可退付现金。

3. 控制手段

人控。

4. 评价方式

符合性测试、抽样测试。

（二）系统内借记业务

1. 评价要点

系统内借记业务处理流程是否规范?

2. 评价标准

上级机构向下级机构扣划款项的,应由会计主管或其授权的其他业务人员填写款项扣划的特种转账凭证,交系统操作人员;下级机构收到系统内借记业务时的后续处理比照内部账跨机构交易。

3. 控制手段

人机并控。

4. 评价方式

符合性测试、穿行测试。

（三）定期贷记业务账实核对

1. 评价要点

办理定期贷记业务时客户提交的业务明细数据与综合业务系统登记簿是否一致？

2. 评价标准

客户提交的业务明细数据表应与付款凭证金额一致，并由付款单位签章；综合业务系统入账信息应与数据表一致。

3. 控制手段

人机并控。

4. 评价方式

符合性测试、穿行测试。

（四）定期借记业务资料审核

1. 评价要点

办理定期借记业务时，委托收款合同、委托付款授权书等是否齐全、是否按规定保管？

2. 评价标准

定期借记业务的资料审核包括如下几个方面：

（1）定期借记当事人各方须事先签订"同城特约委托收款业务协议书（合同）"及"委托付款授权书"以明确各方权利义务。

（2）定期借记合同建立后，付款人账号、户名发生变更，需重新签订"同城特约委托收款业务协议书（合同）"及"委托付款授权书"；收款人账户信息发生变更，不涉及合同号变更的，由其出具证明给开户行，由其开户行向付款行出具变更的函件证明。

（3）定期借记业务"合同号与付款人对应关系表"、"委托收款合同（协议书）"专夹保管配套整理，定期装订归档。

3. 控制手段

人机并控。

4. 评价方式

符合性测试、穿行测试。

(五) 定期借记业务账实核对

1. 评价要点

定期借记业务客户提供原始数据与综合业务系统登记簿是否一致?

2. 评价标准

商业银行应当对会计账务处理的全过程实行监督,会计账务应当做到账账、账据、账款、账实、账表和内外账的六相符。

3. 控制手段

人机并控。

4. 评价方式

符合性测试、穿行测试。

(六) 定期借记业务挂账处理

1. 评价要点

定期借记来账因特殊原因不能入账的,挂账款项是否及时查明原因及时处理?

2. 评价标准

(1) 定期借记来账回执业务状态为已挂账的,柜员应启动"[3821]电子借记合同查询打印"交易,核对定期借记合同登记簿。

(2) 经查明挂账原因可以付款的,启动"[3012]应解汇款解付"交易,将收妥款项解付至收款人账户。

(3) 回执业务状态为已拒绝,且未付款原因为"付款人账户余额不足支付",通知收款单位。回执业务状态为已拒绝,且未付款原因为"三方协议检查失败",应核对定期借记合同登记簿,查明原因后修改合同。

3. 控制手段

人机并控。

4. 评价方式

符合性测试、抽样测试。

（七）收妥抵用票据入账

1. 评价要点

收妥抵用票据入账时间设置是否合理，是否存在未到协议退票时间即入账的情况？

2. 评价标准

未使用支付密码或无法通过实时交换业务处理的转账支票借记业务、银行汇票借记业务，应遵循"收妥抵用"原则，严禁银行为任何企业或个人垫付资金。

3. 控制手段

人控。

4. 评价方式

符合性测试、抽样测试。

（八）退票管理

1. 评价要点

支票、汇票退票业务的管理是否规范，是否及时交客户签收？

2. 评价标准

一联退票理由书凭以登记"退票登记簿"，并经客户签收，另一联退票理由书连同支票、汇票和进账单退还持票人。

3. 控制手段

人控。

4. 评价方式

抽样测试。

六、内部控制活动

（一）大额资金汇划审批

1. 评价要点

大额资金结算汇划和超过额度的现金银行汇票业务是否按规定进行授权审批？

2. 评价标准

大额资金汇划审批的规定如下：

(1) 签发银行汇票、银行本票、汇兑资金等受理的单位结算账户主动付款业务，单笔金额在 100 万元以上的，须报经会计主管人员或本单位负责人批准，单笔金额在 1 000 万元以上的，须向清算中心有权人员审批。

(2) 签发的现金银行汇票金额超过 30 万元或本机构内同一日对同一收款人签发两张以上现金银行汇票或现金银行本票的，则需经分支机构负责人或分管领导或会计主管审批同意后，报总行清算中心审批。

3. 控制手段

人控。

4. 评价方式

抽样测试。

（二）汇票解付

1. 评价要点

代理解付的汇票、本票是否存在瑕疵和垫付资金情况？

2. 评价标准

代理解付的银行汇票、本票真实、齐全，要素一致；在提示付款期限内；出票的小写金额与大写的出票金额一致；出票行签章符合规定；持票人在本机构开户，在背面"持票人向银行提示付款签章"处签章；实际结算金额大小写一致，在出票金额以内，与进账单所填金额一致，多余金额结计正确等。

3. 控制手段

人机并控。

4. 评价方式

符合性测试、穿行测试。

（三）柜员岗位轮换和强制休假

1. 评价要点

是否按规定对会计结算人员实行定期或不定期的岗位轮换和强制休假制度？

2. 评价标准

在同一机构（部门）的同一重要岗位上连续工作满 3 年，原则上都要进行岗位轮换。岗位轮换员工必须进行书面工作交接，并在规定的工作日内完成交接。

重要岗位员工每年按照不低于 20% 的比例安排强制休假。强制休假时间一次不少于 5 天。

3. 控制手段

人控。

4. 评价方式

符合性测试、抽样测试。

（四）柜员交接

1. 评价要点

会计结算人员离岗（包括轮岗和强制休假）是否履行交接手续和监交程序？

2. 评价标准

柜员交接的规定如下：

（1）汇票专用章、本票专用章使用人不得兼管凭证、密押、支付密码器，专用章应指定第一、第二保管人实行平行交接。

（2）长期离岗（1 天以上）的柜员应办理现金、有价单证、重要空白凭证、印章、抵（质）押物、代保管物等重要实物的移交，柜员在法定节假日休假且实行集中寄（入）库的除外，但其现金库存应控制在规定的柜员尾箱额度内，并由监督柜员对其现金、有价单证、重要空白凭证、印章、抵（质）押物、代保管物等重要实物进行监督入库上锁。

（3）岗位调动或跨分支机构调动、内部退养、解聘、强制休假等性质的长期离岗，保管物品和账务除在"会计人员短期交接登记簿"反映交接情况外，还应编制"会计人员交接说明"，并经会计主管监交。

3. 控制手段

人控。

4. 评价方式

抽样测试。

（五）电子汇划退汇

1. 评价要点

因行名行号异常等特殊情形下造成款项无法汇出或汇入行退汇时，退回款项是否及时按规定返还客户？

2. 评价标准

电子汇划退汇应符合下述规定：

（1）汇出行（行）收到退汇的比照电子汇划来账处理的手续，将退回的款项按原渠道入原申请人账户，原申请人未开户的，入应解汇款。打印的应答书作业务处理凭证的附件。

（2）汇入行主动退汇的来账挂账（其他应付款或应解汇款）后，经确认无法处理的，会计主管或其授权的其他会计管理人员填制办理退汇的特种转账凭证一联，交操作柜员。

3. 控制手段

人机并控。

4. 评价方式

（六）电子汇划挂账处理

1. 评价要点

电汇业务来账是否及时处理，有无长期挂账未处理款项？判别入账的处理流程是否规范，有无入账不规范或串户的情况？

2. 评价标准

电汇业务账号户名不符无法直接入客户账的，入"其他应付款"户暂挂，但经查复后应及时作账务处理。判别入账后的电子专用凭证和挂账清单或查复书应一并交复核员复核。

3. 控制手段

人机并控。

4. 评价方式

符合性测试、抽样测试。

（七）通存通兑业务系统异常处理

1. 评价要点

小额支付系统跨行或农信银全国通存通兑业务遇系统报错情况时，是否遵照《异常情况处理对照表》流程进行规范处理？

2. 评价标准

通存通兑业务遇系统报错时，柜员应根据系统提示的异常报错信息，对照

《小额支付跨行通存通兑业务异常情况处理对照表》作相应的处理。

3. 控制手段

人控。

4. 评价方式

符合性测试、抽样测试。

（八）通存通兑业务差错冲正

1. 评价标准

（1）全国通存通兑业务进行业务差错冲销时，冲销凭证是否经客户签字确认？

（2）因柜员操作失误引起的全国通存通兑业务差错，且无法联系客户的，是否按规定进行补正或补存款处理？

2. 评价标准

（1）柜面业务差错但能联系客户冲销的，由原柜员对原业务进行冲销重新发起交易，冲销凭证上由客户签字确认。

（2）柜面业务差错且无法联系客户冲销的，因柜员操作失误，经确认在跨省客户账上少存或多支取款项而引起长款，由原操作柜员应启动"跨行现金存款"交易，补足差错的款项；因柜员操作失误，经确认在跨省客户账上多存或少支取款项引起短款，由原操作柜员应于当日启动"实时业务补正"交易，取出差错的款项。

3. 控制手段

人控。

4. 评价方式

符合性测试、抽样测试。

（九）内部账制单

1. 评价要点

内部账制单人员与记账人员是否分离？

2. 评价标准

编制账务性自制凭证，应做到记账人员与制单人员相分离，根据业务性质需经有权人员审批的，审批人不得为记账人员和制单人员。

3. 控制手段

人控。

4. 评价方式

抽样测试。

（十）内部账审批

1. 评价要点

其他应收款、其他应付款等过渡性科目的列支是否按规定进行审批？

2. 评价标准

建立其他应收款、其他应付款等过渡性科目列支的入账审批制度。

3. 控制手段

人控。

4. 评价方式

抽样测试。

（十一）内部账核算

1. 评价要点

有无内部账透支，透支是否合理？通过综合业务系统内部账交易办理的各项收入、支出是否真实、合理？

2. 评价标准

每日终了，内部账不得有透支余额。内部账挂账应符合财务管理及其他规定，内部账挂账应及时清理。内部账是指经批准后存贷款或股金散户汇总户，经当地人民银行批准的财政类缴款过渡存款账户。

3. 控制手段

人机并控。

4. 评价方式

符合性测试、穿行测试、抽样测试。

（十二）结算收费

1. 评价要点

办理各项支付结算业务是否按规定收费，入账科目是否正确？

2. 评价标准

网点办理各项支付结算业务，根据承担的责任和业务成本以及应付给有关部门的费用，分别收取邮电费、手续费、凭证工本费（银行卡卡片费）、挂失手续费、银行卡费、特约手续费、异地存取款手续费和电子汇划费。具体收费参照《结算类服务项目收费标准》。除财政金库全部免收,存款不计息账户免收邮费、手续费外,其他单位和个人按《支付结算办法》的规定收取费用。

3. 控制手段

人机并控。

4. 评价方式

符合性测试、抽样测试。

(十三)结算纪律

1. 评价要点

有无受理未在本机构开立存款账户的单位持票人提交的银行汇票?有无压票、任意退票、延压截留他行资金和挪用客户资金的行为?

2. 评价标准

银行办理支付结算,不准以任何理由压票、任意退票、截留挪用客户和他行资金;不准无理拒绝支付应由银行支付的票据款项;不准受理无理拒付、不扣少扣滞纳金;不准违章签发、承兑、贴现票据,套取银行资金;不准签发空头银行汇票、银行本票和办理空头汇款;不准在支付结算制度之外规定附加条件,影响汇路畅通;不准违反规定为单位和个人开立账户;不准拒绝受理、代理他行正常结算业务;不准放弃对企事业单位和个人违反结算纪律的制裁;不准逃避向人民银行转汇大额汇划款项。

3. 控制手段

人机并控。

4. 评价方式

符合性测试、穿行测试。

(十四)应急准备与响应

1. 评价要点

是否能够识别会计结算业务中可能存在导致发生重大损失的紧急情况?并建立应急预案和应急预案的操作程序?措施是否及时、有效?

2. 评价标准

商业银行应当建立有效的应急制度,在各个重要部位、营业网点等发生供电中断、火灾、抢劫等紧急情况时,应急措施应当及时、有效,确保各类数据信息的安全和完整。

3. 控制手段

人机并控。

4. 评价方式

穿行测试、抽样测试。

七、信息与沟通

(一)票据挂失止付

1. 评价要点

是否存在为不得办理挂失止付的票据进行挂失止付现象?挂失止付业务处理流程是否规范、手续是否齐全?

2. 评价标准

可以向银行挂失止付的票据为:支票;填明现金字样和代理付款行的银行汇票(全国汇票);银行本票和三省一市汇票;已承兑的商业承兑汇票和银行承兑汇票。空白票据不得挂失止付。失票人到银行办理挂失止付时,应填写一式三联的"挂失止付通知书"并签章。失票人为单位的,应出示单位证明;失票人个人的,应出示个人身份证件,并留存复印件。

3. 控制手段

人机并控。

4. 评价方式

穿行测试、抽样测试。

(二)挂失票据付款或退款

1. 评价要点

挂失票据付款或退款时,权利证明是否合法有效?

2. 评价标准

失票人向出票行请求付款或退款的,应提交人民法院出具的其享有票据权利的证明(汇票还应写明实际结算金额),个人还应提交有效身份证件。

3. 控制手段

人控。

4. 评价方式

符合性测试、抽样测试。

（三）查询查复业务

1. 评价要点

是否规范办理银行汇票、银行承兑汇票和电子汇划业务的查询查复、退回申请和应答、止付申请和应答？

2. 评价标准

查询查复业务的相关规定如下：

（1）代理查询行、查复行收到查询书可查询信息，应于当日或至迟次日上午进行处理。代理查询行收到查复信息后，应及时通知查询行。

（2）查询行、代理查询行、查复行要认真办理查询、查复工作，做到"有疑必查、有查必复、查必即时、复必详尽"。

（3）收到持票人开户行、代理行前来查询本机构签发的银行承兑汇票的，应于当日或次日上午进行回复。

（4）柜员对本机构发送和接收的往账或来账有疑问的，或受理客户提交的查询事项，应填写"查询书"，交查询人员。客户主动发起查询时，还需提供其有效身份证件及原汇款回单，若由他人代理的，还须提供代理人有效身份证件。

（5）查复人员收到查询行的查询，打印查询书后，应查明原因后，在"查询书"的"查复内容"栏填写查复内容。

3. 控制手段

人机并控。

4. 评价方式

符合性测试、抽样测试。

（四）存放同业、系统内往来账务核对

1. 评价要点

（1）账务核对程序是否符合规定？

（2）存放同业、系统内往来款项是否按规定核对？

2. 评价标准

（1）银行应至少按月核对同业往来账务及系统内往来账务，至少按季与开户单位核对账务。对账相符的应由核对人员和会计主管人员签章确认,核对不符的应及时查明原因并作相应调整。

(2)存放同业款项采用双向对账的方式。本机构向他行发对账单的,应及时核查对账单收回情况,未及时回送的,应及时催收;本机构收到他行对账单的,应及时发出对账回执。

3.控制手段

人控。

4.评价方式

符合性测试、抽样测试。

(五)应收、应付挂账清理、核对

1.评价要点

应收、应付挂账款是否逐月对账,并在年底彻底清理编制分户余额表;是否对跨年挂账作出逐笔说明?

2.评价标准

每日发生的内部账交易业务,必须作为事后监督的重点内容。内部账过渡性账户(暂收、暂付、应解汇款、开出本票、汇出汇款等过渡账户)的核查每月至少一次,其他内部账户至少每年核查一次。

3.控制手段

人控。

4.评价方式

符合性测试、抽样测试。

八、监督

(一)处理处罚

1.评价要点

会计结算人员违规违纪处理处罚是否适当?

2.评价标准

会计结算人员违规违纪处理处罚如下:

(1)违反会计结算规章制度,对票据、凭证、密押、证明文件等审查不严,应当发现而未发现问题,造成透支、挪用、冒领、被骗的,给予主管人员和其他责任人员经济处罚或者警告至降级处分;造成资金损失或者有其他严重后果的,给予撤职至开除处分。

(2)违反规定保管、使用会计印章、IC卡、密码或柜员卡等的,给予主管人员和其他相关责任人员经济处罚或者警告至记过处分;造成滥用、盗用、丢失或者其他严重后果的,给予记大过至开除处分。

(3)违反规定管理、使用、保管单位预留印鉴卡和电子验印系统的,给予主管人员和相关责任人员经济处罚或者警告至记过处分;造成单位预留印鉴卡丢失、被串换、被盗用或者其他严重后果的,给予记大过至开除处分。

3. 控制手段

人控。

4. 评价方式

符合性测试。

(二)会计检查辅导

1. 评价要点

是否按会计检查辅导制度要求对会计结算业务进行经常性检查、辅导,并及时纠正问题?

2. 评价标准

会计结算管理部门应按制度要求,定期或不定期开展会计结算业务检查、辅导,发现问题及时提出整改意见、建议,并督促整改。

3. 控制手段

人机并控。

4. 评价方式

符合性测试、穿行测试、抽样测试。

(三)事后监督

1. 评价要点

(1)会计结算业务是否按规定进行及时、有效的事后监督?

(2)事后监督提出问题是否及时整改?

2. 评价标准

(1)商业银行应当建立会计、储蓄事后监督制度,配置专人负责事后监督,实现业务与监督在空间与人员上的分离。

（2）后督中心按程序审核账表凭证等事后监督工作。检查出的问题及时进行整改，对未及时整改的情况作出相应的处理处罚。（具体参照被评价单位相关规定）

3. 控制手段

人机并控。

4. 评价方式

穿行测试、符合性测试、抽样测试。

（四）档案管理

1. 评价要点

（1）是否建立会计结算业务档案管理规定？

（2）会计档案归档是否及时？是否对会计资料的交接、整理、借阅、保管、销毁等环节作出规定，并遵照执行？

2. 评价标准

（1）会计档案应指定专人进行管理，其中出纳人员不得兼管会计档案。管理人员调动要办理交接手续。会计档案管理部门应设置专用会计档案保管库（柜），设立"会计档案保管销毁登记簿"。严格执行安全和保密制度，做到妥善保管，存放有序，查找方便，切实防止火烧、虫蛀、鼠咬、霉烂等，保证其完整无缺。磁介质档案每年根据实际情况翻录，业务部门与档案管理部门双备份，指定专人保管，并做好防磁、防火、防潮和防尘工作。存储数据的光盘档案包装盒上应贴有标签，标签上应填写编号、名称、密级、保管期限、硬件及软件环境、操作系统名称和应用软件的版本。

（2）会计年度终了后，会计经办人员应于年初1月底前将暂时装订好的会计凭证、账簿、报表交由支行（信用社）指定档案管理人员保管，最迟于次年6月底前完成会计档案归档工作。

（3）本单位内部人员需调阅会计档案的，应提出书面申请，并经有权人审批。档案管理人员应协同申请人员查阅。查阅时，不得涂改、圈划、拆散原卷册，也不得擅自传抄、复制。法律、法规授权的部门查阅会计档案时，必须持县以上主管部门正式公函集，并经有权人审批。专人陪同查阅。查阅人对处理案件需取证时，可以抄录、照相、复印或复制，但不得将会计档案拆封和借出。

3. 控制手段

人控。

4. 评价方式

符合性测试。

（五）绩效监测程序

1. 评价要点

是否建立会计结算业务内部控制绩效监测程序？

2. 评价标准

建立和执行会计结算业务内部控制绩效监测程序。

3. 控制手段

人控。

4. 评价方式

符合性测试。

（六）监控制度

1. 评价要点

对会计结算业务是否建立风险管理部门监控制度、审计部门审计监督制度？

2. 评价标准

对会计结算业务建立和实施风险管理部门监控制度、审计部门审计监督制度。

3. 控制手段

人控。

4. 评价方式

符合性测试。

九、评价依据

（一）《商业银行内部控制指引》（银监会［2007］第 6 号）。

（二）《中华人民共和国票据法》（中华人民共和国主席令［2004］第 22 号）。

（三）《票据管理实施办法》（中国人民银行令［1997］2 号）。

（四）《支付结算办法》（银发[1997]393 号）。

（五）《银行会计基本规范指导意见》（银发[2002]370 号）。

第二十三子系统——预算管理

一、内部控制环境

（一）预算管理制度

1. 评价要点

预算相关管理制度是否为员工熟知？流动性相关管理制度是否为员工熟知？

2. 评价标准

经抽样测试，员工得分在 90 分（含 90 分）以上的为良好；得分在 80 分（含 80 分）至 90 分的为一般；得分在 80 分以下的为较差。

3. 控制手段

人控。

4. 评价方式

书面知识测试。

（二）组织架构

1. 评价要点

（1）是否建立全面预算工作的组织领导、明确预算管理体制以及各预算执行单位的职责权限、授权批准程序和工作协调机制？

（2）是否建立流动性管理组织结构与体系，明确各单位职责权限？流动性风险管理职能是否相对独立？

2. 评价标准

（1）建立全面预算工作的组织领导，设置内部操作流程、授权批准程序和工作协调机制。明确预算管理体制以及各预算执行单位的职责权限。建立分工合理、职责明确、报告关系清晰的流动性管理组织结构。

（2）商业银行应该指定专业部门负责流动性风险管理，流动性风险管理部门职责应当保持相对独立。

3. 控制手段

人控。

4. 评价方式

抽样测试。

（三）机构设置

1. 评价要点

是否设立独立的计划财务部门和预算管理委员会？是否指定专门部门进行资本管理，并履行相应职责？

2. 评价标准

（1）设立独立的预算管理委员会，履行全面预算管理职责。

（2）预算管理委员会组成人员应由负责人及内部相关部门负责人组成。

（3）应指定资本管理部门，履行资本管理职责。

3. 控制手段

人控。

4. 评价方式

抽样测试。

（四）治理结构

1. 评价要点

董事会是否承担本机构资本管理的最终责任，并履行相关职责？

2. 评价标准

商业银行董事会承担本机构资本管理的最终责任，并履行相应职责。

3. 控制方式

人控。

4. 评价方式

抽样测试。

（五）内控体系与文件的要求

1. 评价要点

涉及计划财务业务的内部控制的文件，如预算管理、流动性管理、资本管理等是否充分？是否存在无章可循情况？

2. 评价标准

商业银行应建立并保持必要的内控控制体系文件,包括对内部控制体系要素及其相互作用的描述、内部控制政策和目标、关键岗位及其职责和权限、不可接受的风险及其预防和控制措施、控制程序、作业指导、方案和其他内部文件。

3. 控制手段

人控。

4. 评价方式

抽样测试。

（六）抵债资产取得

1. 评价要点

是否建立抵债资产取得内部申报规程?

2. 评价标准

应建立健全抵债资产收取和处置的内部申报审批制度,明确申报流程、部门职责、审批权限,并对申报方案的内容、要件和所需材料作出规定。

3. 控制手段

人控。

4. 评价方式

抽样测试。

（七）培训教育

1. 评价要点

是否定期组织财务管理人员进行业务教育培训,以确保相关人员的胜任,并对培训结果进行考核、测试、评估等?

2. 评价标准

商业银行应明确与风险和内部控制有关人员的适任条件,明确有关教育、工作经历、培训和技能等方面的要求,以确保相关人员的胜任。

3. 控制手段

人控。

4. 评价方式

抽样测试。

二、内控目标

1. 评价标准

1）资本充足率

资本总额÷风险资产×100％≥8％。

其中：核心一级资本充足率≥5％。

一级资本充足率≥6％。

2）存贷款比例

各项贷款总额÷各项存款总额×100％≤70％。

3）流动性比率

流动性资产÷流动性负债×100％≥35％。

4）流动性缺口率

流动性缺口÷90天内到期表内外资产×100％≥0。

5）核心负债依存度

核心负债÷总负债×100％≥75％。

6）流动性覆盖率

流动性资产÷净资金流出×100％≥100％。

7）净稳定资金比率

可用的稳定资金÷业务所需的稳定资金×100％≥100％。

8）备付金率

（库存现金＋存放央行款项＋存放央行清算汇票款＋存放同业）÷人民币各项存款期末余额×100％≥5％。

9）人民币超额备付率

（在中国人民银行超额准备金存款＋库存现金）÷人民币各项存款期末余额×100％≥20％。

10）中长期贷款比例

余期一年以上贷款÷余期一年以上定期存款×100％≤120％。

11）客户存款集中度

最大十户存款总额÷各项存款×100％≤5％。

12）同业负债集中度

最大一户同业机构拆入资金÷各项存款×100%≤1%。

13）资产利润率

利润总额÷资产总额平均余额×100%≥1。

资产平均余额＝（期初资产总额＋期末资产总额）÷2。

14）资本利润率

净利润÷所有者平均余额×100%≥20%。

所有者权益平均余额＝（期初所有者权益总额＋期末所有者权益总额）÷2。

15）成本收入比

业务管理费÷营业收入×100%≤40%。

16）资产损失准备充足率

信用风险资产实际计提准备÷信用风险资产应提准备×100%≥70%。

17）风险资产利润率

税后利润÷平均加权风险资产×100×折年系数≥0.9%。

18）核心负债依存度

核心负债÷总负债×100%≥45%

2. 控制手段

人机并控。

3. 评价方式

符合性测试,抽样测试。

三、事件识别

（一）预算管理

1. 评价要点

是否制订了本机构年度经营计划和财务预算？制订的经营计划和财务预算是否符合上级行业管理目标和要求？预算方案制订是否严谨,编制依据、编制程序、编制方法等内容是否合理、适当和科学？

2. 评价标准

应当根据发展战略和年度生产经营计划,综合考虑预算期内经济政策、市场环境等因素,按照上下结合、分级编制、逐级汇总的程序,编制年度全面预算。

3. 控制手段

人控。

4. 评价方式

符合性测试。

（二）指标分解

1. 评价要点

是否将预算指标进行层层分解，并落实到各部门、各环节和各岗位？

2. 评价标准

全面预算一经批准下达，各预算执行单位应当认真组织实施，将预算指标层层分解，从横向和纵向落实到内部各部门、各环节和各岗位，形成全方位的预算执行责任体系。

3. 控制手段

人控。

4. 评价方式

抽样测试。

（三）流动性管理

1. 评价要点

是否制定书面的流动性风险管理策略、政策和程序？是否覆盖全部业务和下属机构？

2. 评价标准

商业银行应当控制根据可承受的流动性风险水平，制定书面的流动性风险管理策略、政策和程序。流行性风险管理策略、政策和程序应当涵盖银行表内外各项业务，以及境内外所有对其流动性产生重大影响的业务部门、分支机构和附属机构，并包括正常和压力情景下的流动性风险管理。

3. 控制手段

人控。

4. 评价方式

抽样测试。

（四）流动性计划

1. 评价要点

是否根据确定的未来长期发展计划制订银行流动性计划？

2. 评价标准

(1) 预测银行未来的流动性状况,找出未来流动性差距与缺陷。

(2) 通过本利分析,评估和选择获取流动性的不同方式。

(3) 根据预测,制定与长期发展相一致的长期流动性计划。

(4) 根据长期计划制订短期流动性计划,并根据实际情况加以调整。

3. 控制手段

人控。

4. 评价方式

符合性测试。

(五) 资本管理规划

1. 评价要点

高级管理层是否制定和组织实施资本规划和资本充足率管理规划,包括风险加权资产控制方案。

2. 评价标准

商业银行高级管理层负责根据业务战略和风险偏好组织实施资本管理工作,确保资本与业务发展和风险水平相适应,落实各项监控措施,并履行相关责任职责。

3. 控制手段

人控。

4. 评价方式

抽样测试。

(六) 资本核算

1. 评价要点

资本核算(包括核算范围的确定、计量方式的选择)是否准确?

2. 评价标准

上级部门确定的资本核算标准。

3. 控制手段

人机并控。

4. 评价方式

抽样测试。

（七）抵债资产取得

1. 评价要点

抵债资产取得内部申报流程是否严格执行？

2. 评价标准

根据已建立的抵债资产收取和处置的内部审批流程申报。

3. 控制手段

人控。

4. 评价方式

抽样测试。

（八）抵债资产计价

1. 评价要点

抵债资产入账金额是否符合规定？

2. 评价标准

（1）抵债金额是指取得抵债资产实际抵偿银行债务的金额。

（2）抵债资产净值是指抵债资产账面余额扣除抵债资产减值准备后的净额。

（3）取得抵债资产支付的相关税费是指银行收取抵债资产过程中所缴纳的契税、车船税、印花税、房产税等税金，以及所支出的过户费、土地出让金、土地转让费、水利建设基金、交易管理费、资产评估费等直接费用。

3. 控制手段

人控。

4. 评价方式

抽样测试。

四、风险评估

（一）资本规划

1. 评价要点

商业银行根据风险评估结果，是否评估银行资本充足水平，并进行不少于 3 年的资本规划？资本规划是否审慎？

2. 评价标准

商业银行应根据风险评估结果,评估银行资本充足水平。商业银行应制定资本规划,综合考虑当前及未来的资本需求、监管要求和资本可获得性,确保资本水平持续满足监管要求。资本规划应至少设定内部资本充足率 3 年目标。

3. 控制手段

人机并控。

4. 评价方式

符合性测试、抽样测试。

(二) 预算执行

1. 评价要点

预算指标执行过程是否符合预先设定发展路线?

2. 评价标准

企业分析预算执行情况,应当充分收集有关财务、业务、市场、技术、政策、法律等方面的信息资料,根据不同情况分别采用比率分析、比较分析、因素分析等方法,从定量与定性两个层面充分反映预算执行单位的现状、发展趋势及其存在的潜力。

3. 控制手段

人机并控。

4. 评价方式

压力测试。

(三) 流动性控制

1. 评价要点

(1) 风险识别与分析是否覆盖了所有总部、分支机构等组织机构? 是否覆盖各种类型风险? 是否考虑到了风险的关联性?

(2) 当前定位的流动性风险控制水平是否符合已设定的风险偏好?

(3) 是否确定风险级别和风险类型的重要性?

(4) 确定是否对当前风险进行处理和确定处理风险措施的优先级别是否合理?

(5) 风险根源是否准确? 是否考虑了风险因素关联影响?

2. 评价标准

（1）风险识别与分析覆盖了所有总部分支机构等组织机构。覆盖了各种类型风险，考虑到了风险的关联性。

（2）当前定位的流动性风险控制水平符合已设定的风险偏好。

（3）确定了风险级别和风险类型的重要性。

（4）合理确定了对当前风险进行处理和确定处理风险措施的优先级别。

（5）风险根源分析准确，考虑了风险因素关联影响。

3. 控制手段

人控。

4. 评价方式

符合性测试。

（四）流动性风险管理

1. 评价要点

流动性风险的识别、计量、监测和控制体系中包含的内容是否完整？

2. 评价标准

流动性风险的识别、计量、监测和控制体系应当包括完整的现金流测算和分析框架，能有效计量、监测和控制现金流缺口。现金流测算和分析框架应该至少涵盖以下内容：

（1）资产和负债的未来现金流。

（2）或有资产和或有负债的潜在现金流。

（3）对重要币种现金流的单独测算分析。

（4）代理、清算和托管等业务对现金流的影响。

3. 控制手段

人控。

4. 评价方式

符合性测试。

（五）资本管理目标和补充方式

1. 评价要点

商业银行是否建立资本管理目标和补充方式？

2. 评价标准

商业银行高级管理层应充分理解压力条件下商业银行所面临的风险及风险间相互作用、资本工具吸收损失和支持业务持续运营的能力，有能力对资本管理目标、资本补足政策安排和应对措施的合理性作出判断。

3. 控制手段

人控。

4. 评价方式

抽样测试。

（六）资本充足评估程序

1. 评价要点

商业银行的内部资本充足评估程序是否能实现如下目标：

（1）确保主要风险得到充分识别、计量或评估、监测和报告。

（2）确保资本水平与风险偏好和风险管理水平相适应。

（3）确保资本规划与银行经营状况、风险变化趋势和长期发展战略相匹配。

2. 评价标准

商业银行的内部资本充足评估程序应实现以下目标：

（1）确保主要风险得到充分识别、计量或评估、监测和报告。

（2）确保资本水平与风险偏好和风险管理水平相适应。

（3）确保资本规划与银行经营状况、风险变化趋势和长期发展战略相匹配。

3. 控制手段

人控。

4. 评价方式

抽样测试。

（七）流动性假设定期评估

1. 评价要点

是否定期对各种流动性假设前提进行评估，并根据需要及时修订？

2. 评价标准

（1）商业银行应当根据业务规模、性质、复杂程度及风险状况，运用包括现金流缺口在内的一系列方法和模型,对银行正常和压力情景下未来不同时间段的流行性风险水平及优质流动性资产储备情况进行前瞻性分析。

(2) 商业银行在应用上述方法和模型时应当使用审慎合理的假设前提,定期对各种假设前提进行评估,根据需要进行修正,并保留书面记录。

3. 控制手段

人控。

4. 评价方式

抽样测试。

(八) 抵债资产入账

1. 评价要点

抵债资产账务处理是否符合规定?

2. 评价标准

银行以抵债资产取得日为所抵偿贷款的停息日。银行应在取得抵债资产后,及时进行账务处理,严禁违规账外核算。抵债资产的入账具体应按照财政部相关规程处理。

3. 控制手段

人控。

4. 评价方式

抽样测试。

(九) 抵债资产保管期间收入与支出

1. 评价要点

抵债资产保管期间取得的保管费用、租赁收入、处置费用是否按规定进行账务处理?

2. 评价标准

抵债资产保管过程中发生的费用计入营业外支出;抵债资产未处置前取得的租金等收入计入营业外收入;处置过程中发生的费用,从处置收入中抵减。

3. 控制手段

人控。

4．评价方式

抽样测试。

（十）抵债资产处置

1．评价要点

（1）抵债资产处置是否超期限？

（2）抵债资产处置是否公开透明？

2．评价标准

（1）抵债资产收取后应尽快处置变现。以抵债协议书生效日，或法院、仲裁机构裁决抵债的终结裁决书生效日，为抵债资产取得日，不动产和股权应自取得日起 2 年内予以处置；除股权外的其他权利应在其有效期内尽快处置，最长不得超过自取得日起的 2 年；动产应自取得日起 1 年内予以处置。

（2）银行处置抵债资产应坚持公开透明的原则，避免暗箱操作，防范道德风险。

3．控制手段

人控。

4．评价方式

抽样测试。

五、风险回应

（一）预算调整

1．评价要点

是否定期召开预算执行会议，根据预算执行情况，及时修订预算，以使预算能顺利执行？

2．评价标准

预算管理工作机构和各预算执行单位应当建立预算执行情况分析制度，定期召开预算执行分析会议，通报预算执行情况，研究、解决预算执行中存在的问题，提出改进措施。

3．控制手段

人控。

4. 评价方式

符合性测试。

（二）经营管理层风险应对策略选择

1. 评价要点

策略选择是否恰当？

2. 评价标准

能实现对流动性风险的有效控制。

3. 控制手段

人控。

4. 评价方式

符合性测试。

（三）经营管理层风险规避政策

1. 评价要点

是否对所有超出风险承受度的业务采取风险规避政策？

2. 评价标准

能实现对流动性风险的有效控制。

3. 控制手段

人控。

4. 评价方式

符合性测试。

（四）资本充足率压力测试

1. 评价要点

商业银行是否定期开展资本充足率压力测试，并将结果作为资本充足率目标？

2. 评价标准

商业银行应将压力测试作为内部资本充足评估程序的重要组成部分，压力测试应覆盖各业务条线所面临的主要风险，并应充分考虑经济周期对风险和资本充足率的影响。商业银行应结合压力测试结果确定内部资本充足率目标。

3. 控制手段

人控。

4. 评价方式

抽样测试。

（五）流动性压力测试

1. 评价要点

是否建立流动性压力测试制度？是否按季开展常规性压力测试？

2. 评价标准

商业银行应当建立流动性风险压力测试制度，分析银行承受压力事件的能力。流动性风险压力测试应当符合以下要求：

实施压力的频度应当与规模、风险水平市场影响力相适应，至少每季度应当进行一次常规压力测试。出现市场剧烈波动等情况时，应当加大压力测试频度。

3. 控制手段

人控。

4. 评价方式

抽样测试。

（六）抵债资产保管职责

1. 评价要点

抵债资产取得后，是否指定专人管理，并定期进行实地查看？

2. 评价标准

银行要按照有利于抵债资产经营管理和保管的原则，确定抵债资产经营管理主责任人，指定保管责任人，并明确各自职责。

3. 控制手段

人控。

4. 评价方式

抽样测试。

（七）抵债资产评估

1. 评估要点

（1）是否建立抵债资产评估办法？

（2）是否合理确定抵债资产价值？

2．评估标准

（1）协议抵债的，原则上应在具有合法资质的评估机构进行评估确值的基础上，与债务人、担保人或第三人协商确定抵债金额。评估时，应要求评估机构以公开市场价值标准为原则，确定资产的市场价值，在可能的情况下应要求评估机构提供资产的快速变现价值。抵债资产欠缴的税费和取得抵债资产支付的相关税费应在确定抵债金额时予以扣除。

（2）采用诉讼、仲裁等法律手段追偿债权的，如债务人和担保人确无现金偿还能力，银行要及时申请法院或仲裁机构对债务人、担保人的财产进行拍卖或变卖，以拍卖或变卖所得偿还债权。若拍卖流拍后，银行要申请法院或仲裁机构按照有关法律规定或司法惯例降价后继续拍卖。确需收取抵债资产时，应比照协议抵债金额的确定原则，要求法院、仲裁机构以最后一次的拍卖保留价为基础，公平合理地确定抵债金额。

3．控制手段

人控。

4．评估方式

抽样测试。

六、内部控制措施

（一）预算调整

1．评价要点

预算调整是否报经有权部门审批？

2．评价标准

批准下达的预算应当保持稳定，不得随意调整。由于市场环境、国家政策或不可抗力等客观因素，导致预算执行发生重大差异确需调整预算的，应当履行严格的审批程序。

3．控制手段

人机并控。

4．评价手段

抽样测试。

（二）审批权限设置

1. 评价要点

（1）是否建立超预算或预算外资金支付审批制度？

（2）超预算或预算外资金支付是否严格按制度执行？

2. 评价标准

（1）建立了超预算或预算外资金支付审批制度。

（2）对于超预算或预算外的资金支付，应当实行严格的审批制度。

3. 控制手段

人机并控。

4. 评价方式

抽样测试。

（三）超预算支付控制

1. 评价要点

超预算或预算外资金支付，是否实行严格的审批制度？

2. 评价标准

企业应当加强资金收付业务的预算控制，及时组织资金收入，严格控制资金支付，调节资金收付平衡，防范支付风险。对于超预算或预算外的资金支付，应当实行严格的审批制度。

3. 控制手段

人机并控。

4. 评价方式

抽样测试。

（四）度量和监测净融资需求

1. 评价要点

（1）是否进行定期流动性分析？

（2）是否建立度量和监测净融资需求的程序？

2. 评价标准

（1）根据流动性的基本要求，定期对流动性影响因素进行综合分析。

（2）建立持续度量和监测净融资需求的程序。运用情景分析方法，并检查假设是否仍有效。

3. 控制手段

人控。

4. 评价方式

符合性测试。

（五）管理信息系统建设

1. 评价要点

是否建立完备的管理信息系统，实现准确、及时、全面计量、监测和报告流动性风险状况？

2. 评价标准

商业银行应当建立完备的管理信息系统，准确、及时、全面计量、监测和报告流动性风险状况。管理系统应当实现如下功能：

（1）每日计算各个设定期限的现金流入、流出及缺口。

（2）按时测算流动性风险监管和监测指标，并根据需要加大监测频度。

（3）支持流行性风险限额控制。

（4）支持对大额资金流动实施监控。

（5）支持对优质流动性资产价值和构成的监测。

（6）支持在不同假设情景下的压力测试。

3. 控制手段

机控。

4. 评价方式

穿行测试。

（六）应急计划和持续改进

1. 评价要点

（1）是否能够提供证据证明对预算管理的内部控制进行过改进？

（2）是否能够提供书面资料证明对每年对流动性风险水平、政策、程序进行评估后，对上述水平、政策和程序进行改进？

2. 评价标准

（1）商业银行应利用内部控制政策、内部控制目标、评价结果、绩效监测和数据分析、纠正和预防措施以及管理评审等,持续提高内部控制体系有效性。

(2)商业银行应该综合考虑业务发展、技术更新及市场变化等因素,至少每年对可承受的流动性风险水平、流动性风险管理策略、政策和程序进行一次评估,并根据需要进行修订。

3.控制手段

人控。

4.评价方式

抽样测试。

(七)事故、险情、违规和纠正与预防措施

1.评价要点

(1)是否建立流动性应急计划和资本补充应急计划?

(2)对预算管理执行过程中出现的问题(违规、差错)是否经过适当程序确认,并责成相关人员及时进行纠正? 是否对违规造成的内控损失逐笔进行责任认定,并按规定对有关责任人员进行处理?

2.评价标准

(1)建立流动性应急和资本补充应急计划。

(2)建立并保持书面程序,对违规、险情、事故的发现、报告、处置和纠正及预防措施作出规定,并对相关责任进行认定和处理。

3.控制手段

人控。

4.评价方式

抽样测试。

(八)记录控制

1.评价要点

是否建立预算、流动性档案管理办法? 是否遵循档案管理规定?

2.评价标准

商业银行应建立并保持书面程序,以规定内部控制相关活动中所涉及记录的标识、生成、储存、保护、检索、保存期限和处置。

3. 控制手段

人控。

4. 评价方式

抽样测试。

七、信息与沟通

（一）流动性风险报告

1. 评价要点

流动性风险报告流程是否确保董事会、高级管理层和其他管理人员及时了解流动性风险水平及管理情况？

2. 评价标准

商业银行应当建立规范的流动性风险报告制度，明确各项流动性风险报告的内容、形式、频率和报送范围，确保董事会、高级管理层和其他管理人员能及时了解流动性风险水平及管理情况。

3. 控制手段

人控。

4. 评价方式

抽样测试。

（二）财务风险控制及管理

1. 评价要点

（1）是否制定财务风险损失报告制度？对重大财务事项及风险损失状况是否及时报告？财务损失的报告制度是否得到遵循？

（2）是否与执行单位定期展开执行情况信息交流，根据实际情况进行调整，并做好详细记录？

2. 评价标准

（1）建立并保持信息交流与沟通的程序，明确对财务、管理、业务、重大事件和市场信息等相关信息识别、收集、处理、交流、沟通、反馈、披露的渠道和方式。

（2）加强与各预算执行单位的沟通，运用财务信息和其他相关资料监控预算执行情况,采用恰当方式及时向决策机构和各预算执行单位报告、反馈预算执行进度、执行差异及其对预算目标的影响,促使本机构全面预算目标的实现。

3. 控制手段

人控。

4. 评价方式

抽样测试。

（三）文件控制

1. 评价要点

预算、流动性管理文件是否得到有效控制?

2. 评价标准

商业银行应建立并保持书面程序,以确保内部控制体系所要求的文件满足下列要求：① 易于查询。② 实施前得到授权人的批准。③ 定期评审,必要时予以修订并由授权人员确认其适宜性。④ 所有相关岗位都能得到有效版本。⑤ 失效时,及时从所有发出处和使用处收回,或采取其他措施防止误用。⑥ 及时识别、处置文件外来文件并进行标识,必要时转化为内部文件。⑦ 留存的档案性文件和资料应予以适当标识。

3. 控制手段

人控。

4. 评价方式

抽样测试。

（四）信息披露

1. 评价要点

（1）是否定期披露资本信息? 信息披露是否符合上级管理部门要求?

（2）临时、季度、半年及年度披露延迟,是否经银监会批准?

（3）信息披露内容是否符合银监规定要求?

2. 评价标准

（1）商业银行应分别按照上级管理规定内容,披露相关信息。

（2）商业银行信息披露频率分为临时、季度、半年及年度披露,其中临时信息应及时披露,季度、半年和年度信息披露时间分别不晚于季度报告、半年度报告、年度报告披露后的 1 个月。因特殊原因不能按时披露的,应至少提前 15 个工作日向银监会申请延迟披露。

(3) 资本充足率的信息披露至少应包括以下内容:① 主要风险管理体系,信用风险、市场风险、操作风险、流动性风险及其他重要风险的管理目标、政策、策略和程序,组织架构和管理职能。② 并表范围。③ 资本数量、构成及各级资本充足率。④ 信用风险、市场风险、操作风险计量方法,风险计量体系的重大变更,以及对应的资本要求。⑤ 信用风险、市场风险、操作风险及其他重要风险暴露和评估的定性和定量信息。⑥ 内部资本充足评估的基本方法,以及影响资本充足率的其他有关因素。⑦ 薪酬的定性信息和有关定量信息。

3. 控制手段

人控。

4. 评价方式

抽样测试。

八、监督

(一) 资本管理机构

1. 评价要点

是否建立相互独立的管理部门?

2. 评价标准

实施资本计量高级方法的银行,其资本管理部门、风险管理部门、验证管理部门、内部审计部门应相互独立。

3. 控制手段

人控。

4. 评价方式

抽样测试。

(二) 资本内部评估频度

1. 评价要点

商业是否每年开展内部资本充足评估?

2．评估标准

商业银行应至少每年一次实施内部资本充足评估程序，在银行经营情况、风险状况和外部环境发生重大变化时，应及时进行调整和更新。

3．控制手段

人控。

4．评价方式

抽样测试。

（三）监事会对流动性管理监督职责

1．评价要点

监事会是否每年一次向股东大会报告董事会及高级管理层在流动性风险管理中的履职情况进行评估？

2．评价标准

监事会应当对董事会和高级经营管理层在流动性风险管理中的履职情况进行监督评价，至少每年一次向股东大会报告董事会及高级管理层在流动性风险管理中的履职情况进行评估。

3．控制手段

人控。

4．评价方式

抽样测试。

（四）内部审计

1．评价要点

是否定期对流动性的内部审计是否充分？

2．评价标准

对流动性的内部审计包括如下方面：

（1）将流动性检查列入了内部审计的规划。

（2）内部审计部门有通畅的信息来源。

（3）审计涵盖了流动性管理与风控的各个部门与各个岗位和其他各个方面。

（4）流动性内审的频率合理。

（5）内审能及时发现流动性管理与风控方面的弱点或问题。

（6）内审意见能及时传达到董事会及高级管理层。

（7）管理层意见反馈及重视程度。

3．控制手段

人控。

4．评价方式

符合性测试。

（五）外部审计

1．评价要点

是否由外部中介机构对年度财务会计报表进行审计？

2．评价标准

年度财务会计报表审计一般在第一季度内完成。年度财务会计报表审计的主要内容包括但不限于资产真实性、负债真实性、损益真实性。应当委托具有独立性、专业胜任能力和声誉良好的外审机构从事年报审计业务。

3．控制手段

人控。

4．评价方式

符合性测试。

（六）抵债资产监督

1．评价要点

是否对抵债资产收取、保管和处置情况进行检查，发现问题及时纠正？

2．评价标准

银行应当对抵债资产收取、保管和处置情况进行检查，发现问题及时纠正。

3．控制手段

人控。

4．评价方式

抽样测试。

九、参考文献

（一）银监会《商业银行资本管理办法》（征求意见稿）。

（二）财政部《企业内部控制指引》第 15 号。

（三）《商业银行内部控制评价办法实施指南》（中国金融出版社，主编/车迎新）。

（四）财政部关于印发《银行抵债资产管理办法》的通知（财金［2005］53号）。

第二十四子系统——信息科技

一、内部控制环境

（一）信息科技业务规章制度熟悉程度

1. 评价要点

信息科技业务规章制度是否传达到科技人员并为其所熟悉？

2. 评价标准

经抽样测试，员工得分在 90 分（含 90 分）以上的为良好；得分在职 80 分（含 80 分）至 90 分的为一般；得分在 80 分以下的为较差。

3. 控制手段

人控。

4. 评价方式

书面知识测试。

（二）科技管理部门

1. 评价要点

是否设立信息科技管理部门，设置内部操作流程？

2. 评价标准

设立信息科技管理部门，设置内部操作流程。

3. 控制手段

人控。

4. 评价方式

符合性测试。

（三）岗位设置

1. 评价要点

信息科技岗位设置是否做到分工合理、职责明确、相互制约？

2. 评价标准

信息科技岗位设置做到分工合理、职责明确、相互制约。

3. 控制手段

人机并控。

4. 评价方式

抽样测试、穿行测试。

（四）职责、权限控制

1. 评价要点

信息科技人员的职责、权限和人员任职条件是否得到明确的书面规定？

2. 评价标准

信息科技人员的职责、权限和人员任职条件得到明确的书面规定，且执行到位。

3. 控制手段

人机并控。

4. 评价方式

抽样测试、穿行测试。

（五）持证上岗

1. 评价要点

（1）现有信息科技人员是否做到持证上岗？

（2）无证人员是否参与信息科技工作情况。

2. 评价标准

（1）信息科技人员经省农信联社统一考试合格，全部做到持证上岗。

（2）无证人员不得参与信息科技管理工作情况。

3. 控制手段

人控。

4. 评价方式

符合性测试。

（六）考核激励机制

1. 评价要点

是否按规定制定和执行信息科技人员考核激励和尽职问责机制？

2. 评价标准

制定信息科技人员尽职规定，建立信息科技人员考核激励和尽职问责机责。严格实施信息科技工作人员考核激励和尽职问责机制，并有详细记录。

3. 控制手段

人机并控。

4. 评价方式

符合性测试、穿行测试。

二、内控目标

1. 评价标准

（1）全年计算机安全事故发生率。全年特别重大事故、重大事故、较大事故发生为 0。

（2）各类设备的宕机时间。其中数据服务器全年宕机时间＜5 小时，单台前置机服务器全年宕机时间＜24 小时，全年电源供给设备发生故障时间＜5 小时。

（3）网络故障发生情况。网点网络故障发生时间/网点应正常营业时间＞99.9％，每个网点故障时间＜2 小时。

（4）业务恢复时间。重要业务恢复时间目标（RTO）≤4 小时，业务恢复点时间目标（RPO）≤0.5 小时；业务应急响应时间≤1 小时，业务恢复的验证时间≤0.5 小时；信息系统恢复时间目标（ISRTO）≤5.5 小时，信息系统恢复点时间目标（ISRPO）≤2 小时。

（5）软件使用情况。软件正版率达到 100％，自行开发的软件投入运行前测试率达到 100％，软件运行中发现的故障解决率达到 100％。

（6）电子介质备份数据的可恢复率达到 100％。

（7）本机构计算机设备染毒情况。全年与核心业务系统相关联的服务器、终端、PC 机、笔记本、自助设备等染毒次数全部为 0，与核心系统无关的各类设备染毒次数每台≤1 次。

2. 控制手段

人机并控。

3. 评价方式

符合性测试、抽样测试。

三、事件识别

（一）信息科技管理制度

1. 评价要点

商业银行的各类信息管理制度制定是否齐全？

2. 评价标准

按照《企业内部控制指引》、《商业银行信息科技管理指引》等上级监管部门的相关规章制度，制定信息科技管理制度。

3. 控制手段

人控。

4. 评价方式

符合性测试。

（二）信息科技管理制度符合法律、法规和监管要求

1. 评价要点

信息科技管理制度是否符合法律、法规和监管要求？

2. 评价标准

按照《企业内部控制指引》、《商业银行信息科技管理指引》等上级监管部门的相关规章制度，信息科技管理制度符合法律、法规和监管要求。

3. 控制手段

人控。

4. 评价方式

符合性测试。

（三）信息科技风险管理目标

1. 评价要点

是否制定了信息科技风险管理目标？

2. 评价标准

实施了信息分级与保护，信息系统开发、测试和维护，信息科技运行和维护，

访问控制,物理安全,人员安全,业务连续性计划与应急处置。

3. 控制手段

人控。

4. 评价方式

符合性测试。

(四)信息科技管理领导和决策机构设置情况,其职能和工作机制实施情况

1. 评价要点

信息科技管理领导和决策机构设置是否齐全? 其职能和工作机制是否形成?

2. 评价标准

(1)商业银行的董事会的信息科技设置及职责落实情况。

(2)首席信息官的设置及职责落实情况。

3. 控制手段

人控。

4. 评价方式

符合性测试。

(五)中长期和短期信息科技发展规划制定情况

1. 评价要点

是否制定中长期和短期信息科技发展规划?

2. 评价标准

应根据本机构的发展规划,制定中长期和短期信息科技的发展规划。

3. 控制手段

人控。

4. 评价方式

符合性测试。

(六)信息科技部门设置和职责情况

1. 评价要点

信息科技部门的设置是否合理? 职责和相互关系是否明晰?

2. 评价标准

信息科技部门应单独设置,且职责应明确开发部门、管理部门与应用部门职

责划分应明晰。

3. 控制手段

人控。

4. 评价方式

符合性测试、穿行测试。

（七）信息科技制度的更新、完善和修订情况

1. 评价要点

是否依据法律、法规、监管要求、经营管理需要对本单位制定的信息科技制度进行持续更新、修订与完善？

2. 评价标准

依据法律、法规、监管要求、经营管理需要对本单位制定的信息科技制度进行持续更新、修订与完善。

3. 控制手段

人控。

4. 评价方式

符合性测试。

（八）对本单位制定、修订的信息科技制度的传达情况

1. 评价要点

是否将本单位制订、修订的信息科技制度及时传达给相关人员？

2. 评价标准

应将本单位制订、修订的信息科技制度及时传达给相关人员的。

3. 控制手段

人控。

4. 评价方式

符合性测试、书面测试。

四、风险评估

（一）专门的技术风险管理部门的职责和工作机制情况

1. 评价要点

是否设置专门的技术风险管理部门，其职责和工作机制是否明确？

2. 评价标准

设置专门的技术风险管理部门应符合如下规定：

(1) 应建立或明确信息科技风险的管理部门。

(2) 应把 IT 风险管理纳入全行总体风险管理的框架，制定管理大纲。

(3) 应建立覆盖全行范围的 IT 风险控制策略。

(4) 应配置 IT 风险管理岗位和人员，负责识别、制定、检查和上报风控情况。

(5) 应定期审查各个部门、各个环节的风控流程和管理制，定期组织检查。

(6) 应对全系统进行持续不断的 IT 风险教育。

3. 控制手段

人控。

4. 评价方式

符合性测试。

(二) 信息科技人员情况

1. 评价要点

(1) 信息科技人员的专业素质是否符合规定要求？

(2) 培训是否正常？

2. 评价标准

(1) 信息科技人员的专业素质符合规定要求并具有专业胜任能力。

(2) 应对信息科技人员持续进行专业培训，并做好候补员工和岗位接替的计划。

3. 控制手段

人控。

4. 评价方式

符合性测试。

(三) 应急方案制订情况

1. 评价要点

是否制订并不断完善书面的信息科技系统风险应急处理方案？

2. 评价标准

(1) 应急方案覆盖了网络、硬件、软件、电源等的各方面内容。

（2）方案能根据实际情况不断完善。

3. 控制手段

人控。

4. 评价方式

符合性测试。

（四）信息科技风险管理涵盖情况

1. 评价要点

是否使信息科技风险管理涵盖整个机构的信息科技系统中的管理、维护、重启、恢复等各环节？

2. 评价标准

信息科技风险管理涵盖整个机构的信息科技系统的管理、维护、重启、恢复等各环节。

3. 控制手段

人控。

4. 评价方式

符合性测试。

（五）信息管理系统的建立情况

1. 评价要点

是否建立授信业务、资金业务、国际业务、中间业务、存款及柜面业务、银行卡业务、计划财务管理、会计管理信息系统，并进行持续监督？

2. 评价标准

应建立授信业务、资金业务、国际业务、中间业务、存款及柜面业务、银行卡业务、计划财务管理、会计管理信息系统，并持续开展监督活动。

3. 控制手段

人控。

4. 评价方式

符合性测试、抽样测试。

（六）信息管理系统风险控制评价情况

1. 评价要点

是否对授信业务、资金业务、国际业务、中间业务、存款及柜面业务、银行卡业务、计划财务管理、会计管理信息系统进行风险控制评价？

2. 评价标准

各类管理信息系统应具有身份验证功能、访问控制功能、故障恢复功能、安全保护功能、安全审计功能，且具体操作中应具有分权制约功能。

3. 控制手段

人控。

4. 评价方式

符合性测试、抽样测试、穿行测试。

五、风险回应

应急管理处置情况

1. 评价要点

(1) 是否有应急管理组织、管理职责、管理制度？

(2) 是否有应急预案、内容和更新？

(3) 是否有应急演练、响应、报障？

2. 评价标准

(1) 有应急管理组织、职责、制度完善。

(2) 有应急预案、内容、更新完善。

(3) 有应急演练、响应、报障。

3. 控制手段

人控。

4. 评价方式

符合性测试。

六、内部控制活动

(一) 自行开发的外挂信息管理软件审批或备案情况

1. 评价要点

自行开发的外挂信息管理软件是否报上级行业管理部门审批或备案？

2. 评价标准

外挂信息系统开发时，应根据信息系统的重要性，确定向上级行业管理部门审批或备案。若需上级行业部门审批的,应有书面明确回复。

3. 控制手段

人控。

4. 评价方式

符合性测试。

(二)应用系统变更的制度和流程

1. 评价要点

应用系统变更是否建立了相关的制度和流程?

2. 评价标准

应用系统变通更需建立下列制度和流程:

(1)生产系统、开发系统和测试系统应有效隔离。

(2)生产系统与开发系统、测试系统的管理职应分离。

(3)所有的应急措施都应立即进行记录和审核。

(4)系统变更时,应经相关部门批准,并对变更进行及时记录和定期复查。

3. 控制手段

人控。

4. 评价方式

符合性测试。

(三)机房建设情况

1. 评价要点

计算机机房的建设、运行是否符合相关要求?

2. 评价标准

计算机机房的新建、改建、扩建需经行业主管部门审核批准,应有行业主管部门的书面批复。机房的硬件设施包括位置、温度、湿度、电压等符合运行要求。

3. 控制手段

人控。

4. 评价方式

符合性测试。

（四）需合作开发或外包的软件开发情况

1. 评价要点

需合作开发或外包的软件开发是否经上级行业管理部门审核批准？

2. 评价标准

需合作开发或外包的软件开发经上级行业管理部门审核批准。

3. 控制手段

人控。

4. 评价方式

符合性测试。

（五）信息安全管理方面情况

1. 评价要点

信息安全管理的流程是否合理，组织架构和职责分配是否清晰？

2. 评价标准

（1）应根据信息系统安全管理战略目标制订信息安全管理流程。

（2）信息安全的组织架构应有书面明确，并且职责分配比较明确。

（3）安全管理内容应包括安全计划、身份管理、用户管理、风险评估、信息资产管理、网络安全、病毒防护、敏感数据交换等内容。

3. 控制手段

人控。

4. 评价方式

符合性测试。

（六）计算机人员安全的教育培训情况

1. 评价要点

计算机人员的管理是否到位？

2. 评价标准

计算机人员的管理应符合下述要求：

（1）要害岗位人员应经过审查和业务技能考核。

（2）相关人员的权限应相互制约，项目开发人员、系统管理人员、网络管理人员、运行维护人员、业务操作人员等不得互兼。

（3）对要害岗位人员应制定强制休假（或轮岗）和定期考查制度，并进行必要的安全教育和培训。

（4）要害岗位人员应签订保密协议，离岗后，应及时更换密码或注销用户。

3．控制手段

人控。

4．评价方式

符合性测试。

（七）访问控制措施建立情况

1．评价要点

是否建立了访问控制措施？

2．评价标准

访问控制措施包括如下内容：

（1）磁卡、钥匙和口令密码等重要身份凭证应做到严密控制，不得借用、冒用。

（2）内网与外网应做到严格隔离，做到物理隔离、防火墙隔离或逻辑隔离。

（3）应按网络性质在网网之间加装防火墙设备，并且要定期测试并有防火墙日志记录。

3．控制手段

人机并控。

4．评价方式

符合性测试、穿行测试、书面测试。

（八）机房运行管理情况

1．评价要点

是否按规定设置机房设施？

2．评价标准

机房设施的设置规定如下：

（1）机房应严格按照标准设置消防设备。

（2）机房应在投入运行前，由相关部门进行消防设施的验收。

（3）机房应有双回路电源供给，并且保证不间断电源可正常使用。

（4）出入机房的锁具等设备应符合安保要求。

（5）敏感性设施及场所的标识应该隐匿。

3．控制手段

人控。

4．评价方式

符合性测试。

（九）外来人员管理情况

1．评价要点

访客、外包服务人员、勤务人员出入是否按规定管理？

2．评价标准

访客、外包服务人员、勤务人员出入履行登记和审批规定。

3．控制手段

人控。

4．评价方式

符合性测试。

（十）中间件的管理情况

1．评价要点

中间件产品是否符合管理要求？

2．评价标准

中间件产品的管理要求如下：

（1）中间件产品应当满足准入规则，应当进行安全检查，并经过必要的测试。

（2）中间件产品应当建立使用清册，应当有与应用系统的关联标识。

（3）中间件产品应当满足业务架构总体规划中的应用逻辑。

（4）中间件产品应当建立书面（电子）的维护手册和操作手册。

（5）应及时记录中间件的参数设置、调整。

3．控制手段

人控。

4. 评价方式

符合性测试、穿行测试。

（十一）外挂系统开发的管理情况

1. 评价要点

是否建立和执行外挂系统开发项目的审批流程、参与部门的职责划分、时间进度和财务预算管理、质量检测、风险评估等？

2. 评价标准

项目实施应报上级部门审批或报备。项目实施的职能部门应当职责明晰。项目在实施过程中应按照方案或计划，遵守时间安排和资金安排，确保按时完成。在实施过程中，应当有专人负责质量检测和风险评估。

3. 控制手段

人控。

4. 评价方式

符合性测试。

（十二）外部技术资源（包括软件、硬件、服务等）的管理情况

1. 评价要点

外部技术资源（包括软件、硬件、服务等，又称"外包"）管理测评、购买（合同）、使用是否规范？

2. 评价标准

外包服务的具体规定如下：

（1）外包服务应当遵循合理谨慎、风险可控的原则，制定外包业务管理办法。

（2）外包服务商应当与银行签订保密协议。

（3）外包服务商应当具备有实施外包服务的相关资职。

（4）银行应当按照"必须知道"和"最小授权"原则对外包服务商相关人员授权。

（5）银行应当建立恰当的应急措施。

（6）科技外包服务应由相关部门共同审核通过。

3. 控制手段

人控。

4. 评价方式

符合性测试。

（十三）变更管理情况

1. 评价要点

（1）变更管理的审批授权机制和工作流程是否规范？

（2）变更管理的登记、备案和文档是否健全？

2. 评价标准

（1）应制订严密的变更处理流程和计划，明确岗位职责。变更应由相关有权人员审批。变更的工作流程应符合规范，并进行定期不定期升级。变更以后应及时记录相关登记簿。

（2）变更管理的登记、备案和文档应健全。

3. 控制手段

人控。

4. 评价方式

符合性测试。

（十四）业务连续性管理

1. 评价要点

应急方案和业务连续性应对方案是否完整？

2. 评价标准

应急方案和业务连续性应对方案符合如下规定：

（1）银行应当建立计算机安全应急系统，制定详细的应急方案，并定期进行修订和演练，使应急方案不断完善。

（2）应建立维持其运营连续性策略的文档，并制订对策略的充分性和有效性进行检查和沟通的计划。

（3）应明确各职能部门在处置应急事故中的职责，确保应急事故发生时能落实责任，分工明确。

（4）连续性计划应由相关部门进行确认。

3. 控制手段

人控。

4．评价方式

符合性测试。

（十五）信息科技日志管理情况

1．评价要点

是否按规定对信息科技日志进行管理？

2．评价标准

应做好信息系统运行中的各类日志登记。应按规定做好对日志的归档管理。

3．控制手段

人控。

4．评价方式

符合性测试。

七、信息与沟通

（一）重大突发性事件和重大事项的上报情况

1．评价要点

是否及时上报信息技术风险管理中重大突发性事件和重大事项？

2．评价标准

应建立重大事项报告制度。应根据制度规定，对发生的重大事故按规定向上级管理部门进行及时汇报。

3．控制手段

人控。

4．评价方式

符合性测试、书面测试。

（二）信息技术风险管理信息和通报管理

1．评价要点

是否按规定编发信息技术风险管理信息、通报？

2．评价标准

应定期编发信息技术风险管理信息、通报。

3. 控制手段

人控。

4. 评价方式

符合性测试。

（三）信息科技风险审计评估报告情况

1. 评价要点

是否按规定出具信息科技风险审计评估报告？

2. 评价标准

应按年度出具信息科技风险审计评估报告。

3. 控制手段

人控。

4. 评价方式

符合性测试。

八、监督

（一）信息技术业务风险审计或评估情况

1. 评价要点

审计部门是否按年度开展信息技术业务风险审计或评估？

2. 评价标准

审计部门按年度开展信息技术业务风险审计或评估，可以利用外部审计的力量对本机构的信息科技进行全面审计。

3. 控制手段

人控。

4. 评价方式

符合性测试。

（二）审计中发现的问题整改情况

1. 评价要点

是否按规定对信息技术管理业务审计中发现的问题出具整改意见书？

2. 评价标准

应对信息技术管理业务审计中发现的问题规范地出具整改意见书。

3. 控制手段

人控。

4. 评价方式

符合性测试。

（三）对信息技术风险管理中发现的问题的纠正情况

1. 评价要点

是否按规定对信息技术风险管理中发现的问题进行纠正？

2. 评价标准

对信息技术风险管理中发现的问题进行纠正的并从源头上消除或遏制了风险隐患。

3. 控制手段

人控。

4. 评价方式

符合性测试。

（四）执行合规风险问责制情况

1. 评价要点

对信息技术管理业务检查中发现的不合规行为，是否严格执行合规风险问责制？

2. 评价标准

对信息技术管理业务检查中发现的不合规行为，应严格执行合规风险问责制。

3. 控制手段

人控。

4. 评价方式

符合性测试。

（五）信息技术风险管理中违规、险情、事故的发现、报告、处置和纠正与预防措施管理情况

1. 评价要点

对信息技术风险管理中违规、险情、事故的发现、报告、处置和纠正与预防措

施是否有成文规定?

2. 评价标准

对信息技术风险管理中违规、险情、事故的发现、报告、处置和纠正与预防措施有成文规定形成的得满分,未成文的不得分,规定不完整或不明确的扣 0.5～1 分。

3. 控制手段

人控。

4. 评价方式

符合性测试。

(六)对信息技术风险管理中出现的违规、险情、事故的确认及纠正情况

1. 评价要点

对信息技术风险管理中出现的违规、险情、事故是否经过适当程序确认,并责成相关人员及时进行纠正?

2. 评价标准

对信息技术风险管理中出现的违规、险情、事故经过适当程序确认的得 1 分,无确认程序不得分。责成相关人员及时进行纠正的得 1 分,并责成及时纠正的不得分。

3. 控制手段

人控。

4. 评价方式

符合性测试。

(七)被批准执行的纠正措施实施情况

1. 评价要点

对信息技术业务风险被批准执行的纠正措施是否正确实施?

2. 评价标准

按批准方案对信息技术业务实施了纠正措施的得满分,未实施的不得分,实施措施与批准方案不符的扣 1 分。

3. 控制手段

人控。

4. 评价方式

符合性测试。

（八）董事会和高级管理层在业务持续性规划中的职责和工作机制情况

1. 评价要点

董事会和高级管理层在业务持续性规划中的职责和工作机制是否明确？

2. 评价标准

董事会和高级管理层在业务持续性规划中的职责和工作机制有明确规定的得满分，未明确的不得分，不够明确的扣 0.5～1 分。

3. 控制手段

人控。

4. 评价方式

符合性测试。

九、评价依据

（一）关于印发《企业内部控制配套指引》的通知（财会[2010]11 号）。

（二）《商业银行内部控制指引》（银监会令 2007 第 6 号）。

（三）《商业银行信息科技风险管理指引》（银监发[2009]19 号）。

第二十五子系统——机构投资

一、内部控制环境

（一）政策熟悉程度

1. 评价要点

机构投资相关政策是否传达至管理人员并为其所熟悉？

2. 评价标准

经抽样测试，员工得分在 90 分（含 90 分）以上的为良好；得分在 80 分（含 80 分）至 90 分的为一般；得分在 80 分以下的为较差。

3. 控制手段

人控。

4. 评价方式

书面知识测试。

（二）管理部门

1. 评价要点

（1）是否设立或明确相应的管理部门或组织？

（2）是否对投资村镇银行、贷款公司以及银行间战略投资等进行统一管理？

2. 评价标准

（1）设立或明确机构投资管理部门，设置内部操作流程。

（2）村镇银行、贷款公司以及银行间战略投资等进行统一管理。

3. 控制手段

人控。

4. 评价方式

符合性测试。

（三）制度建设

1. 评价要点

是否对村镇银行、贷款公司以及银行间战略投资等建立了相应管理制度，是否覆盖本机构的机构投资项目？

2. 评价标准

制度建设应符合下述要求：

（1）建立村镇银行、贷款公司以及银行间战略投资等相应的管理制度。

（2）对机构投资明确审批权限以及操作流程。

（3）参与被投资机构的管理，明确管理事项。

（4）出现重大风险及时进行处置。

3. 控制手段

人控。

4. 评价方式

符合性测试。

（四）权限控制

1. 评价要点

对外进行机构投资是否经过批准，程序是否合法，是否由银监部门核准？

2．评价标准

机构投资经股东代表大会或董事会决议通过。得银监部门核准的书面意见。

3．控制手段

人控。

4．评价方式

符合性测试。

二、内控目标

1．评价标准

（1）流动性风险指标：① 流动性比例。流动性资产÷流动性负债×100%≥25%。② 核心负债依存度。核心负债÷负债总额×100%≥60%。③ 流动性缺口率。90天内表内外流动性缺口÷90天内到期表内外流动性资产×100%≥－10%。④ 存贷款比例。各项贷款÷各项存款×100%≤75%（根据银监会相关规定，村镇银行经营前5年，不受存贷比的控制，故该指标针对成立5年后的村镇银行）。⑤ 拆入资金比例<4%，拆出资金比例<8%。

（2）信用风险指标：① 不良资产率。不良信用风险资产÷信用风险资产≤4%。② 单一集团客户授信集中度。最大一家集团客户授信总额÷资本净额×100%≤15%。③ 全部关联度。全部关联授信额÷资本净额×100%≤50%。

（3）市场风险指标：① 利息回收率≥95%。② 利率风险敏感度≤10%。

2．控制手段

人机并控。

3．评价方式

符合性测试。

三、事件识别

（一）对外投资的基本条件

1．评价要点

（1）是否有足够的资本支撑业务发展，充分发挥富余资本在价值创造方面的作用？

（2）对外投资是否满足银监部门的相关规定？

2. 评价标准

有足够的资本支撑业务的发展。模拟投资后的资本充足率、核心资本充足率等资本类监管指标不得低于最低监管标准。对外投资满足银监部门的相关规定，且符合本机构发展战略规划要求。

3. 控制手段

人控。

4. 评价方式

符合性测试。

（二）投资可行性研究

1. 评价要点

向被投资机构投资，是否开展可行性研究？

2. 评价标准

投资可行性研究需符合下述规定：

（1）对投资方案进行可行性研究，对投资目标、规模、方式、资金来源、风险与收益等作出客观评价。

（2）提供独立的可行性研究报告。

（3）如委托专业机构进行可行性研究，应具备相应资质，提供独立的可行性研究报告。

3. 控制手段

人控。

4. 评价方式

符合性测试。

（三）投资决策

1. 评价要点

是否按照规定的权限和程序对投资项目进行决策审批，投资决策是否符合规定，决策过程是否规范？

2. 评价标准

投资决策需符合下述规定：

（1）符合企业投资战略目标和规划。

（2）根据机构投资目标和规划，科学确定机构投资项目。

（3）审查投资方案可行性，对资金投入能力、投资回收、预期收益以及投资风险等进行判断。

（4）按照规定的权限和程序，实行股东代表大会或董事会集体决策。

（5）投资方案需经有关管理部门批准的，履行相应的报批程序，并取得核准的书面意见。

（6）投资方案发生重大变更的，重新进行可行性研究并履行相应审批程序。

3. 控制手段

人控。

4. 评价方式

符合性测试。

（四）决策执行

1. 评价要点

是否落实"三会一层"进行机构投资的决议，措施是否得力？

2. 评价标准

（1）落实相应部门或组织对股东代表大会或董事会批准的机构投资规划方案进行研究并执行。

（2）按照被投资机构章程，对被投资机构的管理政策和发展规划以及收购、兼并或重整方案等重大事项进行研究决策。

（3）向被投资机构派驻的管理人员符合相关任职条件。

（4）对被投资机构的会计系统实行控制，根据对被投资机构的影响程度，合理确定投资会计政策。

（5）建立机构投资管理台账，详细记录投资对象、金额、持股比例、期限、收益等事项。

（6）妥善保管投资合同或协议、出资证明等资料。

（7）向被投资机构提供支撑服务。

3. 控制手段

人控。

4. 评价方式

抽样测试。

四、风险评估

1. 评价要点

对机构投资是否定期进行全面的风险评估,并形成风险评估报告?

2. 评价标准

风险评估应以被投资机构经营管理为核心,从定性和定量两个方面进行充分分析。

定性评估内容至少包括以下几方面:

(1)机构投资遵循国家法律、法规的规定,符合银行业监管要求及本机构战略发展规划要求。

(2)机构投资规模适度、量力而行,资源配置合理,促进要素优化组合。

(3)注重风险管控,保障对外股权投资安全,努力促进对外股权投资保值、增值。

(4)被投资机构的内部控制体系完善。

(5)被投资机构的贷款授权授信制度和信贷管理流程清晰、明确。

定量评估内容至少包括以下几方面:

(1)被投资机构运营后的收益率。

(2)被投资机构的资本充足率。

(3)被投资机构的资产质量。

3. 控制手段

人控。

4. 评价方式

抽样测试。

五、风险回应

1. 评价要点

是否对已经识别的风险按照风险管理的流程进行处置,采取的风险处置措施是否符合风险偏好政策,措施是否取得成效?

2. 评价标准

风险处置按照风险管理的流程。按照风险偏好政策制定相应的风险处置措施。被投资机构处置方案符合银行业监督管理机构的监管要求。

3. 控制手段

人控。

4. 评价方式

抽样测试。

六、内部控制活动

1. 评价要点

是否组织开展内部控制活动,采取有效措施防控风险的发生?

2. 评价标准

内部控制活动的要点如下:

(1)按照章程规定,有效参与被投资机构的经营与管理。

(2)对被投资机构进行监督检查,定期对其资产质量进行审计,对被投资机构进行审计管理,适时开展定期审计和离任审计。

(3)对被投资机构的内部控制体系的建设、实施和运行结果进行评价。

(4)对被投资机构的贷款授权授信制度、信贷管理流程和内部控制体系进行评估。

(5)根据被投资机构的运行情况追加补充资本,符合相关规定。

(6)当被投资机构连续3年亏损、扭亏无望且没有市场前景,采取相应的处置方式。

(7)当资本充足率低于最低监管要求,且在监管部门规定的时限内无法通过增资或压缩风险资产达标的,采取相应的处置方式。

(8)若出现信贷规模扩张加快,导致现有的资本消耗过快,资本充足率、核心资本充足率处于警戒水平时,应暂时停止对外机构投资。

3. 控制手段

人控。

4. 评价方式

抽样测试。

七、信息与沟通

（一）日常管理

1. 评价要点

是否指定对被投资机构专门机构或人员对被投资机构进行跟踪管理，及时收集被投资机构相关资料？

2. 评价标准

指定专门机构或人员对被投资机构进行跟踪管理，及时收集被投资机构经审计的财务报告等相关资料。及时关注被投资机构的财务状况、经营成果，定期组织投资效益分析。对被投资机构的资本充足状况和资产质量状况进行监督管理。按照相关规定，对被投资机构与投资人实施并表监管。按规定建立信息披露制度，及时披露被投资机构的年度经营情况、重大事项等信息。

3. 控制手段

人控。

4. 评价方式

符合性测试。

（二）风险预警

1. 评价要点

对出现可能影响贷款安全的不利情形时是否及时进行风险评估，发出预警，及时落实管理措施？

2. 评价标准

对被投资机构异常变动，建立预警和处理机制。对不可接受风险制定控制方案。对被投资机构出现异常和可能出现最坏情况，制定应对措施。

3. 控制手段

人控。

4. 评价方式

符合性测试。

（三）重大报告事项

1. 评价要点

对于涉及被投资机构的重大事项是否进行报告？

2. 评价标准

重大报告事项包括如下内容：

(1) 报告被投资机构的调整、董监事会人员组成及拟任免的董事(监事)简历、募集核心资本或附属资本方案、利润分配方案、章程变更草案等。

(2) 被投资机构高级管理人员的变动须经过必要的程序。

(3) 报告涉及安全的重大事项，如挤兑、安全事故、案件等。

3. 控制手段

人控。

4. 评价方式

符合性测试。

八、监督

(一) 监控制度

1. 评价要点

是否对机构投资建立监督制度？

2. 评价标准

建立和实施机构投资监督制度。监事会是否对本机构对外投资进行监督。

3. 控制手段

人控。

4. 评价方式

符合性测试。

(二) 投资效益

1. 评价要点

是否建立机构投资效益监测？股东是否满意投资回报率？

2. 评价标准

(1) 应建立和执行机构投资效益监测程序。

(2) 股东对投资回报的满意率应达到要求。

3. 控制手段

人控。

4. 评价方式

符合性测试。

九、评价依据

（一）财政部　审计署　证监会　银监会　保监会《关于印发〈企业内部控制基本规范〉的通知》（财会[2008]7 号）。

（二）财政部　证监会　审计署　银监会　保监会《关于印发〈企业内部控制配套指引〉的通知》（财会[2010]11 号）。

（三）《中华人民共和国公司法》。

（四）《中华人民共和国商业银行法》。

（五）《中华人民共和国合同法》。

（六）《中华人民共和国银行业监督管理法》。

（七）《村镇银行管理暂行办法》（银监发[2007]5 号）。

（八）《贷款公司管理暂行规定》（银监发[2007]6 号）。

（九）关于印发〈农村商业银行管理暂行规定〉和〈农村合作银行管理暂行规定〉的通知》（银监发[2003]10 号）。

（十）《商业银行内部控制指引》（中国银行业监督管理委员会令 2007 年第 6 号）。

（十一）《商业银行信息披露办法》（中国银行业监督管理委员会令 2007 年第 7 号）。

（十二）《关于印发〈商业银行声誉风险管理指引〉的通知》（银监发[2009]82 号）

（十三）《中国银监会办公厅关于进一步贯彻落实〈商业银行声誉风险管理指引〉有关工作的通知》（银监办发[2010] 1 号]。

（十四）《农村中小金融机构风险管理机制建设指引》（银监发[2009]107 号）。

（十五）《商业银行市场风险管理指引》（中国银行业监督管理委员会令 2004 年第 10 号）。

（十六）《商业银行内部控制指引》（中国银行业监督管理委员会令 2007 年第 6 号）。

（十七）《商业银行信息披露办法》（中国银行业监督管理委员会令 2007 年第 7 号）。

（十八）《商业银行资本充足率管理办法》（中国银行业监督管理委员会令 2007 年第 11 号）。

（十九）《中国银行业监督管理委员会行政许可实施程序规定》（中国银行业监督管理委员会令 2006 年第 1 号）。

（二十）《中国银行业监督管理委员会中资商业银行行政许可事项实施办法》（中国银行业监督管理委员会令 2006 年第 2 号）。

（二十一）《中国银行业监督管理委员会农村中小金融机构行政许可事项实施办法》（中国银行业监督管理委员会令 2008 年第 3 号）。

（二十二）《商业银行集团客户授信业务风险管理指引》（中国银行业监督管理委员会令 2010 年第 4 号）。

（二十三）《关于印发中资商业银行、合作金融机构行政许可事项申请材料目录及格式要求的通知》（银监发〔2006〕68 号）。

（二十四）《中国银行业监督管理委员会办公厅关于金融从业经历认定有关问题的批复》（银监办发〔2005〕245 号）。

（二十五）《中国银行业监督管理委员会办公厅关于优化农村合作金融机构人力资源结构的指导意见》（银监办发〔2006〕147 号）。

（二十六）《中国银行业监督管理委员会办公厅关于加大力度推进农村合作金融机构优化人力资源结构的通知》（银监办发〔2006〕225 号）。

第二十六子系统——基建工程

一、内部控制环境

（一）基建工程相关管理办法

1. 评价要点

（1）是否制定基建工程（包括大宗物品采购、固定资产租赁、房屋装修，下同）相关管理办法？

（2）制定的基建工程相关管理办法内容是否完整？是否符合法律、法规和银管要求?

2. 评价标准

(1) 制定《财务管理办法》、《财务管理实施细则》、《固定资产管理操作规程》、《基建装修工程管理办法》、《采购管理办法》等管理办法。

(2) 制定的《财务管理办法》、《财务管理实施细则》、《固定资产管理操作规程》、《基建装修工程管理办法》、《采购管理办法》中关于基建工程管理内容完整,且符合管理部门的规定。

3. 控制手段

人控。

4. 评价方式

符合性测试。

(二) 组织体系

1. 评价要点

(1) 是否设立财务管理委员会? 是否设立固定资产管理领导小组?

(2) 是否设立采购领导小组? 采购工作是否由主要领导分管?

(3) 是否指定内设机构负责基建工作? 纪检监察人员是否参与采购工作?

2. 评价标准

(1) 设立财务管理委员会;成立固定资产领导小组。

(2) 成立采购领导小组,采购工作由行长或副行长分管。

(3) 指定内设机构负责基建工作;纪检监察部门相关人员参与采购工作。

3. 控制手段

人控。

4. 评价方式

符合性测试。

(三) 职责、权限控制

1. 评价要点

(1) 是否制定财务管理委员会、固定资产领导小组、基建工作负责部门、采购领导小组工作职责?

(2) 各级组织机构权限是否明确?

2. 评价标准

（1）制定财务管理委员会、固定资产领导小组、基建工作负责部门、采购领导小组工作职责。

（2）行长向各级组织机构进行书面授权。

3. 控制手段

人控。

4. 评价方式

符合性测试。

二、内控目标

1. 评价标准

（1）实现持续经营价值最大化的财务管理目标。

（2）在控制和节约财务费用基础上，保证基建工程质量。

（3）会计核算准确无误。

（4）年度立项计划预算内、授权范围内实施。

（5）参与基建活动的工作人员必须遵守国家的法律、法规和本机构有关规章制度，无滥用职权、玩忽职守、徇私舞弊情况发生。

2. 控制手段

人控。

3. 评价方式

符合性测试。

三、事件识别

（一）资产立项

1. 评价要点

（1）年度资产立项是否进行申报？

（2）立项方案是否经本机构财务管理委员会和固定资产领导小组审议同意，报经有权人审批？

（3）年度购建计划是否报请有权人审批或报备？

（4）年度立项项目追加或变更是否向计划财务部提出申请，经报有权人审批？

2. 评价标准

(1) 年度资产立项计划表。年末编制上报下一年度资产立项计划。

(2) 财务管理委员会、固定资产领导小组会议记录。立项方案经财务管理委员会和固定资产领导小组审议同意,经各级有权人审批。

(3) 年度购建计划上报资料。

(4) 年度立项项目追加、变更申请资料。

3. 控制手段

人控。

4. 评价方式

符合性测试。

(二) 固定资产租入、出租

1. 评价要点

(1) 年末是否提出下年度固定资产租入、出租计划?

(2) 年度租入、出租计划是否由本机构总部统一管理?

(3) 年度发生计划或授权范围外租入、出租业务是否提出申请,报经有权人审批?

2. 评价标准

(1) 固定资产租入、出租有计划。

(2) 固定资产租入、出租由本机构总部统一管理,由分支机构出面签订协议的经行长授权,授权内容符合规定。

(3) 年度发生计划或授权范围外租入、出租业务由相关单位提出申请,报经有权人审批同意。

3. 控制手段

人控。

4. 评价方式

符合性测试。

四、风险评估

(一) 资产减值准备

1. 评价要点

(1) 在决算日前是否重新判断基建工程可能存在发生减值迹象?

（2）存在减值迹象的，是否计提资产减值准备？计提是否准确？

2．评价标准

（1）建立的财务管理办法中明确在建工程资产减值准备的计提标准。

（2）对在建工程资产进行评估，存在减值迹象的按规定计提资产减值准备。

4．控制手段

人控。

5．评价方式

符合性测试。

（二）比例控制

1．评价要点

固定资产和在建工程账面价值之和占净资产的比重是否超过40％？

2．评价标准

固定资产和在建工程账面价值之和占净资产的比重控制在40％以下。

3．控制手段

人控。

4．评价方式

符合性测试。

五、风险回应

1．评价要点

（1）是否发现问题的操作规程、制度修改情况？

（2）是否对评估确认存在风险提出相应措施？

2．评价标准

（1）发现问题的操作规程、制度修改情况。

（2）对评估确认风险存在问题提出相应的补救措施。

3．控制手段

人控。

4．评价方式

符合性测试。

六、内部控制活动

(一)设计、制图

1. 评价要点

(1)是否在批准的范围内设计、制图？设计、制图操作是否符合规定？

(2)基建工程涉及安防设施是否由相关职能部门先报经公安部门审批同意后施工？

2. 评价标准

(1)对批准下达的基建工程由基建工程实施管理部门会同相关支行邀请计设计单位进行设计、制图。

(2)基建工程涉及金库工程的图纸、装修工程涉及营业场、柜台和与外界相通门窗、二楼以下防盗窗、监控、报警等安防设施是否由相关职能部门先报经公安部门审批同意后施工。

3. 控制手段

人控。

4. 评价方式

符合性测试、抽样测试。

(二)招投标

1. 评价要点

(1)是否根据已批准基建工程、大宗物品的预算金额采取相应的采购方式？

(2)选择的采购方式是否正确？采购程序是否合规？

2. 评价标准

(1)根据已批准基建工程、大宗物品的预算金额采取相应的采购方式。

(2)选择的采购方式正确，采购程序符合规定。

3. 控制手段

人控。

4. 评价方式

符合性测试、抽样测试。

(三)合同签订

1. 评价要点

(1)基建工程签订的合同是否经本机构合规部门审核？

（2）基建工程内容是否完整？是否明确双方权利和义务关系？是否符合上级行业管理部门的规定？

2. 评价标准

（1）基建工程签订的合同经本机构合规部门审核。

（2）合同内容完整，明确双方权利和义务关系，且符合上级行业管理部门的规定。

3. 控制手段

人控。

4. 评价方式

符合性测试、抽样测试。

（四）施工监督

1. 评价要点

（1）是否落实施工监督责任人，做好施工进度和质量监督？

（2）是否对施工监督人员指出缺陷，并提出纠正办法？

（3）对原设计需作调整的，是否经相关部门审批同意后再施工？

2. 评价标准

（1）相关分支机构、职能部门有关人员对工程做好施工进度和质量监督，需外部质量监督部门监督的相关手续符合规定。

（2）指出缺陷，并提出纠正办法。

（3）对原设计需作调整的，经相关部门审批同意后再施工。

3. 控制手段

人控。

4. 评价方式

符合性测试、抽样测试。

（五）账务核算

1. 评价要点

（1）是否根据签订的合同、实际工程进度支付款项？相关审批手续是否符合规定？

（2）基建工程账务与保管的发票单据是否有相关资料定期核对？账务核算

是否准确?

2. 评价标准

(1) 根据签订的合同、实际工程进度支付款项;支付款项时,相关职能部门填制《申请核批单》,经相关人员审核,经有权人审批。

(2) 基建工程账务与保管的发票单据有相关资料定期核对;账务核算准确。

3. 控制手段

人控。

4. 评价方式

符合性测试、抽样测试。

(六) 竣工验收、决算

1. 评价要点

(1) 基建工程竣工后工程的验收是否符合规定要求?

(2) 基建工程竣工决算后账务处理是否准确? 需摊销的费用是否按规定进行摊销? 是否留置保修金?

2. 评价标准

(1) 基建工程竣工后组织相关职能部门做好对工程的验收。

(2) 工程决算账务处理准确;需摊销的费用按规定进行摊销。按规定比例置留保修金。

3. 控制手段

人控。

4. 评价方式

符合性测试、抽样测试。

(七) 固定资产租入、出租账务核算

1. 评价要点

(1) 固定资产租入、出租是否按规定签订合同?

(2) 是否设立固定资产租入、出租管理台账?

(3) 租金收入、支付是否按合同约定收取或支付? 核算是否正确?

2. 评价标准

(1) 经相应管理部门审核、有权审批人同意,固定资产租入、出租签订有效合同。

（2）设立固定资产租入、出租管理台账。

（3）租金收入、支付金额、时间符合合同约定；核算准确。

3. 控制手段

人控。

4. 评价方式

符合性测试、抽样测试。

七、信息与沟通

1. 评价要点

（1）是否不定期召开相关组织会议？

（2）是否对资产立项上报、下达、立项执行情况进行通报。

（3）基建工程档案管理是否规范？

2. 评价标准

（1）相关组织不定期召开相关会议，对工程发生变化的由集体讨论决定。

（2）对资产立项上报、下达、立项执行情况进行通报。

（3）基建工程相关资料按规定收集、整理、立卷、移交，资料完整真实，管理、调阅按档案管理制度执行。

3. 控制手段

人控。

4. 评价方式

符合性测试、抽样测试。

八、监督

1. 评价要点

监事会、监察部门、审计部门是否对基建工程开展监督？

2. 评价标准

监事会、监察部门、审计部门按规定对基建工程进行监督。

3. 控制手段

人控。

4. 评价方式

抽样测试、符合性测试。

九、评价依据

（一）《金融企业财务规则》（财政部令第 42 号）。

（二）《企业会计准则》（财政部财会[2006]18 号）。

第三部分

银行内部控制评价方法

第一章 总 则

银行业金融机构内部控制评价方法依据《商业银行内部控制指引》、《企业内部控制基本规范》、《企业内部控制评价指引》、《内部审计具体准则第21——内部审计的控制自我评估法》,是促进银行业金融机构建立和健全内部控制,防范金融风险,保障银行体系安全稳健运行的一种独立的评价方法。

一、内部控制评价是指由对内部控制的制定与执行负有责任的组织相关管理人员对内部控制进行评价的过程。一般由内部审计部门受托对辖内银行业金融机构特定基准日内部控制设计与运行的有效性进行审查和评价。

二、银行业金融机构内部控制体系是为实现经营管理目标,通过制定并实施系统化的政策、程序和方案,对风险进行有效识别、评估、控制、监测和改进的动态过程和机制。

三、银行业金融机构应建立并保持系统、透明、文件化的内部控制体系,定期或当有关法律、法规和其他经营环境发生重大变化时,对内部控制体系进行评审和改进。

四、内部控制评价人员应接受有关内部控制评价知识和技能的培训,具备相应的资质和能力。

五、银行业金融机构内部控制评价方法适用于国内银行业金融机构的内部审计机构、内部审计人员及其从事的内部审计活动。

第二章 评价目标和原则

一、内部控制评价的目标主要包括：

（一）促进银行业金融机构严格遵守国家法律、法规，人民银行、银监会的监管要求和商业银行审慎经营原则，认真执行浙江省农信联社相关规定。

（二）促进银行业金融机构提高风险管理水平，保证其发展战略和经营目标的实现。

（三）促进银行业金融机构增强业务、财务和管理信息的真实性、完整性和及时性。

（四）促进银行业金融机构各级管理者和员工强化内部控制意识，严格贯彻落实各项控制措施，确保内部控制体系得到有效运行。

（五）促进银行业金融机构在出现业务创新、机构重组及新设等重大变化时，及时有效地评估和控制可能出现的风险。

二、内部控制评价应从充分性、合规性、有效性和适宜性等四个方面进行：

（一）过程和风险是否已被充分识别。

（二）过程和风险的控制措施是否遵循相关要求、得到明确规定并得以实施和保持。

（三）控制措施是否有效。

（四）控制措施是否适宜。

三、内部控制评价应遵循以下原则：

（一）全面性原则。内部控制应当渗透银行业金融机构的各项业务过程和各个操作环节，覆盖所有的部门和岗位，并由全体人员参与，任何决策或操作均应当有案可查。

（二）重要性原则。内部控制应当以防范风险、审慎经营为出发点，银行业金融机构的经营管理，尤其是设立新的机构或开办新的业务，均应当体现"内控优先"的要求。

（三）制衡性原则。内部控制应当在治理结构、机构设置及权责分配、业务流程等方面形成相互制约、相互监督,同时兼顾运营效率。内部控制的监督、评价部门应当独立于内部控制的建设、执行部门,并有直接向董事会、监事会和高级管理层报告的渠道。

(四)适应性原则。内部控制应当与企业经营规模、业务范围、竞争状况和风险水平等相适应,并随着情况的变化及时加以调整。

(五)成本效益原则。内部控制应当权衡实施成本与预期效益,以适当的成本实现有效控制。

(六)持续性原则。内部控制应当根据监管要求、自身生存与发展的客观需要,持续评价与跟进。

第三章　评价框架和范围

一、董事会。评价范围包括股东代表大会、董事会(含秘书办)、董事会下设专门委员会会议事规则、决策流程健全性,执行有效性;制定和执行企业发展战略,履银行会责任和战略风险管理等。

二、监事会。评价范围包括监事会(含秘书办)、监事会下设专门委员会议事规则、监督流程健全性,执行有效性;监督履职等。

三、高级管理层。评价范围包括职代会、行长室、行长室下设专业委员会(小组)议事规则、管理流程健全性,执行有效性;信用风险、战略风险,声誉风险、操作风险管理履职等。

四、企业文化。评价范围包括企业文化、行政办公制度和流程健全性,执行有效性;管理部门履职;声誉风险及应急预案管理等。

五、人力资源管理。评价范围包括员工、干部、薪酬、教育、培训管理制度和流程健全性,执行有效性;管理部门履职;道德风险及应急预案管理等。

六、内部审计。评价范围包括内部审计政策、制度和流程合规性,执行有效性;管理部门履职等。

七、合规。评价范围包括合规性制度和流程健全性,执行有效性;管理部门履职;合规风险和操作风险及应急预案管理等。

八、监察监督。评价范围包括监察监督制度和流程健全性,执行有效性;部门履职;案防及应急预案管理等。

九、安全保卫。评价范围包括安全保卫制度和流程健全性,执行有效性;管理部门履职;涉及安全保卫类应急预案管理等。

十、个贷业务。评价范围包括各类业务制度和流程健全性,执行有效性;管理部门履职;信用风险、合规风险、操作风险、流动性风险管理等。

十一、流贷业务。评价范围包括各类业务制度和流程健全性,执行有效性;管理部门履职;信用风险、合规风险、操作风险、流动性风险管理等。

十二、固贷和项目融资业务。评价范围包括各类业务制度和流程健全性,执行有效性；管理部门履职；信用风险、合规风险、操作风险、流动性风险管理等。

十三、表外业务。评价范围包括含理财业务、财务顾问业务、保管箱业务、保险代理、代发工资和农保、代收水电费和烟草以及金融衍生产品等制度和流程健全性，执行有效性；管理部门履职等。

十四、关联交易。评价范围包括投资、国债、其他债券、拆放同业、拆放系统内款项等制度和流程健全性，执行有效性；管理部门履职；操作风险、合规风险，市场风险及应急预案管理等。

十五、国际业务。评价范围包括投资设立的村镇银行、小额贷款公司、战略投资等，重点机构投资制度和流程健全性，投资的可行性，决策过程的规范性，执行决策的合规性，投资效益性；管理部门履职；战略风险及应急预案管理等。

十六、银行卡业务。评价范围包括信用卡、借记卡、贷记卡、其他卡产品等制度和流程健全性，执行有效性；管理部门履职；信用风险、操作风险和合规风险及相关应急预案管理等。

十七、投行业务。评价范围包括国际业务制度和流程健全性，执行有效性；管理部门履职；信用风险、操作风险和合规风险及相关应急预案管理等。

十八、存款业务。评价范围包括存款业务制度和流程健全性，执行有效性；管理部门履职；信用风险、操作风险和合规风险管理；支付风险及应急预案管理等。

十九、柜面业务。评价范围包括网上银行和电话银行以及 ATM 机业务制度和流程健全性；管理部门履职；操作风险和合规风险及相关应急预案管理等。

二十、中间及代收代付。评价范围包括财务、预算、资本管理、抵债资产管理，损益、暂收暂付管理制度和流程健全性，执行有效性；管理部门履职；操作风险和合规风险，流动性风险管理及应急预案管理等。

二十一、电子银行结算。评价范围包括会计结算业务、结算类暂收暂付、结算制度和流程健全性，执行有效性；管理部门履职；操作风险和合规风险及相关应急预案管理等。

二十二、会计结算。评价范围包括柜面业务制度和流程健全性，执行有效性；管理部门履职；操作风险和合规风险及相关应急预案管理等。

二十三、预算管理。评价范围包括信息科技制度和流程健全性，执行有效性；管理部门履职；操作风险和合规风险、外包管理及相关应急预案管理等。

二十四、信息科技。评价范围包括除前款已单独评价外的所有表外业务制度和流程健全性,执行有效性;管理部门履职;操作风险和合规风险管理等。

二十五、机构投资。评价范围包括基建工程、大宗物品采购、固定资产租赁制度和流程健全性,执行有效性;管理部门履职等。

二十六、基建工程。评价范围包括关联交易、员工贷款管理制度和流程健全性,执行有效性;管理部门履职等。

第四章 评价标准

银行业金融机构内部控制评价标准包括定性标准、定量标准。

一、定性标准一般包括法律、法规、规则、准则,以及被评价银行业金融机构内部规章。

二、定量标准包括:

(一)总体风险容忍度指标共设置 9 项,分别是:核心一级资本充足率 5%、一级资本充足率 6%、资本充足率 8%、留存超额资本率 2.5%、逆周期超额资本率 0~2.5%、杠杆率≥4%、贷款拨备率≥2.5%、拨备覆盖率≥150%、发案数量。

(二)信用风险容忍度指标共设置 16 项,分别是:重大信贷风险发生率 0.5%、贷款违约率 2%、信用卡违约率 5%、贷款抵(质)押率 50%、正常类贷款迁徙率低于行业平均值 50% 以上、关注类贷款迁徙率低于行业平均值 50% 以上、次级类贷款迁徙率低于行业平均值 50% 以上、可疑类贷款迁徙率低于行业平均值 50% 以上、不良贷款率≤3%、不良资产率≤2%、核销贷款率≤1%。

(三)流动性风险容忍度指标共设置 10 项,分别是:存贷款比例 60%~75%、流动性比率≥25%、流动性缺口率≥0~10%、核心负债依存度≥60%~75%、流动性覆盖率≥100%、净稳定融资比例≥100%、备付金率≥5%、中长期贷款比例≤120%、客户存款集中度 5%~10%、同业负债集中度≤1%。

(四)市场风险容忍度指标共设置 4 项,分别是:利率风险敏感度 5%、累计外汇敞口头寸比例 5%、债权投资比例 8%、投资潜在损失率 0.1%。

(五)操作风险容忍度指标分柜面业务风险和授信业务两大类,共设置 16 项,授信业务类:公司类贷款新规走款率 80%~100%、个人贷款新规走款率 40%~80%、当期到期贷款收回率 98%、当期贷款利息收回率(表内)98%、贷款交叉对账单收回率 100%、违规积分人员比率 5%~10%、单位累计违规积分 10 分、违反禁止性规定人次、违规损失率 1%。柜面业务类:转账结算差错率 1‰、现金结算差错率 3‰、一类差错比率 0.1‰、二类差错比率 1~15‰、三类差错比率0.1‰、违规积分人员比率5%~10%、单位累计违规积分20分、违反禁止性规定人次、违规损失率0.01%。

（六）声誉风险容忍度指标共设置3项，分别是：客户投诉数量、同类型客户投诉占比、重大突发声誉事件数量。

（七）集中度风险容忍度指标共设置5项分别是：授信集中度≤100%、单一集团客户授信集中度≤15%、单一客户贷款集中度≤10%、全部关联度≤10%~50%、行业贷款集中度20%。

第五章 评价程序和方法

一、内部控制评价程序。一般包括组成评价小组、审前调查、制订评价方案、实施评价、评价报告形成和反馈等步骤。

（一）组成评价小组。评价小组应考虑组成人员的背景和能力。必要时，可聘请业务或管理方面的专家。

（二）审前调查。评价组应当根据被审计银行业金融机构特性、组织文化、管理风格、员工素质等灵活选用适当的方法开展审前调查。主要方法包括：计算机辅助审计、专题讨论会、问卷调查法和管理分析法。

（三）辅助审计。评价组要充分应用审计信息系统对评估期交易数据进行计算机辅助审计，发现和掌握被评价银行业金融机构内控失效可疑信息。

（四）专题讨论会。专题讨论会是指评价组召集被评价银行业金融机构相关管理人员就内部控制的特定方面或过程进行讨论及评估的一种方法。专题讨论会一般采用以下主要形式：

1. 以战略为基础的形式，是指围绕被审计银行业金融机构发展战略展开讨论，发现和掌握战略决策、战略实施中是否存在战略风险。

2. 以内控目标为基础的形式，是指围绕被审计银行业金融机构实现内控目标的最佳方式展开讨论，发现和掌握现有内部控制是否能促进组织目标的实现及其缺失。

3. 以风险导向为基础的形式，是强调对影响被审计银行业金融机构目标实现的各种风险进行识别，发现和掌握现有风险管理过程是否适当、有效及失效重点。

4. 以控制为基础的形式，是对被审计银行业金融机构现有内部控制的运行情况进行讨论，评估其有效性。

5. 以过程为基础的形式，是对被审计银行业金融机构业务流程的各个环节进行讨论和分析，发现和掌握流程设计、运行中的缺陷。

（五）问卷调查。是指内部审计人员就内部控制的特定方面或过程以书面问卷的形式向组织相关管理人员收集意见的一种方法。

二、管理分析法是指内部审计人员就内部控制的特定方面或过程向相关管理人员收集信息,并将之与其他来源的信息一起进行综合分析的一种方法。

三、制定评价方案。主审人员应根据审前调查结果,制定审计评价方案。审计评价方案应明确本次审计评价的目的、时点、范围、重点、方法、时间安排和相应的资源配置等。

四、评价实施。评价组应按照既定的评价方案实施评价。在评价实施中通过适当的方法,收集与评价目的、范围和准则有关的信息,根据评价方案对被评价项目进行测试,对有关数据进行确认和分析,并予以记录。内部控制评价实行下审一级。

五、了解内部控制体系。主要通过询问、查阅、观察、流程图等方法了解内部控制体系的基本情况,确认评价范围,确定内部控制体系的健全程度,然后决定实施测试所采取的方法。

六、评价组应当按照自上而下的方法实施评价工作。自上而下的方法是审计人员识别风险、选择拟测试控制的基本思路。审计人员在实施审计工作时,可以将企业层面控制和业务层面控制的测试结合进行。

七、审计人员测试企业层面控制,应当把握重要性原则,至少应当关注:

(一)与内部环境相关的控制。

(二)针对董事会、高级经营层凌驾于控制之上的风险而设计的控制。

(三)银行业金融机构的风险评估过程。

(四)对内部信息传递和财务报告流程的控制。

(五)对控制有效性的内部监督和自我评价。

八、审计人员测试业务层面控制,应当把握重要性原则,结合银行业金融机构内部控制各项应用指引的要求和企业层面控制的测试情况,重点对银行业金融机构经营活动中的重要业务与事项的控制进行测试。审计人员应当关注信息系统对内部控制及风险评估的影响。

九、审计人员在测试企业层面控制和业务层面控制时,应当评价内部控制是否足以应对舞弊风险。

十、测试和分析。实施测试和分析是在了解内部控制体系的基础上,评价内部控制体系的运行与绩效。具体可以采取符合性测试和指标分析等,其中,对内部控制过程评价主要采取符合性测试法;对内部控制目标评价,主要采取指标分析法。

十一、符合性测试。符合性测试是获得评价证据以证实内部控制在实际中的合规性,即相关规定在实际中是否被一贯执行,控制措施能否达到控制目的,控制措施是否恰当,控制目标是否实现。符合性测试分为两种形式:

(一)业务测试,即对重要业务或典型业务进行测试,按照规定的业务处理有效性和适宜性程序进行检查,确认有关控制点是否符合规定并得到认真执行,以判断内部控制的遵循情况。

(二)功能测试,即对某项控制的特定环节,选择若干时期的同类业务进行检查,确认该环节的控制措施是否一贯或持续发挥作用。

十二、评价抽样。抽样样本取决于被评价机构风险控制是否有效,以及项目的风险、重要性、审计人力资源等因素确定。

(一)机控(IT)的抽 5 个批/次样本。

(二)人(手工)机(IT)并控的抽 10 个批/次样本。

(三)人(手工)控的抽 20 个批/次样本。

十三、指标分析。应收集内部控制结果指标的相关信息,进行核实、对比分析和趋势分析,从而对内控目标实现情况作出评价。

十四、评价报告。评价小组根据评价实施情况,形成 26 个子系统评价结果表,撰写子系统评价结论,汇总生成评价报告,应重点分析以下方面:

(一)内部控制体系现状、存在缺陷、定性和趋势分析。

(二)评价建议,对重大缺陷和重大风险可提炼管理建议书。

(三)可能的谅解因素。

十五、评价反馈。内部控制体系进行综合评价后,应与管理层沟通,以核对数据,确认事实,并就评价中的问题征求意见。

十六、内审部门根据评价报告,依据评价标准作出评价结论,上报评价项目委托或立项部门,抄送被评价单位。

第六章　内部控制缺陷

银行业金融机构内部控制缺陷按其成因分为设计缺陷和运行缺陷,按其影响程度分为重大缺陷、重要缺陷和一般缺陷。

一、审计人员应当评价其识别的各项内部控制缺陷的严重程度,以确定这些缺陷单独或组合起来,是否构成重大缺陷。

二、在确定一项内部控制缺陷或多项内部控制缺陷的组合是否构成重大缺陷时,审计人员应当评价补偿性控制(替代性控制)的影响。银行业金融机构执行的补偿性控制应当具有同样的效果。

三、表明内部控制可能存在重大缺陷的迹象,主要包括:

(一)审计人员发现董事、监事和高级管理人员有舞弊行为。

(二)银行业金融机构更正已经公布的财务报表。

(三)审计人员发现当期财务报表存在重大错报,而内部控制在运行过程中未能发现该错报。

(四)银行业金融机构审计委员会和内部审计机构对内部控制的监督无效。

第七章 评价等级

银行业金融机构内部控制根据 26 个子系统综合评价确定内部控制评价等级,分良好、一般、较差三个等级。

一、良好。指被评价机构有较健全的内部控制体系,在各个环节基本能有效执行内部控制措施,对机构所承受的主要风险能进行有效识别和控制,内部控制整体上是基本有效的,存在一般缺陷;即使可能存在微小的风险,但在正常的业务过程中能得到纠正,相对于银行规模和业务发展来说,控制措施基本适宜,经营效果较好,风险程度低,内控目标实绩在风险容忍度以内,子系统 90% 以上评价定性为良好,禁止性违规行为 2 次以下,且无较大后果。

二、一般。指被评价机构内部控制体系一般,虽建立了大部分内部控制,但缺乏系统性和连续性,在内部控制措施执行方面缺乏一贯的合规性,存在重要缺陷,少量的重大风险,经营效果一般,如果管理层不采取纠正措施,对银行的安全稳健经营存在较大影响,风险程度中等,内控目标实绩 90% 以上达到风险容忍度标准,子系统 60% 以上评价定性为良好,禁止性违规行为 5 次以下。

三、较差。被评价机构内部控制体系较差,存在重大缺陷,重要的内部控制措施没有贯彻执行或明显无效,管理方面存在重大问题,业务经营安全性差或管理失控,可能会对机构的安全稳健产生严重影响,风险程度高,内控目标实绩10% 以上指标未达到风险容忍度标准,存在禁止性违规行为 5 次以上。

上述等级也适用于各子系统单项评级,单项评级主要用于专项审计。

四、若在评价期内发生重大责任事故或案件,应在上述评级的基础上下调一级。

重大责任事故包括:

(一)因安全防范措施不当,发生金融诈骗、盗窃、抢劫、爆炸等案件,造成重大影响或损失。

(二)因经营管理不善发生挤提事件。

(三)业务系统故障,造成重大影响或损失。

(四)经查实的重大信访事件。

第八章 组织和实施

　　银行业金融机构内部控制评价按照"统一领导,分级管理,下审一级"的原则进行。

　　一、银行业金融机构应当根据风险大小和重要性确定内部控制评价的频率和范围,一般实行 2 年一审。

　　二、银行业金融机构在内部控制评价实施前,被评价机构、各职能部门应及时提供非现场监管数据和各种现场检查结果,充分利用各类检查信息。

　　三、评价部门应对内部控制体系的改进情况进行后续跟踪,对发现的违规或风险隐患提出纠正措施,并对纠正情况及其有效性进行验证。

　　四、内部控制评价各阶段涉及的有关记录、表格、评价报告以及跟踪验证的相关资料均应作为评价档案妥善保管。

第九章　罚　　则

　　银行业金融机构行业管理部门根据审计评级结果及评价报告所反映的情况,针对被评价机构内部控制存在的缺陷和问题,可分别采取以下一项或多项措施:

　　一、约见被评价机构董事长或全体高级管理人员。

　　二、就被评价机构内部控制存在的缺陷和问题可能引发的风险,向被评价机构进行提示和警告。

　　三、书面通报,编发风险提示。

　　四、发送整改通知,要求被评价机构对内部控制存在的缺陷和问题限期整改。

　　五、对内部控制评价中发现的违规问题按违规处罚办法进行处罚,涉及纪律处分应规定处分,涉及违法的应移送司法部门。

第四部分

银行内部控制调查问卷

内部控制评价调查问卷1　董事会

序号	调 查 要 点	是	否
1	是否建立股东代表大会?		
2	是否建立董(理)会,是否按章程确立董事会职责、董事会组成?		
3	专业委员会的设立是否合理,其职能是否得到有效的发挥?		
4	董事会是否审批了整体经营战略和重大政策并定期检查、评价执行情况?		
5	是否为风险管理、内部控制的施提供有利的组织、环境支持?		
6	是否依法保护员工合法权益? 是否保护员工依法享有劳动权利和履行劳动义务?		
7	是否积极履银行会公益方面责任和义务,关心社会弱势群体,支持慈善事业?		
8	公司治理结构和制度设计是否存在不合理情况?		
9	是否存在董事会工作低效情况?		
10	重大决策是否经过股东代表大会、董事会审议批准?		
11	是否形成风险管理目标? 是否确定风险偏好?		
12	目标设定内的各项指标是否满足规划要求?		
13	风险识别与分析是否覆盖公司治理层面? 是否考虑到了风险的关联性?		
14	当前定位的风险控制水平是否符合董事会已设定的风险偏好?		
15	公司治理层面风险识别与分析工具和方法选择是否适当?		
16	是否对所有超出风险承受度的业务采取风险规避政策?		
17	对风险转移业务的确定是否合理? 是否将风险控制在风险承受度之内?		
18	不需通过股东代表大会和董事会通过的重大决议事项是否适当?		
19	是否建立董事会评价体系?		
20	股东代表、董事的任职资格是否符合法律、法规的要求?		
21	是否对不符合股东代表大会和董事会议事规则的情况及时进行风险评估、发出预警并及时落实管理措施?		

（续表）

序号	调 查 要 点	是	否
22	是否建立信息披露制度？所有重大的决议信息是否进行及时披露？		
23	是否建立按要求对股东代表大会和董事会会议资料进行保管？	∟	
24	是否对治理结构及战略风险内部控制进行了持续改进？		
25	是否建立风险管理部门监控制度、审计部门审计监督制度？		

内部控制评价调查问卷 2 监事会

序号	调 查 要 点	是	否
1	监事会是否建立完备的议事规则和决策程序？		
2	监事会是否按规定定期或不定期召开例会和临时会议？		
3	是否建立独立的外部监事制度？外部监事人员的组成是否符合监管和章程规定？		
4	监事会是否及时向外部监管部门报告监督检查中发现的问题？		
5	监事会是否监督董事会、高级管理层履行职责情况？		
6	监事会是否要求董事长及高级管理层人员纠正其损害本机构利益的行为？		
7	监事会成员构成是否符合规定？任职是否符合规定？		
8	是否建立有效的信息传递机制，确保及时获取经营和风险状况？		
9	是否定期监测资本充足、资产质量、盈利、流动性等监管指标？		
10	是否制定健全的内部审计政策？		
11	是否制定健全的监察监督工作制度？		
12	是否制定监事会年度工作计划？		
13	是否指导和要求专门职能部门开展内部控制评价和各类风险评估？		
14	是否每年度委托内外部审计部门对董事、高级管理层人员履职情况进行评价？		
15	是否按年度委托社会审计对本单位开展会计年报审计？		

（续表）

序号	调　查　要　点	是	否
16	是否每年度委托内外部审计部门对董事会各专门委员会履职情况进行评价？		
17	对监事会提出的纠正措施、管理建议等，董事会、高级管理层是否及时改进并反馈？		
18	是否适时对董事和高级管理层人员进行专项审计和离任审计？		
19	是否适时对本机构的财务活动开展检查监督？		
20	监事会是否指导、监督和评价本机构有效开展各项活动？		
21	监事会是否指导本机构内部审计工作？		
22	监事会是否对本机构执行信息披露制度进行监督？		
23	监事会是否出具本单位的经营决策、风险管理和内部控制等审计报告？		
24	监事会是否与外部监管部门建立联动机制？		
25	监事会是否对董事长、董事及高级管理层人员开展质询活动？		
26	监事会的监督活动是否独立，意见是否明确？		
27	职工监事是否发挥自身职责？		

内部控制评价调查问卷 3　高级管理层

序号	调　查　要　点	是	否
1	高级管理层内部分工是否合理、职责是否明确？		
2	是否按照董事会制定的风险容忍度开展各项业务？		
3	是否按照董事会要求建立风险管理组织体系，并实施管理？		
4	风险管理资源需要是否得到满足？是否建立风险管理流程和制度，并监督执行情况？		
5	高级管理层下设的专业委员会是否合理？其职能是否得到有效的发挥？		
6	是否按照董事会要求有效监督内部控制的制定和实施？		
7	决策过程是否存在由一人掌握情况？		

（续表）

序号	调 查 要 点	是	否
8	是否按照董事会批准的经营目标制定相应的工作计划，以确保完成经营目标？		
9	董事会是否对高级管理层的职责权限进行了规定？		
10	目标设定内的各项指标是否满足规划要求？		
11	风险识别与分析是否覆盖各种类型风险？是否考虑到了风险的关联性？		
12	当前定位的高级管理层风险控制水平是否符合已设定的风险偏好？		
13	是否对当前风险进行处理，确定的处理风险措施的优先级别是否合理？		
14	是否对所有超出风险承受度的业务采取风险规避政策？		
15	对风险承受度内风险的确定是否合理？		
16	是否开展对高级管理层的绩效考核？		
17	是否建立高级管理层的激励机制和经营层绩效考核体系？		
18	是否按照董事会要求贯彻实施有关社会责任的履行？		
19	各层级的报告关系是否清晰？		
20	是否建立决策支持系统，保证高级管理层决策的科学性？		
21	重大的决议信息是否及时进行披露？		
22	是否建立内部控制绩效监测程序？		
23	是否按照董事会要求建立风险管理监控制度、审计部门审计监督制度？		

内部控制评价调查问卷4 企业文化

序号	调 查 要 点	是	否
1	是否制订企业文化建设方面的计划、目标或方案？		
2	是否设置相应负责企业文化建设工作的组织？		
3	是否有贯穿一致的企业文化内涵、标志、标识？		
4	是否有统一的文明服务规范和标准？		

（续表）

序号	调 查 要 点	是	否
5	是否落实专门部门、人员对文明服务规范和标准的落实进行指导、督促和检查？		
6	是否将员工服务规范纳入对分支机构的考核？		
7	是否制定声誉风险管理政策、办法或实施细则？		
8	是否设置综合办公部门？岗位设置是否分工明确并符合内部控制要求？		
9	总部工作人员是否建立岗位责任制？		
10	是否开展舆情信息监测、分析工作？		
11	是否根据本机构内部控制要求组织开展课题调研？		
12	是否建立企业文化评估机制？		
13	对企业文化评估过程中发现的问题是否及时采取措施加以改进？		
14	声誉事件或重大突发事件的处置、报告程序是否符合规定要求？		
15	是否建立并执行会议、公文管理等各项行政处理事项制度？		
16	内部培训是否涉及声誉风险管理方面内容？		
17	是否按规定记录、存储与声誉风险管理相关的数据和信息？		
18	各种文件流转是否畅通？		
19	是否对投诉处理情况进行监督评估？		
20	是否按规定开展督查、督办工作，并报送督查督办结果？		
21	拟定的纠正措施或应对措施是否落到实处？		
22	是否开展行政办公履职审计？		

内部控制评价调查问卷 5　人力资源管理

序号	调 查 要 点	是	否
1	是否制定人力资源管理政策？制定的政策是否符合法律、法规和行业管理要求？		
2	是否明确员工招聘、培训、考核、奖励、晋升、离职等方面程序？		

（续表）

序号	调 查 要 点	是	否
3	是否设立独立的人力资源管理部门？		
4	是否制订人力资源部门工作职责？		
5	人力资源工作权限是否明确？		
6	人力资源管理部门岗位设置是否合理？分工是否明确？人员任职是否符合要求？		
7	是否制订人力资源管理人员岗位职责？岗位职责是否与部门职责相匹配？		
8	是否对本机构的员工、薪酬、教育、培训进行统一管理？		
9	是否对重要岗位的招聘、聘用、培训、考核、调整、出国、离岗和离职进行控制？		
10	是否建立人力资源总体规划？		
11	是否制订员工使用、培训、后备干部培养目标？		
12	是否建立科学合理的人力资源考核制度和薪酬考核制度？		
13	是否按期开展人力资源、薪酬政策、员工行为动态、教育培训等专项评估？		
14	对人力资源管理中出现的违规行为、险情或事故是否及时采取纠正或应对措施？		
15	是否建立和执行亲属回避、干部交流和员工行为动态管理制度？		
16	是否及时上报人力资源管理中重大突发性事件和重大事项报告？		
17	是否通报干部年度履职考核结果？		
18	对拟任干部是否按规定签发审计任务书，向干部任免决策部门、银监部门报送审计结果？		
19	是否公开选拔任用干部和员工招聘标准？		
20	是否对提拔任用的领导干部实行公示？		
21	对重大突发事件的责任人员是否按规定责任认定并落实问责？		

内部控制评价调查问卷6　内部审计

序号	调 查 要 点	是	否
1	是否建立并执行内部审计工作规定？		
2	是否建立并执行内部审计档案管理、内部审计质量控制、内部审计通报以及审计成果利用、后续审计等制度、办法？		
3	是否建立内部审计操作流程？		
4	内部审计工作规定是否符合法律、法规和银监要求？		
5	是否单独设立内审计部门？内审部门工作是否由主要领导分管？		
6	是否制订内部审计部门工作职责？		
7	内审部门工作是否具备公正性、客观性、独立性？		
8	内部审计部门的人员数量、比例、结构是否符合银监和上级主管部门要求？		
9	审计岗位设置是否合理？职责是否明确？		
10	审计人员是否持证上岗？		
11	是否制订年度审计工作计划？内容是否完整？是否与上级行业管理部门的要求相冲突？		
12	是否有计划开展计算机辅助审计？		
13	是否及时针对审计发现的问题提出合理的管理建议？		
14	审计部门是否及时向管理层报送管理建议书？管理建议是否适当、有效？		
15	是否按照审计工作计划确定审计项目？		
16	监事会或人事部门需要的审计是否出具相关的委托书？		
17	内部审计作业流程是否符合规定程序？操作是否规范？		
18	内部审计部门是否与外部审计机构有效配合？是否制订外部审计管理办法？		
19	内部审计报告路径是否清晰？相关审计报告审批、报送是否符合要求？		
20	对审计发现的违规性质严重的问题是否提出处罚或处理建议？处理处罚是否适当？		
21	是否对审计发现的问题进行后续审计？被审计单位是否全面落实整改措施？		

内部控制评价调查问卷7 合规

序号	调 查 要 点	是	否
1	是否制定合规政策？合规政策是否符合法律、法规和监管要求，并经董事会及股东代表大会审议通过？		
2	是否单独设立合规风险管理部门，并由高级管理层主要领导分管？		
3	是否制订合规风险部门工作职责？合规风险部门工作权限是否明确？		
4	是否制订并执行合规风险管理工作计划？		
5	合规管理人员是否具备相应任职资格？岗位设置是否合理，分工是否明确？		
6	各部门、分支机构是否配备专（兼）职合规风险管理人员？		
7	是否定期不定期关注外部法律、法规及规章最新发展？并落实专人梳理？		
8	是否对内部的规章制度进行梳理，并落实专人管理？		
9	是否按规定制定和执行合规绩效考核机制？		
10	是否履行法律文书和规章制度的合规性审查职责？		
11	监管评级自评是否做到准确、真实、及时？是否提出针对性的工作建议？		
12	是否对分支机构定期或不定期进行操作合规性评估？		
13	是否对各条线的经营管理活动进行定期或不定期的风险评估？		
14	对评估中发现的不足和缺陷，是否及时出具风险分析报告，并向管理层出具管理建议书？		
15	董事会是否履行对高级管理层有效实施合规政策的监督职能？		
16	监事会是否履行对董事会、高级管理层有效开展合规风险管理工作的监督职能？		
17	董事会下设的专业委员会是否履行职责，定期分析本条线的合规风险？		
18	合规风险管理网络是否健全，联动机制运行是否正常？		
19	是否建立和执行合规风险现场、非现场检查的工作流程？		
20	是否及时上报合规风险管理中重大突发事件和重大事项报告？		

（续表）

序号	调 查 要 点	是	否
21	是否按规定编发合规工作动态简报,定期通报合规管理情况?		
22	是否按规定出具风险预警报告,并对风险预警中发现的问题及时进行纠正?		
23	对检查中发现的不合规行为,是否严格执行合规问责?		
24	是否对合规风险管理部门开展履职审计?		

内部控制评价调查问卷8 监察监督

序号	调 查 要 点	是	否
1	是否制定监察监督工作制度?制定的制度是否符合法律、法规和监管要求?		
2	是否制定职业道德规范?		
3	是否制定党风廉政建设工作目标?内容是否完整?		
4	党风廉政建设工作目标是否及时分解落实到各部门?		
5	是否制定行风建设工作目标?内容是否完整?		
6	行风建设工作目标是否及时分解落实到各部门?		
7	是否设立纪检监察部门或专职的纪检监察岗位?是否有明确的纪检监察部门或岗位职责?		
8	纪检监察部门主要负责人是否符合任职要求?		
9	是否制定违规违纪行为处罚办法?		
10	是否制订执法监察工作计划和方案?内容是否完整?是否可操作?		
11	是否建立案件查处工作流程?内容是否完整?是否符合上级行业管理部门的要求?		
12	对诚信报告事项调查、核实、处理和反馈是否有推诿、敷衍、拖延现象?		
13	是否按规定开展信访调查?信访调查的程序是否符合规定?		
14	是否按干部管理权限开展领导干部廉政监督工作?		
15	来信、来访、来电处理是否符合规定?		

(续表)

序号	调 查 要 点	是	否
16	是否按规定开展廉政诚勉谈话,且谈话记录详细、有针对性?		
17	是否建立信访档案管理、案件报告制度?内容是否完整?是否符合上级行业管理部门的要求?		
18	是否将辖内违规违纪案件查处结果及时上报上级管理部门?是否存在瞒报、漏报现象?		
19	对执法监察中发现的存在问题是否作出执法检察决定或建议?内容是否完整?决定或建议是否适当?处罚或处理程序是否符合规定?		
20	是否对监察监督发现的问题进行整改跟踪?被监督机构(部门)是否全面落实整改措施?		

内部控制评价调查问卷 9 安全保卫

序号	调 查 要 点	是	否
1	是否制定安全保卫工作管理办法?		
2	制定的安全保卫管理办法是否符合法律、法规和银监及上级主管部门要求?		
3	是否独立设置安全保卫管理部门?		
4	安全保卫部门设置与工作流程是否符合规定要求?		
5	是否制订安全保卫工作计划?制定的工作计划是否列入整体工作?		
6	安全保卫人员岗位设置是否满足安全保卫管理要求?		
7	安全保卫相关人员的职责、权限是否明确?		
8	安保人员是否符合任职条件?		
9	安全保卫人员是否做到持证上岗?是否开展安全保卫工作培训?		
10	是否按规定制定和执行安全保卫工作考核激励和尽职问责机制?		
11	库房、营业场所、运钞押运安全管理每个环节和岗位安全保卫制度是否得到有效的贯彻执行?		
12	技防、物防设施和器材是否健全?标准是否符合公安、银监和上级管理部门的规定?		

（续表）

序号	调 查 要 点	是	否
13	是否定期开展安全保卫风险监测和评估？		
14	针对发现的问题和风险，是否及时落实相应的应对和防范措施？		
15	是否层层签订安全保卫责任书？安全保卫责任是否落实到人？		
16	是否针对"防暴、防抢、防火"等制订应急预案？		
17	是否定期开展应急预案的演练？		
18	应急预案的演练是否取得预期的效果？		
19	是否对安全保卫各环节、各岗位有效执行制度进行检查？		
20	是否按规定进行安防设施购建、检测和维护？		
21	是否建立规范、完整的安全保卫工作档案？		
22	是否按规定对安全保卫工作开展情况进行监督？		

内部控制评价调查问卷 10　个贷业务

序号	调 查 要 点	是	否
1	是否建立个人贷款业务授信及相关内控制度？		
2	是否设立独立的授信管理部门？		
3	授信管理部门是否对不同币种、不同客户对象、不同种类个人贷款授信进行统一管理？		
4	授信和执行授信岗位设置是否做到分工合理、职责明确？		
5	授信人员的职责、权限和人员任职条件是否得到明确的书面规定？		
6	授信人员是否做到持证上岗？		
7	是否按规定制定和执行授信人员考核激励机制和问责机制？		
8	个人贷款业务准入是否符合规定要求？		
9	个人贷款用途是否符合规定？		
10	是否按规定对个人贷款进行调查、审查和风险评估？		
11	个人贷款利率执行是否符合规定？		
12	个人贷款业务授信审批是否符合规定程序和授权控制要求？		

（续表）

序号	调 查 要 点	是	否
13	是否根据授信批复与借款人及其他相关当事人签订书面个人借款、担保等相关合同？		
14	是否按规定对个人贷款风险进行分类管理？		
15	个人贷款资金支付是否符合规定？		
16	个人贷款发放后，是否按规定进行贷后跟踪检查？		
17	对出现可能影响个人贷款安全的不利情形时是否及时进行风险评估，发出预警，及时落实管理措施？		
18	个人贷款展期是否符合规定？		
19	是否及时追究借款人的违约责任，实行信贷制裁，采取保全措施？		
20	是否按借款人建立个人贷款档案？		
21	是否持续对个人贷款业务的内部控制进行改进？		

内部控制评价调查问卷11 流贷业务

序号	调 查 要 点	是	否
1	是否建立流动资金贷款（含集团、关联企业贷款）、银行承兑汇票业务内控制度？		
2	是否设立独立的授信管理部门？是否对不同币种、不同客户对象、不同种类授信进行统一管理？		
3	授信和执行授信岗位设置是否做到分工合理、职责明确、相互制约？		
4	授信人员的职责、权限和人员任职条件是否得到明确的书面规定？		
5	授信人员是否做到持证上岗？		
6	是否按规定制定和执行授信人员考核激励和尽职问责机制？		
7	流动资金贷款、银行承兑汇票业务准入是否符合规定要求？		
8	流动资金贷款用途是否符合相关规定？		
9	是否认真对流动资金贷款、银行承兑汇票业务进行调查和风险评估？		
10	是否按规定进行流动资金贷款、银行承兑汇票业务审查？		

（续表）

序号	调 查 要 点	是	否
11	流动资金贷款、银行承兑汇票授信额度是否合理？		
12	流动资金贷款及银行承兑汇票期限和还款计划是否合理？		
13	流动资金贷款执行利率是否符合规定？		
14	是否按规定对流动资金贷款、银行承兑汇票进行风险分类管理？		
15	流动资金贷款是否采取担保方式？		
16	授信审批是否符合规定程序和授权控制要求？		
17	是否根据授信批复，与借款人及其他相关当事人签订书面借款、担保等相关合同？		
18	贷款资金支付是否符合规定？		
19	流动资金贷款发放后，是否按规定开展贷后检查？		
20	对出现可能影响贷款安全的不利情形时是否及时进行风险评估，发出预警，及时落实管理措施？		
21	流动资金贷款展期是否符合规定？		
22	是否及时追究借款人的违约责任，实行信贷制裁，采取保全措施？		
23	贷款机构是否按借款人建立流动资金贷款档案？		
24	是否持续对流动资金贷款业务和银行承兑汇票的内部控制进行持续改进？		

内部控制评价调查问卷 12 固贷及项目融资业务

序号	调 查 要 点	是	否
1	是否建立固贷及项目融资业务等内控制度？		
2	是否设立独立的授信管理部门，对不同币种、不同客户对象、不同种类的授信进行统一管理？		
3	授信和执行授信岗位设置是否做到分工合理、职责明确、相互制约？		
4	授信人员的职责、权限和人员任职条件是否得到明确的书面规定？		

（续表）

序号	调　查　要　点	是	否
5	现有授信人员是否做到持证上岗？		
6	是否按规定制定和执行授信人员考核激励和尽职问责机制？		
7	固贷及项目融资业务准入是否符合规定要求？		
8	固贷及项目融资业务用途是否符合规定？		
9	是否认真对固贷及项目融资业务进行调查和风险评估？		
10	是否按规定对固贷及项目融资业务进行贷款审查？		
11	固贷及项目融资业务授信额度是否合理？		
12	固贷及项目融资业务的期限和还款计划是否合理？		
13	固贷及项目融资业务的执行利率是否合理？		
14	是否按规定对固定资产、项目融资贷款进行风险分类管理？		
15	固定资产、项目融资贷款是否采取担保方式？担保实力如何？		
16	授信审批是否符合规定程序和授权控制要求？		
17	是否根据授信批复，与借款人及其他相关当事人签订书面借款、担保等相关合同？		
18	固贷及项目融资业务贷款资金支付是否符合规定？		
19	固贷及项目融资业务发放后，是否按规定开展贷后跟踪检查？		
20	是否加强对借款人现金流的跟踪分析，对回款账户进行动态监测？		
21	对出现可能影响贷款安全的不利情形时是否及时进行风险评估，发出预警，并及时落实相应的管理措施？		
22	固贷及项目融资业务的贷款展期是否符合规定？		
23	是否及时追究借款人的违约责任，实行信贷制裁，采取保全措施？		
24	贷款机构是否按借款人建立固定资产、项目融资贷款档案？		
25	是否持续对固定资产、项目融资贷款业务的内部控制进行了改进？		

内部控制评价调查问卷 13　表外业务

序号	调查要点	是	否
1	是否制定表外科目业务相关操作管理办法？		
2	是否根据表外科目业务的种类,分别由不同的部门对表外科目进行管理和控制？		
3	表外科目业务岗位设置是否做到分工合理、职责明确？		
4	表外科目业务岗位之间是否相互制约？是否做到会计操作和管理部门分离、业务经办与会计账务处理分离？		
5	表外科目操作、管理人员的职责、权限和任职条件是否有明确的书面规定？		
6	从事表外科目业务核算的会计人员是否做到持证上岗？		
7	是否按规定制定和执行表外科目业务会计人员考核激励和尽职问责机制？		
8	表外科目核算是否真实、全面地反映本机构的表外业务活动？		
9	是否对表外业务资料的真实性、准确性进行审查？		
10	是否将所有需要纳入表外控制的业务,如实地进行核算？		
11	是否通过复核或授权的方式,确保表外业务在核心系统正确入账？		
12	重要空白凭证调拨、使用和销毁是否符合规定？		
13	抵(质)押物品调阅是否经相关人员审批？		
14	是否在抵(质)押物对应的合同和担保关系解除后,对抵(质)押物进行注销？		
15	是否将已核销贷款本金及利息收回？		
16	是否根据资料对保函进行销记？		
17	是否根据表外业务合同的履行情况,及时进行会计核算？		
18	已核销贷款资料是否由专人保管？		
19	是否按规定对重要空白凭证、抵(质)押品等管理进行检查？		
20	会计部门是否建立已核销资产的明细分户账,定期进行核对？		
21	是否定期、不定期对表外业务进行审计？		

内部控制评价调查问卷 14 关联交易

序号	调 查 要 点	是	否
1	是否建立关联交易(含员工贷款)内控制度?		
2	是否设立独立的授信管理部门,对不同币种、不同客户对象、不同种类的授信进行统一管理?		
3	对员工贷款是否由本机构总部统一进行管理?		
4	授信和执行授信岗位设置是否做到分工合理、职责明确、相互制约?		
5	授信人员的职责、权限和人员任职条件是否得到明确的书面规定?		
6	现有授信人员是否做到持证上岗?		
7	是否按规定制定和执行授信人员考核激励和尽职问责机制?		
8	是否存在未将关联方纳入关联客户管理?		
9	关联业务准入是否符合规定要求?		
10	收集的关联方信息是否真实、准确和完整?		
11	是否按规定对关联业务进行审查?		
12	是否向关联方发放无担保贷款?		
13	关联业务是否经本机构关联交易控制委员会审查和批准? 与该关联交易有关联关系的人员是否回避?		
14	关联业务贷款利率是否准确? 是否存在优于其他非关联方同类交易的贷款利率?		
15	是否按规定对关联业务进行风险分类管理?		
16	对关联方发放的贷款是否采取担保方式? 担保实力如何?		
17	对关联方的授信审批是否符合规定程序和授权控制要求?		
18	主管及以上职务的员工贷款是否经本机构总部审批?		
19	是否根据授信批复,与关联方及其他相关当事人签订书面借款、担保等相关合同?		
20	对出现可能影响贷款安全的不利情形时是否及时进行风险评估,发出预警,并及时落实相应的管理措施?		
21	是否按规定及时向有关部门和机构报告、披露关联交易相关情况?		
22	是否及时追究关联方的违约责任,实行信贷制裁,采取保全措施?		
23	贷款发放机构是否按关联方建立贷款档案?		
24	是否对关联业务的内部控制进行持续改进?		

内部控制评价调查问卷15　国际业务

序号	调 查 要 点	是	否
1	是否建立国际业务内控制度及外汇管理政策？		
2	是否设立独立的授信管理部门,对进口跟单信用证开证实行统一授信？		
3	国际业务岗位设置是否做到分工合理、职责明确？		
4	国际业务岗位之间是否相互制约？是否做到操作和管理部门分离、业务经办与会计账务处理分离？		
5	国际业务部门人员的职责、权限和任职条件是否有明确的书面规定？		
6	从事国际业务的现有人员是否做到持证上岗？		
7	是否按规定制定和执行授信人员考核激励和尽职问责机制？		
8	是否制定国际业务年度及中长期发展计划,计划是否与本机构发展战略相一致？		
9	是否制定了科学、合理的国际业务业绩指标和盈利指标？		
10	进口开证及进口信用证押汇业务准入是否符合相关规定要求？		
11	国际业务准入是否符合相关规定要求？		
12	进口开证及贸易融资业务用途是否符合规定？		
13	是否按规定出具进口开证及贸易融资业务调查报告？		
14	是否按规定对进口开证及贸易融资、托收业务进行审查？		
15	信用证开证或贸易融资业务额度是否合理？		
16	进口开证及贸易融资业务期限是否合理？		
17	汇款、结售汇业务超限额是否经过审批？		
18	对进口开证及贸易融资业务是否按规定提供担保？		
19	对出现可能影响国际业务的不利情形时是否及时进行风险评估,发出预警,及时落实管理措施？		
20	是否及时追究国际业务申请人的违约责任,并采取相关措施？		
21	国际业务部门、分支机构是否按规定建立相关业务的档案？		

内部控制评价调查问卷 16　银行卡业务

序号	调 查 要 点	是	否
1	是否建立银行卡业务内控制度？		
2	是否单独设立银行卡业务管理部门，对信用卡业务进行统一管理？		
3	银行卡部门岗位设置是否做到分工合理、职责明确、相互制约？		
4	银行卡各岗位职责、权限和人员任职条件是否得到明确的书面规定？		
5	银行卡业务人员是否做到持证上岗？		
6	是否按规定制定和执行银行卡人员考核激励和尽职问责机制？		
7	银行卡申领是否符合规定？		
8	银行卡卡片管理是否符合规定？		
9	特约商户的管理是否符合规定要求？		
10	是否严格按照规定对信用卡申请人进行资信审核？		
11	银行卡额度管理是否符合规定？		
12	是否按规定对银行卡业务风险进行分类管理？		
13	是否按规定确定信用卡还款方式？		
14	是否对贷记卡持卡人的透支行为建立有效的监控机制？		
15	银行卡信息查询服务是否符合规定？		
16	银行卡对账是否符合规定？		
17	银行卡投诉处理服务是否符合规定？		
18	是否按规定对不良持卡人进行催收？		
19	是否及时追究持卡人的违约责任，实行经济（收费）制裁，采取保全措施？		
20	是否按规定建立银行卡业务档案？		
21	是否建立银行卡业务定期检查、审计制度？		

内部控制评价调查问卷 17　投行业务

序号	调 查 要 点	是	否
1	是否建立了投资银行业务风险管理政策、程序以及相关内控管理制度？		
2	是否单独设立了投资银行业务管理部门？部门分工是否明确？		
3	岗位设置是否做到分工合理、职责明确？		
4	是否建立岗位之间相互监督制约机制？是否做到前、中、后台分离？是否做到代客交易与自营交易分离？		
5	投资银行部门职责及部门人员的职责、权限和任职条件是否有明确的书面规定？		
6	投行业务操作人员是否经过培训，并具备相应的资格证书？		
7	是否按规定制定和执行投行业务交易员考核激励和尽职问责机制？		
8	投资银行业务开展是否符合市场准入要求？		
9	投行业务交易人员是否通过正常途径了解市场行情？操作是否规范？		
10	是否按规定对投行业务的市场风险进行评估？		
11	是否按规定对投行业务进行风险监控和业务审查？		
12	是否对投行业务市场风险实施限额管理？		
13	投行业务的期限管理是否合理？		
14	各项投行业务的审批是否符合规定？		
15	开展债券交易等投行业务，是否与交易对方签订交易合同？		
16	投行业务的资金清算是否符合规定？		
17	对投行业务发生的抵（质）押物，是否按有价证券及抵质物保管要求进行保管，并定期核对账实是否相符？		
18	对投行业务存在的风险，是否及时制定应对措施并落实？		
19	是否建立各类投行业务的档案？档案立卷、装订、保管是否规范？		
20	是否对投资银行业务的操作合规性和风险控制情况实施有效的监督？		

内部控制评价调查问卷 18　存款业务

序号	调查要点	是	否
1	是否制定存款业务内控管理制度？		
2	是否设立存款业务管理部门（岗位），对不同币种、不同客户对象、不同种类的存款业务进行统一管理？		
3	存款业务岗位及设置是否做到分工合理、职责明确、相互制约？		
4	是否设置了反洗钱业务岗位？是否有符合要求的上岗资格证书？		
5	存款业务人员及反洗钱业务岗位人员的职责、权限和人员任职条件是否得到明确的书面规定？		
6	是否按规定制定和执行存款业务考核激励机制？		
7	是否制定存款业务年度及中长期综合发展计划？		
8	存款开户准入是否符合规定要求？开户资料和手续是否完备？		
9	存款开户审批制度是否健全？		
10	存款账户查询、冻结和扣划是否符合规定要求？		
11	存款业务挂失是否符合规定要求？		
12	存款利率执行是否准确？利息计算是否准确？		
13	是否按规定要求对存款业务开展公民信息联网核查？		
14	存款业务的操作流程是否符合规定？		
15	存款账户的销户是否符合规定要求？		
16	是否建立存款业务风险应急预案，并定期进行演练？		
17	是否定期进行账户核对？		
18	是否建立存款业务监督机制？		
19	存款开户机构是否按存款人建立开户、销户档案资料？		

内部控制评价调查问卷 19　柜面业务

序号	调查要点	是	否
1	是否制定柜面业务内控管理制度、规范等？		
2	是否对各种柜面业务进行统一管理？		
3	柜面业务岗位设置是否合理、职责明确？是否执行"责任分离、相互制约"的原则？是否严格做到"印、押、证"管理岗位分离？		
4	是否执行"责任分离、相互制约"原则，严格做到"印、押、证"管理岗位分离？		
5	柜面人员的职责、权限和任职条件是否有明确的书面规定？		
6	现有柜面操作人员是否做到持证上岗？		
7	是否按规定制定和执行柜面人员考核激励和尽职问责机制？		
8	机构信息维护是否经有权人审批，打印凭证信息是否与申请内容相一致？		
9	参数维护人员是否保持稳定？是否存在申请人与维护人员为同一人情况？		
10	分支机构额度设置与会计管理部门书面公布内容是否相符？		
11	柜员号设置是否"一人一号"？是否存在使用他人柜员号、柜员卡现象？		
12	人员离职或调动操作是否符合规定？删除柜员是否及时收回柜员卡并作废、取消指纹等？		
13	除信息查询柜员外，其他柜员登录是否采取指纹（或密码加柜员卡）的方式登录？		
14	柜员登录方式变更是否经本人申请、并经有权人审批？		
15	柜员指纹采集是否按规定集中清算中心预留、取消，并经有权人审批？		
16	柜员额度设置是否合理？是否有超出额度范围的情况发生？		
17	柜员岗位子岗位设置是否合理？不相容岗位是否做到分离？		
18	现金调拨是否规范？是否由押运人员领送、或双人领送？		
19	假币收缴人员是否取得反假币上岗证？是否按规定收缴假币？是否存在流出假币的现象？		
20	印章是否专人保管、专人使用？印、证是否分管分用？预留其他机构印鉴章是否分开保管？		

序号	调 查 要 点	是	否
21	已停用作废的业务印章是否及时逐级上交？是否及时销毁？		
22	印鉴卡变更是否收回原印鉴卡，并经有权人审批后办理？印鉴卡挂失手续是否规范？		
23	是否在监控正常开启、录制的情况下办理业务？		
24	营业期间柜员临时离岗，脱离本人视线范围的，是否退出系统或锁屏处理，将现金、重要空白凭证、印章、印鉴卡、传票等重要物品上锁保管？		
25	查库次数是否符合规定？		
26	账户开设、资料审核、信息复核、印鉴使用等柜面业务操作是否一手清？		
27	会计管理部门是否按柜面业务种类建立柜面业务档案？		

内部控制评价调查问卷 20　中间及代收代付

序号	调 查 要 点	是	否
1	是否建立中间及代收代付业务内控管理制度？		
2	是否设立专职的中间业务管理部门，对不同币种、不同客户对象、不同种类的中间业务进行统一管理？		
3	中间业务岗位设置是否做到分工合理、职责明确、相互制约？		
4	开展中间业务是否取得有关主管部门核准的机构资质？		
5	中间业务从业人员的职责、权限和专业胜任条件是否得到明确的书面规定？		
6	现有的从事中间业务的人员是否做到持证上岗？		
7	是否制定并执行从事中间业务人员的考核激励和尽职问责机制？		
8	中间业务准入是否符合规定要求？		
9	是否对拟开办的中间业务进行风险评估，并形成风险评估报告？		
10	是否按规定进行中间业务准入审批？		
11	开展代理业务是否签订了委托代理协议，并明确了双方各项权利义务？		
12	是否对中间业务采取了风险管理措施？		

（续表）

序号	调 查 要 点	是	否
13	是否对以本机构为主体签订的合同文本进行合规性审查？		
14	是否设立专户核算代理资金？是否完善代理资金的拨付、回收、核对等手续？		
15	对出现可能影响中间业务安全的不利情形是否及时进行风险评估,发出预警,及时落实管理措施？		
16	是否按中间业务品种建立档案？		
17	是否持续对中间业务的内部控制进行持续改进？		

内部控制评价调查问卷 21 电子银行业务

序号	调 查 要 点	是	否
1	是否建立电子银行业务内控管理制度？		
2	是否设立电子银行管理部门（岗位）,并明确相应岗位人员职责？		
3	电子银行的管理、运营等各个环节的岗位主要权限、职责和相互监督方式是否职责明确、相互制约？		
4	电子银行部门人员的职责、权限和任职条件是否有明确的书面规定？		
5	是否对电子银行用户或系统的身份和授权情况进行认证？		
6	是否使用适当的授权控制和进入特权制度,有效地分解职责？		
7	电子银行业务的外包管理是否符合规定？		
8	办理网银业务时,是否对相关资料的完整性、真实性进行审查？		
9	是否有效对网银、电话银行以及 ATM 机密码进行管理？		
10	电子银行交易、记录和信息等数据是否准确、完整和可靠？		
11	电子银行业务交易是否按规定办理？		
12	电子银行业务的会计核算是否符合有关规定？		
13	是否采取适当的措施,确保电子银行产品和服务方面有关客户的隐私权？		
14	是否拥有有效的能力、业务连续性和应急计划程序,以确保电子银行系统和服务的连续可用性？		

(续表)

序号	调查要点	是	否
15	对出现可能影响电子银行业务安全的不利情形是否及时进行风险评估，发出预警，及时落实管理措施？		
16	是否及时上报电子银行业务重大安全事故和风险事件？		
17	是否按规定建立电子银行业务档案？		
18	是否对电子银行业务开展审计、检查？		

内部控制评价调查问卷 22　会计结算

序号	调查要点	是	否
1	是否建立会计结算业务相关内控管理制度？		
2	是否设立独立的会计结算管理部门，对不同币种的会计结算业务进行统一管理？		
3	会计岗位设置是否按照"责任分离、相互制约"原则，做到分工合理、职责明确、相互制约？		
4	内部账制单人员与记账人员是否分离？		
5	会计结算人员的职责、权限和任职条件是否得到明确的书面规定？		
6	现有会计结算人员是否做到持证上岗？		
7	是否按规定制定和执行会计结算人员考核激励和尽职问责机制？		
8	是否对新业务的会计核算、会计管理进行辅导或培训？		
9	内部账开销户、信息修改是否按规定手续办理？		
10	清算资金调拨流程是否规范、严谨？		
11	大额资金结算汇划和超过额度的现金银行汇票业务是否按规定进行授权审批？		
12	代理解付的汇票、本票是否存在瑕疵和垫付资金情况？		
13	会计结算人员离岗（包括轮岗和强制休假）是否履行交接手续和监交程序？		
14	其他应收款、其他应付款等过渡性科目的列支是否按规定进行审批？		

序号	调查要点	是	否
15	办理各项支付结算业务是否按规定收费,入账科目是否正确?		
16	是否建立会计结算业务应急预案? 应急预案措施是否及时、有效?		
17	应收、应付挂账款是否逐月对账,并在年底清理编制分户余额表?		
18	是否存在跨年挂账,并作出逐笔说明?		
19	是否对会计结算业务进行经常性检查、辅导,并及时纠正问题?		
20	是否按规定将会计结算业务纳入事后监督管理? 事后监督提出问题是否及时整改落实?		
21	是否建立会计资料档案,会计档案的交接、整理、借阅、保管、销毁等管理符合规定?		

内部控制评价调查问卷 23　预算管理

序号	调查要点	是	否
1	是否建立预算、流动性管理相关内控制度?		
2	是否单独设立预算管理的部门?		
3	是否指定专门部门进行资本管理,并履行相应职责?		
4	是否建立流动性管理组织体系,明确各单位职责权限?		
5	是否定期组织财务管理人员进行业务教育培训,以确保相关人员的胜任?		
6	是否制订本机构年度经营计划和财务预算?		
7	制订的经营计划和财务预算是否合理、适当和科学,是否符合上级行业管理目标和要求?		
8	是否将预算指标进行层层分解,并落实到各部门、各环节和各岗位?		
9	是否制定和组织实施资本规划和资本充足率管理规划?		
10	资本核算(包括核算范围的确定、计量方式的选择)是否准确?		
11	是否定期开展资本充足率压力测试,并将结果作为资本充足率目标?		

（续表）

序号	调 查 要 点	是	否
12	是否定期开展流动性压力测试？		
13	预算调整是否报经有权部门审批？		
14	是否建立并严格实行超预算或预算外资金支付审批制度？		
15	是否进行定期流动性分析，度量和监测净融资需求？		
16	是否建立流动性应急计划和资本补充应急计划？		
17	对预算管理执行过程中出现的问题（违规、差错），是否经过适当程序确认，并责成相关人员及时纠正？		
18	对重大财务事项及风险损失状况是否及时报告？		
19	是否与执行单位定期展开执行情况信息交流，根据实际情况进行调整，并做好详细记录？		
20	预算、流动性管理文件是否得到有效控制？		
21	是否定期披露财务、资本信息？信息披露是否符合规定要求？		
22	是否开展内部资本充足评估？		
23	是否由外部中介机构对年度财务会计报表进行审计？		

内部控制评价调查问卷 24　信息科技

序号	调 查 要 点	是	否
1	是否建立信息科技内控管理制度？		
2	各类信息管理制度制订是否齐全？是否符合法律、法规和监管要求？		
3	是否设立信息科技管理部门，设置内部操作流程？		
4	信息科技岗位设置是否做到分工合理、职责明确、相互制约？		
5	信息科技人员的职责、权限和人员任职条件是否得到明确的书面规定？		
6	现有信息科技人员是否做到持证上岗？		
7	是否按规定制定和执行信息科技人员考核激励和尽职问责机制？		
8	是否制定了信息科技风险管理目标？		

（续表）

序号	调 查 要 点	是	否
9	信息科技管理领导和决策机构设置是否齐全？其职能和工作机制是否形成？		
10	是否制定短期和中长期信息科技发展规划？		
11	是否制定并不断完善书面的信息科技系统风险应急处理方案？		
12	是否对授信业务、资金业务等信息系统进行持续的风险控制评价？		
13	自行开发的外挂信息管理软件是否报上级行业管理部门审批或备案？		
14	应用系统变更是否建立了相关的制度和流程？操作是否规范？		
15	计算机机房的建设、运行是否符合相关要求？		
16	需合作开发或外包的软件开发是否经上级行业管理部门审核批准？		
17	是否建立了访问控制措施？		
18	中间件产品是否符合管理要求？		
19	应急方案和业务连续性应对方案是否完整？		
20	是否及时上报信息技术风险管理中重大突发性事件和重大事项？		
21	是否按规定对信息技术风险管理中发现的问题进行纠正？		
22	是否信息技术业务风险开展审计或评估？		

内部控制评价调查问卷 25　机构投资

序号	调 查 要 点	是	否
1	是否建立村镇银行、贷款公司以及银行间战略投资等相应的内控管理制度？		
2	相关管理制度是否覆盖本机构所有的机构投资项目？		
3	是否设立或明确相应的管理部门或组织，对投资村镇银行、贷款公司以及银行间战略投资等进行统一管理？		
4	对外进行机构投资是否经过批准，程序是否合法，是否由银监部门核准？		
5	是否有足够的资本支撑业务发展，充分发挥富余资本在价值创造方面的作用？对外投资是否满足银监部门的相关规定？		

（续表）

序号	调 查 要 点	是	否
6	向被投资机构投资,是否开展可行性研究?		
7	是否按照规定的权限和程序对投资项目进行决策审批,决策过程是否规范?		
8	是否落实"三会一层"关于机构投资的决议,措施是否得力?		
9	对机构投资是否定期进行风险评估,并形成风险评估报告?		
10	是否对已经识别的风险按照风险管理的流程进行处置,采取的风险处置措施是否符合风险偏好政策,措施是否取得成效?		
11	是否指定对被投资机构专门机构或人员对被投资机构进行跟踪管理,及时收集被投资机构相关资料?		
12	对出现可能影响机构投资的不利情形时是否及时进行风险评估,发出预警,及时落实管理措施?		
13	对于涉及被投资机构的重大事项是否进行报告?		
14	是否对机构投资建立监督制度?		
15	是否对机构投资开展效益监测?		

内部控制评价调查问卷 26　基建工程

序号	调 查 要 点	是	否
1	是否制定基建工程(包括大宗物品采购、固定资产租赁、房屋装修)等相关内控管理制度?		
2	制定的基建工程管理制度内容是否完整? 是否符合法律、法规和规章的要求?		
3	是否明确有专门的管理部门(岗位)对基建工程进行统一管理?		
4	是否设立采购领导小组? 采购工作是否由主要领导分管?		
5	纪检监察人员是否参与基建与采购工作?		
6	基建工程的会计核算是否正确?		
7	是否按年度立项计划在预算内、授权范围内实施基建项目?		

（续表）

序号	调　查　要　点	是	否
8	年度资产立项、购建计划是否按规定进行申报和核批？		
9	年度资产立项追加或变更是否符合规定程序，并报经有权人审批？		
10	固定资产租入、出租是否每年有计划，并由本机构总部统一管理？		
11	年度发生计划或授权范围外租入、出租业务是否提出申请，报经有权人审批？		
12	固定资产租入、出租是否按规定签订合同？		
13	租金收入、支付是否按合同约定收取或支付？核算是否正确？		
14	是否设立固定资产租入、出租管理台账？		
15	是否根据已批准基建工程、大宗物品的预算金额采取相应的采购方式？		
16	选择的采购方式是否正确？采购程序是否合规？		
17	基建工程签订的合同是否经合规性审核？		
18	基建工程内容是否完整？是否明确双方权利和义务关系？		
19	基建工程档案管理是否规范？		
20	相关部门是否对基建工程进行监督？是否对基建管理存在的问题提出改进措施？		

第五部分

银行内部控制评价报告

第一章 审计评价征求意见报告

××银行内部控制评价征求意见报告

××银行：

　　根据依据《企业内部控制基本指引》、《内部审计具体准则第 21 号——内部审计的控制自我评估法》、银行业金融机构内部控制评价办法等规定，受××委托(或指派)，××审计部门组成审计组，于××××年××月××日至××××年××月××日对××银行××××年××月至××××年××月内部控制进行审计评价。期间，××银行提供了有关资料，并对提供资料的真实性、完整性作出了承诺。审计工作进展顺利。征求意见报告如下。

一、审计评价结论

　　本次审计评价从内部控制环境、内控目标、事件识别、风险评估、风险回应、内部控制活动、信息与沟通、监督 8 个环节分 26 个系统对××银行内部控制制度设计的健全性、适宜性进行评价；对内部控制运行的有效性进行测试。

　　审计评价认为：你行有较健全的内部控制体系，在各个环节基本能有效执行内部控制措施，对机构所承受的主要风险能进行有效识别和控制，内部控制整体上是基本有效的，无重大缺陷，即使可能存在微小的风险，但在正常的业务过程中能得到纠正，相对于银行规模和业务发展来说，控制措施基本适宜，经营效果较好，风险程度低，内控目标实绩在风险容忍度以内，子系统 90％以上评价定性为良好，禁止性违规行为 2 次以下，且无较大后果。审计评价结论良好。

二、基本情况

　　××银行自××××年××月组建，总部设在××市××路×× 号，现任董事长为××，监事长为××，行长为××。

（一）组织结构

根据公司治理要求，××银行建立了股东大会、董事会、监事会。董事会下设立了提名和薪酬委员会、风险管理委员会、财务管理委员会、发展战略委员会、审计委员会等委员会监事会下设立了审计监督委员会。高级经营管理层下设立了贷审会、办公室、人力资源部、内审稽核部、合规风险部、安全保卫部、业务拓展部、个体业务部、团体业务部、计划财务部、信息科技部、会计结算部、国际业务部、投行业务部、银行卡部等部室，明确了各部门的管理职责。

（二）审计评价期内外部审计情况

1. 内部审计情况

××××年，内审部门开展了国际业务、丰收卡及 ATM 机业务、现金管理、关联交易，完成了×名部门负责人、×名支行行长、×名会计主管、×名信贷主管的经济责任或履职审计，内部控制审计调查项目×个。全年出具审计报告×份，发出整改通知书×份，提出整改意见×条，经济处罚×人（次），金额×万元。

2. 外部审计情况

××××年，××银行聘请了××会计师事务所对会计年报、内部控制、高级管理人员年度履职进行了审计，并出具了相关审计报告，为对外信息披露提供了依据。

三、基本评价

××××年以来，××银行参照《银行业金融机构内部控制规定》、《银行业金融机构内部控制评价试行办法》和有关加强内部控制工作要求，内部控制环境不断改善，内控目标符合监管基本要求，事件识别、风险评估、风险回应能力有明显提高，内部控制措施基本到位，信息与沟通机制初步形成，监督工作得到加强。

（一）内部控制环境

1. 企业层面

包括：董事会、监事会、高级经营、企业文化、人力资源管理、内部审计、合规、监察监督、安全保卫等。

2. 业务层面

包括个贷业务、流贷业务、固贷及项目融资业务制定和执行个贷业务规定政策,授信业务政策基本符合法律、法规、监管和省农信联社要求,授信业务基本体现了内部控制目标,授信岗位设置做到分工合理。设立贷款管理领导小组,审议表决遵循集体审议,行长履行一票否决权利;执行授信做到审贷分离、业务经办与会计账务处理分离。表外业务、关联交易、国际业务、银行卡业务、投行业务、存款业务、柜面业务、中间及代收代付、电子银行业务、财务预算管理、会计结算、信息科技、机构投资、基建工程……

……

6. 主要缺陷

(1) 部分专门委员会与银监局等监管部门的沟通,在履行专业职责、向董事会提供专业意见存在不足。

(2)……

(二)内控目标

根据××银行提供的报表资料反映,截至××××年××月末,内控目标完成情况如下:

(1) 总体风险容忍度指标。核心一级资本充足率×%、一级资本充足率×%、资本充足率×%、留存超额资本率×%、逆周期超额资本率×%、杠杆率×%、贷款拨备率×%、拨备覆盖率×%、发案数量×件。

(2) 信用风险容忍度指标。重大信贷风险发生率×%、贷款违约率×%、信用卡违约率×%、贷款抵(质)押率×%、正常类贷款迁徙率低于行业平均值×%以上、关注类贷款迁徙率低于行业平均值×%以上、次级类贷款迁徙率低于行业平均值×%以上、可疑类贷款迁徙率低于行业平均值×%以上、不良贷款率×%、不良资产率×%、核销贷款率×%。

(3) 流动性风险容忍度指标。存贷款比例×%、流动性比率×%、流动性缺口率×%、核心负债依存度×%、流动性覆盖率×%、净稳定融资比例×%、备付金率×%、中长期贷款比例×%、客户存款集中度×%、同业负债集中度×%。

(4) 市场风险容忍度指标。利率风险敏感度×%、累计外汇敞口头寸比例×%、债权投资比例×%、投资潜在损失率×%。

(5) 操作风险容忍度指标。授信业务类:公司类贷款新规走款率×%、个人贷款新规走款率×%、当期到期贷款收回率×%、当期贷款利息收回率(表内)

×％、贷款交叉对账单收回率×％、违规积分人员比率×％、单位累计违规积分×分、违反禁止性规定×人/次、违规损失率×％。柜面业务类：转账结算差错率×‰、现金结算差错率×‰、一类差错比率×‰、二类差错比率×‰、三类差错比率×‰、违规积分人员比率×％、单位累计违规积分×分、违反禁止性规定×人次、违规损失率×％。

（6）声誉风险容忍度指标。客户投诉数量、同类型客户投诉占比、重大突发声誉事件数量。

（7）集中度风险容忍度指标。授信集中度×％、单一集团客户授信集中度×％、单一客户贷款集中度×％、全部关联度×％、行业贷款集中度×％。

（8）经营性指标。本外币存款余额×亿元，比年初增长×％；各项贷款余额×亿元，比年初增长×％；各项业务收入达到×亿元，比年初增长×％；实现实际利润×亿元，比年初增长×％。

（9）主要缺陷：① 确定的风险容忍度指标中有项未达到监管标准。② 对不可接受的风险未制定相应的预警控制方案。

（三）事件识别

1. 企业层面

包括：董事会、监事会、高级经营、企业文化、人力资源管理、内部审计、合规、监察监督、安全保卫等。

2. 业务层面

包括：个贷业务、流贷业务、固贷及项目融资业务、表外业务、关联交易、国际业务、银行卡业务、投行业务、存款业务、柜面业务、中间及代收代付、电子银行业务、财务预算管理、会计结算、信息科技、机构投资、基建工程等。

（四）风险评估

1. 企业层面

包括：董事会、监事会、高级经营、企业文化、人力资源管理、内部审计、合规、监察监督、安全保卫等。

2. 业务层面

包括：个贷业务、流贷业务、固贷及项目融资业务、表外业务、关联交易、国际业务、银行卡业务、投行业务、存款业务、柜面业务、中间及代收代付、电子银行业务、财务预算管理、会计结算、信息科技、机构投资、基建工程等。

（五）风险回应

1. 企业层面

包括：董事会、监事会、高级经营、企业文化、人力资源管理、内部审计、合规、监察监督、安全保卫等。

2. 业务层面

包括：个贷业务、流贷业务、固贷及项目融资业务、表外业务、关联交易、国际业务、银行卡业务、投行业务、存款业务、柜面业务、中间及代收代付、电子银行业务、财务预算管理、会计结算、信息科技、机构投资、基建工程等。

（六）内部控制活动

1. 企业层面

包括：董事会、监事会、高级经营、企业文化、人力资源管理、内部审计、合规、监察监督、安全保卫等。

2. 业务层面

包括：个贷业务、流贷业务、固贷及项目融资业务、表外业务、关联交易、国际业务、银行卡业务、投行业务、存款业务、柜面业务、中间及代收代付、电子银行业务、财务预算管理、会计结算、信息科技、机构投资、基建工程等。

（七）信息与沟通

1. 企业层面

包括：董事会、监事会、高级经营、企业文化、人力资源管理、内部审计、合规、监察监督、安全保卫等。

2. 业务层面

包括：个贷业务、流贷业务、固贷及项目融资业务、表外业务、关联交易、国际业务、银行卡业务、投行业务、存款业务、柜面业务、中间及代收代付、电子银行业务、财务预算管理、会计结算、信息科技、机构投资、基建工程等。

（八）监督

1. 企业层面

包括：董事会、监事会、高级经营、企业文化、人力资源管理、内部审计、合规、监察监督、安全保卫等。

2. 业务层面

包括：个贷业务、流贷业务、固贷及项目融资业务、表外业务、关联交易、国际业务、银行卡业务、投行业务、存款业务、柜面业务、中间及代收代付、电子银行业务、财务预算管理、会计结算、信息科技、机构投资、基建工程等。

四、审计评价发现的主要缺陷

（一）代理保险业务操作流程设置不规范，无会计核算手续

（二）对违规违纪问题处罚不符合规定

五、审计评价建议

......

赴××银行内部控制审评评价组

组长：

主审：

××××年××月××日

第二章 内部控制评价结果报告

××银行业金融机构内部控制审计
评价结果报告

××银行或董事会：

根据依据《企业内部控制基本指引》、《内部审计具体准则第 21 号——内部审计的控制自我评估法》、银行内部控制评价办法等规定,受××委托(或指派),××审计部门组成审计组,于××××年××月××日至××××年××月××日对××银行××××年××月至××××年××月内部控制进行审计评价。期间,××银行提供了有关资料,并对提供资料的真实性、完整性作出了承诺。审计工作进展顺利,征求被审计单位意见后,现将审计评价结果报告如下。

一、审计评价结论

本次审计评价从内部控制环境、内控目标、事件识别、风险评估、风险回应、内部控制活动、信息与沟通、监督 8 个环节 26 个系统对××银行内部控制制度设计的健全性、适宜性进行评价;对内部控制运行的有效性进行测试。

审计评价认为：你行有较健全的内部控制体系,在各个环节基本能有效执行内部控制措施,对机构所承受的主要风险能进行有效识别和控制,内部控制整体上是基本有效的,无重大缺陷,即使可能存在微小的风险,但在正常的业务过程中能得到纠正,相对于银行规模和业务发展来说,控制措施基本适宜,经营效果较好,风险程度低,内控目标实绩在风险容忍度以内,子系统90％以上评价定性为良好,禁止性违规行为 2 次以下,且无较大后果。审计评价结论良好。

二、基本情况

××银行自××××年××月组建,总部设在××市××路×× 号,现任董事长为××,监事长为××,行长为××。

（一）组织结构

根据公司治理要求,××银行建立了股东大会、董事会、监事会。董事会下设立了提名和薪酬委员会、风险管理委员会、财务管理委员会、发展战略委员会、审计委员会等,监事会下设立了审计监督委员会。高级经营管理层下设立了贷审会,办公室、人力资源部、内审稽核部、合规风险部、安全保卫部、业务拓展部、个体业务部、团体业务部、计划财务部、信息科技部、会计结算部、国际业务部、投行业务部、银行卡部等部室,明确了各部门的管理职责。

（二）审计评价期内外部审计情况

1. 内部审计情况

××××年,内审部门开展了国际业务、丰收卡及 ATM 机业务、现金管理、关联交易,完成了×名部门负责人、×名支行行长、×名会计主管、×名信贷主管的经济责任或履职审计,内部控制审计调查项目×个。全年出具审计报告×份,发出整改通知书×份,提出整改意见×条,经济处罚×人（次）,金额×万元。

2. 外部审计情况

××××年,××银行聘请了××会计师事务所对会计年报、内部控制、高级管理人员年度履职进行了审计,并出具了相关审计报告,为对外信息披露提供了依据。

三、基本评价

××××年以来,××银行参照《银行业金融机构内部控制规定》、《银行业金融机构内部控制评价试行办法》和有关加强内部控制工作要求,内部控制环境不断改善,内控目标符合监管基本要求,事件识别、风险评估、风险回应能力有明显提高、内部控制措施基本到位,信息与沟通机制初步形成,监督工作、信息交流与反馈得到加强。

（一）内部控制环境

1. 企业层面

包括：董事会、监事会、高级经营、企业文化、人力资源管理、内部审计、合规、监察监督、安全保卫等。

2. 业务层面

包括：个贷业务、流贷业务、固贷及项目融资业务制定和执行个贷业务规定政策，授信业务政策基本符合法律、法规、监管和省农信联社要求，授信业务基本体现了内部控制目标，授信岗位设置做到分工合理。设立贷款管理领导小组，审议表决遵循集体审议，行长履行一票否决权利；执行授信做到审贷分离、业务经办与会计账务处理分离。表外业务、关联交易、国际业务、银行卡业务、投行业务、存款业务、柜面业务、中间及代收代付、电子银行业务、财务预算管理、会计结算、信息科技、机构投资、基建工程等。

⋯⋯

6. 主要缺陷

部分专门委员会与银监局等监管部门的沟通，在履行专业职责、向董事会提供专业意见存在不足。

（二）内控目标

根据××银行业金融机构提供的报表资料反映，截至××××年××月末，内控目标完成情况如下：

（1）总体风险容忍度指标。核心一级资本充足率×%、一级资本充足率×%、资本充足率×%、留存超额资本率×%、逆周期超额资本率×%、杠杆率×%、贷款拨备率×%、拨备覆盖率×%、发案数量×件。

（2）信用风险容忍度指标。重大信贷风险发生率×%、贷款违约率×%、信用卡违约率×%、贷款抵（质）押率×%、正常类贷款迁徙率低于行业平均值×%以上、关注类贷款迁徙率低于行业平均值×%以上、次级类贷款迁徙率低于行业平均值×%以上、可疑类贷款迁徙率低于行业平均值×%以上、不良贷款率×%、不良资产率×%、核销贷款率×%。

（3）流动性风险容忍度指标。存贷款比例×%、流动性比率×%、流动性缺口率×%、核心负债依存度×%、流动性覆盖率×%、净稳定融资比例×%、备付金率×%、中长期贷款比例×%、客户存款集中度×%、同业负债集中度×%。

（4）市场风险容忍度指标。利率风险敏感度×%、累计外汇敞口头寸比例×%、债权投资比例×%、投资潜在损失率×%。

（5）操作风险容忍度指标。授信业务类：公司类贷款新规走款率×%、个人贷款新规走款率×%、当期到期贷款收回率×%、当期贷款利息收回率（表内）×%、贷款交叉对账单收回率×%、违规积分人员比率×%、单位累计违规积分×分、违反禁止性规定×人/次、违规损失率×%。柜面业务类：转账结算差错率×‰、现金结算差错率×‰、一类差错比率×‰、二类差错比率×‰、三类差错比率×‰、违规积分人员比率×%、单位累计违规积分×分、违反禁止性规定×人次、违规损失率×%。

（6）声誉风险容忍度指标。客户投诉数量、同类型客户投诉占比、重大突发声誉事件数量。

（7）集中度风险容忍度指标。授信集中度×%、单一集团客户授信集中度×%、单一客户贷款集中度×%、全部关联度×%、行业贷款集中度×%。

（8）经营性指标。本外币存款余额×亿元，比年初增长×%；各项贷款余额×亿元，比年初增长×%；各项业务收入达到×亿元，比年初增长×%；实现实际利润×亿元，比年初增长×%。

（9）主要缺陷：① 确定的风险容忍度指标中有项未达到监管标准。② 对不可接受的风险未制定相应的预警控制方案。

（三）事件识别

1. 企业层面

包括：董事会、监事会、高级经营、企业文化、人力资源管理、内部审计、合规、监察监督、安全保卫等。

2. 业务层面

包括：个贷业务、流贷业务、固贷及项目融资业务、表外业务、关联交易、国际业务、银行卡业务、投行业务、存款业务、柜面业务、中间及代收代付、电子银行业务、财务预算管理、会计结算、信息科技、机构投资、基建工程等。

（四）风险评估

1. 企业层面

包括：董事会、监事会、高级经营、企业文化、人力资源管理、内部审计、合规、监察监督、安全保卫等。

2. 业务层面

包括：个贷业务、流贷业务、固贷及项目融资业务、表外业务、关联交易、国际业务、银行卡业务、投行业务、存款业务、柜面业务、中间及代收代付、电子银行业务、财务预算管理、会计结算、信息科技、机构投资、基建工程等。

（五）风险回应

1．企业层面

包括：董事会、监事会、高级经营、企业文化、人力资源管理、内部审计、合规、监察监督、安全保卫等。

2．业务层面

包括：个贷业务、流贷业务、固贷及项目融资业务、表外业务、关联交易、国际业务、银行卡业务、投行业务、存款业务、柜面业务、中间及代收代付、电子银行业务、财务预算管理、会计结算、信息科技、机构投资、基建工程等。

（六）内部控制活动

1．企业层面

包括：董事会、监事会、高级经营、企业文化、人力资源管理、内部审计、合规、监察监督、安全保卫等。

2．业务层面

包括：个贷业务、流贷业务、固贷及项目融资业务、表外业务、关联交易、国际业务、银行卡业务、投行业务、存款业务、柜面业务、中间及代收代付、电子银行业务、财务预算管理、会计结算、信息科技、机构投资、基建工程等。

（七）信息与沟通

1．企业层面

包括：董事会、监事会、高级经营、企业文化、人力资源管理、内部审计、合规、监察监督、安全保卫等。

2．业务层面

包括：个贷业务、流贷业务、固贷及项目融资业务、表外业务、关联交易、国际业务、银行卡业务、投行业务、存款业务、柜面业务、中间及代收代付、电子银行业务、财务预算管理、会计结算、信息科技、机构投资、基建工程等。

（八）监督

1．企业层面

包括：董事会、监事会、高级经营、企业文化、人力资源管理、内部审计、合规、监察监督、安全保卫等。

2. 业务层面

包括：个贷业务、流贷业务、固贷及项目融资业务、表外业务、关联交易、国际业务、银行卡业务、投行业务、存款业务、柜面业务、中间及代收代付、电子银行业务、财务预算管理、会计结算、信息科技、机构投资、基建工程等。

四、审计评价发现的主要缺陷

（一）代理保险业务操作流程设置不规范，无会计核算手续
（二）对违规违纪问题处罚不符合规定

五、审计评价建议

······

×××× 年 ×× 月 ×× 日

第六部分

银行内部控制评价作业

第一章 工 作 底 稿

工作底稿是审计人员在审计过程中形成的工作记录,它是联系审计证据和审计结论的桥梁,是审计证据的载体。包括索引号、页码、被审计单位名称、审计人员、编制日期、审计事项、审计方法与审计过程、审计认定的事实摘要及审计结论、审计建议和复核人员、主审人员、审计组长意见等要素。

1. 索引号

索引号是将具有同一性质或反映同一具体审计对象的工作底稿分别归类,形成相互联系、相互控制的特定编号。为方便工作底稿的归类和查找,索引号的编写要与已制订的审计方案中列明的现场审计要点建立一一对应关系,举例说明:该张工作底稿记载内容为某一经济责任审计方案列明的第一小组(信贷组)需查证的第二大项第三小点的审计事项,那么该张审计工作底稿的索引号编写为"1-2-3"。有的单个审计事项需要记载多页纸张,如同上例,该张工作底稿记载内容为某一经济责任审计方案列明的第一小组(信贷组)需查证的第二大点第三小点审计事项的第二页纸,那么该张审计工作底稿的索引号编写为"1-2-3-2"。这些索引号也成为审计文档材料归档排列顺序的重要依据。

2. 被审计单位名称

被审计单位名称应填写与营业执照一致的全称。

3. 审计事项

审计事项包括具体审计业务和单笔业务的全称,就是审计工作底稿里的"一事"的名称,可以与审计方案中列明的需要查证的重点保持一致。

4. 审计方法与审计过程

审计方法与审计过程用来说明实施审计的步骤和方法、所取得的审计证据的名称和来源。底稿中需要填列该审计事项主要采用的审计方法,如核对法、审阅法、分析性复核等。多个底稿间共用审计证据、且审计证据附在其他底稿后的,应当在上述内容表述完毕后,注明"其中,××审计证据(含审计鉴证单)附在

××号底稿后"。

5. 审计认定的事实摘要及审计结论

审计结论包括未发现问题的结论和已发现问题的结论。对已发现问题的结论,应说明得出结论所依据的规定和标准。任何审计工作底稿不允许出现有审计过程而无审计结果或有审计结果而无审计过程。

6. 审计建议

审计建议包括未发现问题中值得肯定和推广的经验与做法;对已发现问题的整改建议,对直接责任人处理处分、对领导的责任追究建议,以对及违法人员的移送建议。值得一提的是,按照国家审计的最新要求,审计报告的肯定部分也需要有充足的事实依据及证明材料。也就是说,审计报告的肯定部分,就是对审计过程中未查出问题的审计事项描述,并由此提炼的值得肯定和推广的经验与做法。此外,如果某一审计事项查明的问题在审计报告中被揭示,记载这一事项的底稿中"审计建议"栏的内容应成为审计报告(征求意见稿)中审计建议的组成部分,以保持审计形成资料的一致性。

7. 复核人员意见

审核意见种类主要包括三类:① 予以认可;② 责成采取进一步审计措施,获取适当、充分的审计证据;③ 纠正或者责成纠正不恰当的审计结论。需要强调的是,在审计作业中,应加强对工作底稿的现场复核,尽可能在现场工作尚未结束时,将工作底稿进行初步的复核,以便一旦发现工作底稿中存在遗漏、错误时,可当场进行更正和补充,及时进行纠正。

8. 审计评价工作底稿

审计评价工作底稿是指审计人员在审计过程中形成的全部审计工作记录和获取的资料。它是审计证据的载体,可作为审计过程和结果的书面证明,也是形成审计结论的依据。及时编制审计评价工作底稿,是为了:① 提供充分、适当的记录,作为审计报告的基础。② 提供证据,证明按照中国注册会计师审计准则的规定执行了审计工作。

审计评价工作底稿包括索引号、页码、被审计单位名称、审计员、编制日期、审计事项、审计方法与审计过程、审计认定的事实摘要及审计结论、审计建议和复核人员、主审人员、审计组长意见等要素。具体可参见表6-1。

表 6-1　审计评价工作底稿

索引号：　　　　　　　　　　　　　　　　　　　　共　页　第　页

被审计单位名称				
审计人员		编制日期		年　月　日

审计事项：

审计方法与审计过程：

审计认定的事实摘要及审计结论：

审计建议：

复核人员意见	复核人：　　　日期			

主审人员：　　　　　　　　　　　　　审计组长：

第二章 鉴 证 单

审计工作鉴证单是形成审计报告的基础,是审计人员在实施审计过程中发现被审计单位(个人)的违规问题取证记录。审计工作鉴证单的编制、记录内容必须完整、事实清楚、证据确凿、依据充分、责任明确。审计工作鉴证单的内容包括:索引号、页码、被审计单位、审计事项、实施审计期间或截止日期、审计时间、会计分录、审计事项或查出的问题及其依据、被审计单位意见、审计组长、复核人员、复核意见、审计人员、附取证材料份数等要素。

审计工作鉴证单如表 6-2 所示,实行三级复核制,复核人员要在审计工作记录上签署复核意见并签名。

(1)审计小组成员之间换手复核为一级复核。即审计人员之间对取得的审计工作鉴证单进行逐份逐级复核。

(2)主审人或项目小组负责人为二级复核,也称详细复核。

(3)审计组长或审计部门负责人为三级复核。主要对前二级复核过的审计工作鉴证单进行重点复核,也是对主审人员的再监督。

表 6-2 审计工作鉴证单

索引号:　　　　　　　　　　　　　　　　共　　页　第　　页

被审计单位名称	
审 计 事 项	
实施审计期间或截止日期	年　月至　　年　月
会计 分录	
审计 事项 或者 审计	

（续表）

查出问题及其依据	附取证材料：份
主审复核意见	
被审计单位签证意见	责任人（确认人）： 单位（部门）签章 年　　月　　日
组长复核意见	

审计员：　　　　　　复核员：　　　　　　　　　　年　　月　　日